Martina Pippal · Kleine Kunstgeschichte Wiens

Martina Pippal

Kleine Kunstgeschichte Wiens

Verlag C. H. Beck

Mit 71 Abbildungen, davon 42 in Farbe, und 2 Stadtplänen

Die Deutsche Bibliothek – CIP-Einheitsaufnahme:
Pippal, Martina: Kleine Kunstgeschichte Wiens /
Martina Pippal. - München : Beck, 2000
ISBN 3 406 45858 0

ISBN 3 406 45858 0

Gestaltung und Realisation: Büro Caroline Sieveking, München
Reproduktionen: Kösel, Kempten
Gesamtherstellung: Appl, Wemding
Gedruckt auf säurefreiem, alterungsbeständigem Papier
(hergestellt aus chlorfrei gebleichtem Zellstoff)
Printed in Germany

www.beck.de

Inhalt

Die Josephinische Dekade und der Vormärz

Die Ära Kaiser Franz Josephs I.

Ein langer Beginn – 1918 bis heute

Anhang

Vorwort

Wien – eine Stadt im Selbstgespräch: auch so könnte der Titel dieses Buches heißen, ist Wien doch wie keine andere europäische Hauptstadt auf die eigene Vergangenheit bezogen – ja, Wien stellt diesbezüglich selbst Rom in den Schatten. Daß Providentia, die Personifikation der weisen Staatslenkung, auf dem Mehlmarktbrunnen Georg Raphael Donners den Januskopf, der gleichzeitig in Vergangenheit und Zukunft blickt, in Händen hält, weil sie aufzeigen will, daß die Regierung für die Zukunft aus der Vergangenheit lernt, ist ebenso symptomatisch für die Rückwärtsgewandtheit Wiens wie die Hinwendung dieser Brunnenfigur zur nahen Kapuzinerkirche, stellt sie doch auf diese Weise den Blickkontakt zu jenem Herrschergeschlecht her, das Wien und seine Kunst über sechshundert Jahre lang geprägt hat: zu den Habsburgern, die sich seit dem frühen 17. Jahrhundert in der Kapuzinergruft beisetzen ließen. Die Auftraggeberin des Brunnens war die Stadt. Bauten und Kunstwerke sind in Wien aber auch auf Initiative der niederösterreichischen Stände und der Kirche geschaffen worden. Damit sind die vier Eckpunkte jener Mächtekonstellation genannt, die Wiens Kunst jahrhundertelang in Dienst genommen hat.

Wien – das ist auch ein selbstbezogener, ja selbstgenügsamer Kosmos von Bezirken, erklärbar aus der Stadtentwicklung. Den barocken Gartenpalästen des Adels, die nach der Zweiten Türkenbelagerung die damalige Stadt (den heutigen I. Bezirk, die «Innere Stadt») wie Planeten zu umkreisen begannen, und dem Schloß Schönbrunn, das ein eigenes Sonnensystem bildete, verdanken jene Stadtbezirke, in denen die suburbanen Anlagen der Barockzeit mittlerweile aufgegangen sind, auch heute noch ihr spezifisches Flair, und in der Inneren Stadt zu leben kommt nach wie vor für viele einem Adelsprädikat gleich.

Wien ist schließlich auch eine Stadt, die – gleichsam in sich ruhend – ihre Lage auf der weltpolitischen Landkarte immer wieder verändert hat: Als römisches Militärlager ein Grenzposten gegen Norden, befand sich die Ansiedlung im 8. Jahrhundert an der Westgrenze des Awarenreiches, wenig später an der Ostgrenze des Karolingerreiches. Von Osten kamen durch Jahrhunderte Angreifer: erst die Ungarn, dann die Türken, die an Wien zweimal scheiterten. Durch die Türkenkriege wurde Wien zum Mittelpunkt eines nach Osten und Südosten sich weithin ausdehnenden Riesenreiches, das im 19. Jahrhundert durch die Zentrifugalkraft des Nationalismus zu zerbrechen begann. Nun liegt die Stadt am Nordostrand eines kleinen Staates, der seit dem Beitritt zur EU ein wichtiges Mitglied der europäischen Staatenfamilie geworden ist.

Die Architektur und die Kunst der Stadt, welche die Babenberger zur Residenzstadt ihres Herzogtums und die Habsburger zum Zentrum des Heiligen Römischen Reiches und dann zur Hauptstadt des Kaisertums Österreich machten, sind immer von hohen Ansprüchen geprägt, denen zugleich eine auffallende Zurückhaltung eignet. Zu den Anspruchsvollen gehörte Herzog Rudolf IV., der Stifter, im 14. Jahrhundert, der die historischen Fakten erfolgreich durch die Kunst uminterpretierte, wenn er sich an St. Stephan im ersehnten Status des Erzherzogs darstellen ließ. Der Coup gelang, die Macht der Bilder hat ihre Wirkung auf Dauer nicht verfehlt. Weniger glücklich war das Schicksal der großen und radikalen Projekte. Das gilt für die barocken Ausbaupläne der Hofburg ebenso wie für das im 19. Jahrhundert geplante Kaiserforum, durch das der Österreichische Kaiser post festum eine Residenz wie Versailles hätte erhalten sollen. Große Projekte neigen in Wien zur «Schubladierung»: Sie werden ad acta gelegt oder durch kleine Lösungen ersetzt, oft entsteht ein Torso. Sprichwörtlich für Wien sind auch die Provisorien, die hier zur Dauerlösung werden. Charakteristisch für Wien ist aber noch vieles andere. So etwa das Fehlen großer Plätze – bezeichnenderweise prominierte das Wien des Fin de siècle entlang der

Ringstraße – und eine Lust am Ornament, von dem die Produkte der Wiener Werkstätte ebenso Zeugnis ablegen wie die Bauten Meister Hundertwassers.

Das Buch schließt eine Lücke, denn dem Wienliebhaber und Wienbesucher standen in den letzten Jahrzehnten nur topographisch gegliederte Publikationen zur Verfügung, die zur Information vor Ort gute Dienste leisten, das einzelne Kunstwerk aber historisch isolieren. Diese ‹Kleine Kunstgeschichte Wiens› gibt den Bauten, ihrer Ausstattung und auch unrealisiert gebliebenen Projekten ihren Platz in der Geschichte zurück und bindet sie zugleich in ihr historisches und geistesgeschichtliches Umfeld ein. Zur besseren Orientierung des Lesers führt der Text die heutigen Wiener Bezirke in Klammern an. Fehlt diese Angabe, so handelt es sich um den I. Bezirk «Innere Stadt». Um den Rahmen des Büchleins nicht zu sprengen, wurde von Anmerkungen abgesehen. Eine kleine Auswahl aus einer immensen Literatur zur Kunst Wiens soll zur weiterführenden Lektüre einladen.

Zur Entstehung dieses Buches haben zahlreiche Kolleginnen und Kollegen, Freundinnen und Freunde mit fachlichen Tips, der Überlassung von Fotomaterial und nicht zuletzt durch menschliche Zuwendung beigetragen. Dafür danke ich insbesondere Mag. B. Böhler, Arch. G. Breckner, Mag. Chr. Chinna, Prof. F. und Prof. W. Daim, Prof. G. Fellerer, Dr. A. Fenzl, Prof. H. Fillitz, Prof. H. Friesinger, Dr. E. Goldarbeiter-Liskar, Prof. W. Greisenegger, Dr. K. Gschwantler, Herrn W. Hassfurther, Dr. S. Hauser, Prof. H. Karl, Dr. R. Keuschnig, Arch. Dr. J. Kräftner, Mag. F. Kirchweger, Dr. R. Koch, Prof. W. Krause, Dr. M. Krieger, Dr. C. Lang-Auinger, Ass. E. Roden, Dkfm. H. Schmid, Prof. M. Schwarz, Dr. W. Telesko, Dr. R. und Dr. L. Turnheim sowie Prof. H. Wolfram. Mein besonderer Dank gilt aber Karin Beth, die Entstehung und Veröffentlichung des Bandes seitens des Verlages C.H.Beck mit Geduld und konstruktiver Kritik begleitet hat.

Wien, im Februar 2000 — Martina Pippal

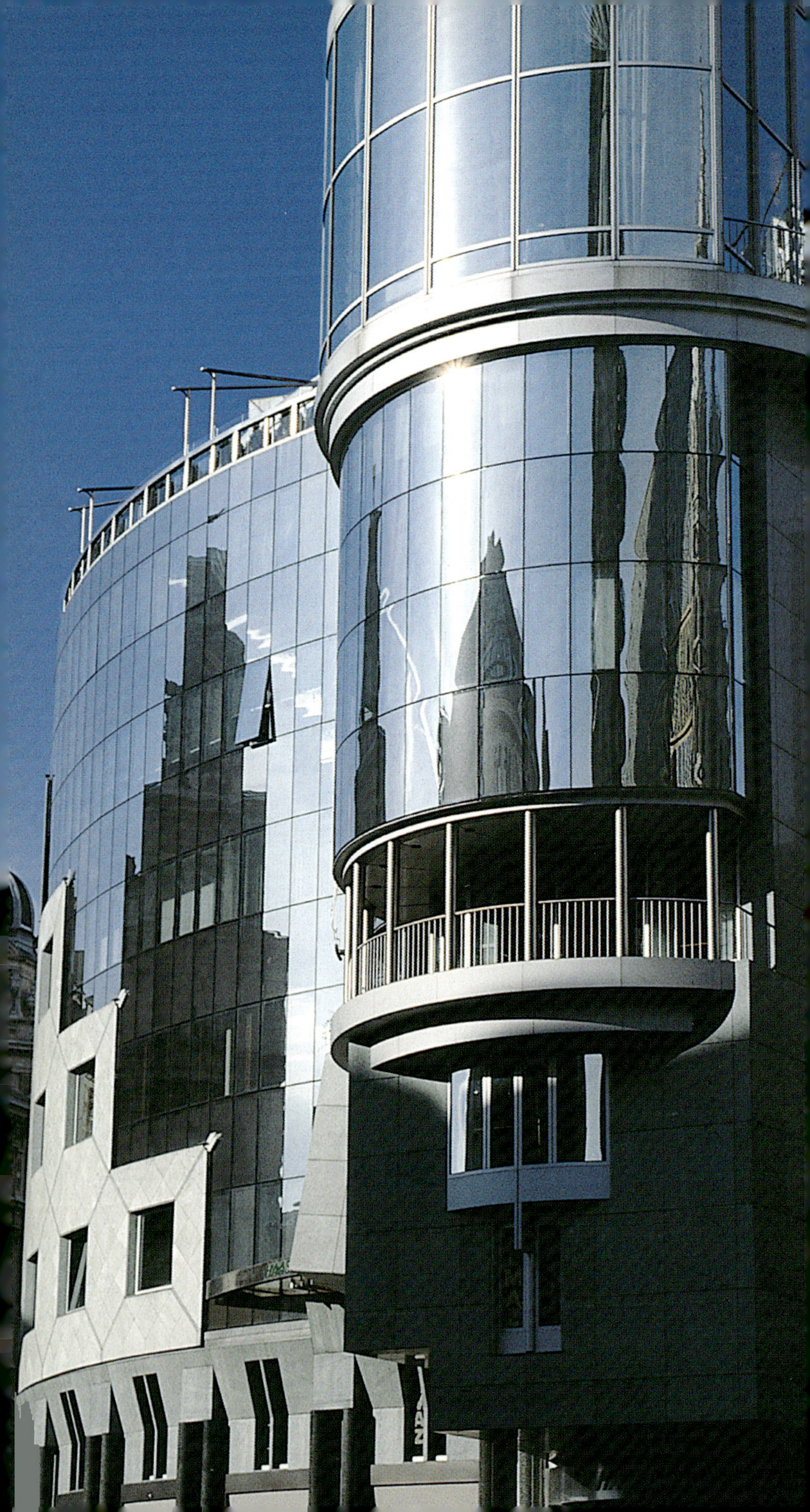

Vom Römerlager zur Habsburgerresidenz

Vindobona, Vindomina, Wenia

Wer heute im Zentrum der Stadt vom Stephansdom kommend über den Stock-im-Eisen-Platz in den Graben einbiegt, muß einen weiten Bogen um das «Haashaus» zu seiner Rechten nehmen – einen Schild aus Glas und Marmor, der sich weder vom Material noch stilistisch in seine Umgebung einfügt (Abb. 1). Dementsprechend massiv war der Protest der Bevölkerung bereits während der Planungsphase. Als provokant wurde vor allem empfunden, daß dieses vom Wiener Stararchitekten Hans Hollein geplante postmoderne Geschäftshaus schräg vis-à-vis des «Steffls» – wie die Wiener ihren Stephansdom mit sentimentaler Zärtlichkeit nennen – stehen sollte (Abb. 6). Denn der Dom ist den Einwohnern dieser Stadt geradeso ans Herz gewachsen wie die Lipizzaner und die Wiener Sängerknaben. Gebaut wurde trotzdem, und das fertige «Haashaus» erwies sich als ein zutiefst wienerisches Produkt, lenkt es doch den Blick – und das ist typisch für diese Stadt – auf die Vergangenheit. In zweifacher Hinsicht, denn in seiner gläsernen Haut spiegelt sich der gotische Stephansdom, und seine gewölbte Fassade gibt zugleich vor, den Verlauf der Südostecke des römischen Militärlagers Vindobona nachzuzeichnen.

Vindobona wurde um die Mitte des 1. Jahrhunderts n. Chr. nicht weit vom schon bestehenden stromabwärts befindlichen Römerlager Carnuntum angelegt, da der Donauabschnitt zwischen Klosterneuburg und Hainburg zu den am stärksten gefährdeten Grenzen des Römischen Imperiums gehörte. Zunächst verlegte man eine Abordnung der in Carnuntum

1 Hans Hollein, sog. Haashaus, 1987–1990, in der verglasten Fassade spiegelt sich der Stephansdom. Stock-im-Eisen-Platz

stationierten 15. Legion nach Vindobona, dann, beim Ausbau des Limes unter den flavischen Herrschern, auch noch eine tausend Mann starke Reitertruppe von Britannien, so daß das neue Lager neben Carnuntum zum wichtigsten Garnisonsort Westpannoniens aufstieg. Auf der «Tabula Peutingeriana», der Kopie des 13. Jahrhunderts einer um die Mitte des 4. Jahrhunderts angelegten Straßenkarte des Imperium Romanum, die heute in der Österreichischen Nationalbibliothek (Cod. 324) liegt, sind beide Lager eingezeichnet.

Vindobona war am Verlauf der Donau orientiert und folgte dem üblichen Lagergrundriß. Seine südlichen und westlichen Grenzen sind am heutigen Straßenverlauf des I. Bezirks noch gut ablesbar, ja der lange, schmale Platz westlich des Stock-im-Eisen-Platzes heißt heute noch «Graben». Seinen Verlauf nimmt im Westen die Naglergasse auf, die sich an der Stelle der einstigen Südwestecke der Lagermauer nach Norden krümmt. Die Straße «Tiefer Graben» entspricht dem Graben, der dem Lager westlich vorgelagert war. Entlang der Donau, dem jetzigen Donaukanal, verlief die Lagerfront dicht am Steilabfall zum Strom. Im Bereich des heutigen III. Bezirks lag die römische Zivilstadt: anfangs wohl ein *vicus*, ein Dorf, im Zwickel zwischen zwei Ausfallstraßen. Im Bereich des jetzigen XXIII. Bezirks befanden sich Siedlungen der einheimischen Bevölkerung und von Veteranen. Gutshöfe in der Umgebung versorgten das Lager mit Grundnahrungsmitteln, eine Wasserleitung stellte die Wasserversorgung sicher. Entlang der Fernstraßen entstanden Friedhöfe, und direkt vor den Lagermauern wohnte der mit den Soldaten wirtschaftlich und persönlich verbundene Troß. Im Bereich des heutigen Michaelerplatzes war offensichtlich das Vergnügungsviertel Vindobonas: 1990/91 kamen hier bei archäologischen Grabungen römische Häuser mit Fußboden- und Wandheizung sowie mit Wandmalereien zutage. Erneut bekam Hans Hollein Gelegenheit, den Blick auf diese ältesten Besiedlungsschichten Wiens zu bündeln. Er ließ einen Teil der Grabung frei und faßte ihn mit Steinbrüstungen respektive Gittern ein. Da die jüngere

«Haut» der Stadt hier nicht mehr geschlossen wurde, öffnet sich auf dem Michaelerplatz ein direkter Blick «hinunter» in die Vergangenheit.

Vieles aus Wiens Vergangenheit steht aber noch aufrecht. Ein erheblicher Teil ging freilich in den Bombardements von 1944/45 zugrunde, manches nachher – am Unverstand der Entscheidungsträger in der Wiederaufbauzeit, und eine schleichende Zerstörung bewirkt heute die unaufhaltsam grassierende «Fensterauswechslungsepidemie», der seit Jahrzehnten die originalen Holzfenster zum Opfer fallen; Plastikprothesen sind der traurige Ersatz. Freilich: Wien ist ein seit zweitausend Jahren gewachsener Organismus, dem Veränderung inhärent ist. So kamen und gingen hier nicht nur Bauten, sondern auch Malerei und Plastik, ja ganze Gemälde- und Skulpturensammlungen, liturgisches Gerät und Gewand, weltliche Insignien und profane Kleidung, Schmuck, Gebrauchsgegenstände, Druckwerke aller Art usf. Auf Kurzlebigkeit von vornherein angelegt waren so ephemere Bauten wie Festdekorationen und Trauergerüste, die sogenannten *castra doloris*, aber auch die Dekorationen für Kostümbälle und Kostümfeste, die «Gschnase», und natürlich alle Theaterkulissen. Umgekehrt existiert manches, das ursprünglich auf einen kurzen Bestand angelegt war, bis zum heutigen Tag, etwa das von dem englischen Ingenieur Walter Basset 1897 als Provisorium errichtete Riesenrad im Prater. Es bestimmt die Skyline der Stadt bis heute und bestätigt damit das Diktum, daß in Wien nichts so lange hält wie ein Provisorium.

Was die Frühzeit Wiens betrifft, also die Spanne vom Ende des Weströmischen Reiches (476) bis zu jenem Moment, als der Babenberger Heinrich II. Jasomirgott Mitte des 12. Jahrhunderts Wien zu seiner Residenzstadt machte, so ist eine Rekonstruktion schwierig, da aus der Zeit der Völkerwanderung und der Ungarnkämpfe nur spärliche Anhaltspunkte überliefert sind. Schon die Anfänge Vindobonas waren unruhig gewesen, was bei einem Lager, das dem Grenzschutz diente, kaum anders zu erwarten ist: Nach einem positiven Beginn in der ersten Hälfte des 2. Jahrhunderts brachten die Markomannenkriege Rückschläge. Eine neue Blüte erlebte ganz Pannonien unter den Severern. Damals dürfte die Zivilsiedlung Vindobonas den Status eines *municipium*, also einer Stadt, erhalten haben. Auf ihrem Forum stand eine – importierte – monumentale Herrscherstatue, deren Torso sich heute im Historischen Museum der Stadt Wien befindet (Abb. 2). Ob das Christentum schon im römischen Wien hat Fuß fassen können, ist ungewiß; möglicherweise hatte die Peterskirche, damals nahe der Südmauer des Lagers befindlich, einen spätantiken Vorgängerbau. Mit Sicherheit auf die Spätantike aber geht etwas anderes zurück, das aus Wiens Geschichte nicht wegzudenken ist: der Weinbau. Nachdem Marcus Aurelius Probus im 3. Jahrhundert das seit alters geltende Verbot, in den Provinzen am Rand des Reiches Wein anzupflanzen, aufgehoben hatte, wurden rund um Vindobona Weingärten angelegt. Ihre Erträge werden bis heute in den «Heurigenlokalen» im Weichbild der Stadt verkostet, und die Dankbarkeit gegenüber dem Soldatenkaiser, der den Anbau erlaubt hat, lebt bis heute fort.

Im späten 3. Jahrhundert geriet Vindobona durch die Germanenkriege in die nächste Krise, und die Kämpfe der Römer mit den Quaden stürzten ganz Pannonien in die Katastrophe. Bis in die Mitte des 4. Jahrhunderts verschwanden die militärischen Organisationsstrukturen am Limes zusehends. Carnuntum wurde 375 als «verlassenes und ödes Nest» bezeichnet. Auch in Vindobona schrumpfte die Einwohnerzahl. Nach dem Abzug der römischen Truppen wich der Rest der Zivilbevölkerung in die Nordostecke des teils noch befestigten Lagers zurück. De jure war der Wiener Raum weiterhin Teil des Römischen Reiches, tatsächlich aber befand er sich nun außerhalb jeder staatlichen Organisation. Anfang des 5. Jahrhunderts sind Züge von Vandalen, Ostgoten und Westgoten durch Pannonien bezeugt, 433 fielen die Hunnen ein.

In der Gotengeschichte des Jordanes heißt das ehemalige Lager Vindobona im Jahr 551 «Vindomina». Zwei Generationen befand sich der Ort unter langobardischer Herrschaft.

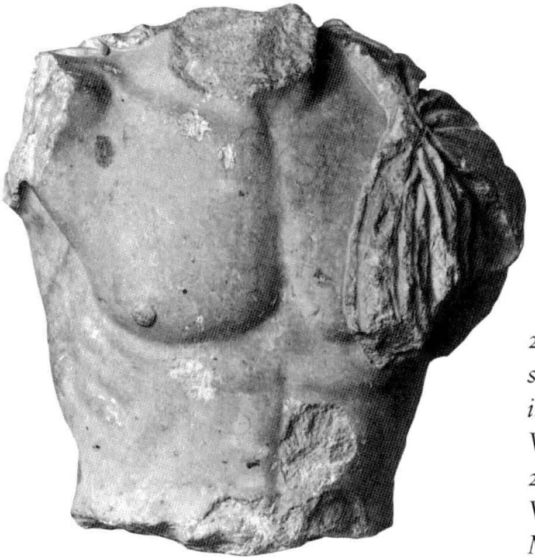

2 Torso einer Herrscherstatue, gefunden in der Zivilsiedlung Vindobonas (III. Bez.), 2. Jahrhundert n. Chr. Wien, Historisches Museum der Stadt Wien

In den sechziger Jahren des 6. Jahrhunderts fiel den Awaren, einem weiteren Reitervolk aus der zentralasiatischen Steppe, die Herrschaft über das Karpatenbecken von Siebenbürgen bis zum Wienerwald fast kampflos zu. Ihre Präsenz auch im Wiener Raum ist durch verschiedenartige Funde bezeugt (Abb. 3).

War Vindobona eine römische Grenzfestung gegen die Germanen im Norden gewesen, so befand sich die Siedlung während der Awarenzeit im Grenzland gegen den Westen. Doch nachdem die Franken die Awaren 791 bis 799 zurückgeschlagen und ihr Reich bis an die Raab ausgedehnt hatten, lag Wien im Grenzbereich gegen den Osten. Der Bevölkerungszuzug in die Mark an der Ostgrenze dürfte in karolingischer Zeit gefördert worden sein, «staatliche» und kirchliche Institutionen wurden aufgebaut. Im Zuge der Missionstätigkeit, die in den Händen des Salzburger Erzbischofs lag, mag es im ersten Viertel des 9. Jahrhunderts auch zur Gründung der drei ältesten Kirchen auf Wiener Boden gekommen sein: der Peterskirche sowie der Kirchen St. Ruprecht und «Maria am Gestade», die sich knapp neben dem Terrainabbruch zum Strom erhoben.

Kurz nach der Wende zum 10. Jahrhundert fiel die Karolingische Mark erneut einem asiatischen Reitervolk in die

Hände: den Ungarn. In Verbindung mit den Ungarnkämpfen taucht 881 erstmals der Stadtname Wiens in der mittelalterlichen Form «ad Vveniam», also «bei wenia», auf. Etymologisch besteht keine Verbindung zum römischen Lagernamen «Vindobona», dessen Herkunft und Bedeutung umstritten sind. Bei «wenia» wird ein kelto-illyrischer oder ein slawischer Ursprung erwogen; sicher ist, daß mit «wenia» der aus dem Wienerwald in Richtung Donau fließende Waldbach, der jetzige Wienfluß, gemeint ist. Der Namenswechsel zeigt, wie

3 Gürtelgarnitur, gefunden in Unter St. Veit (XIII. Bez.), awarisch, 8. Jahrhundert. Wien, Naturhistorisches Museum

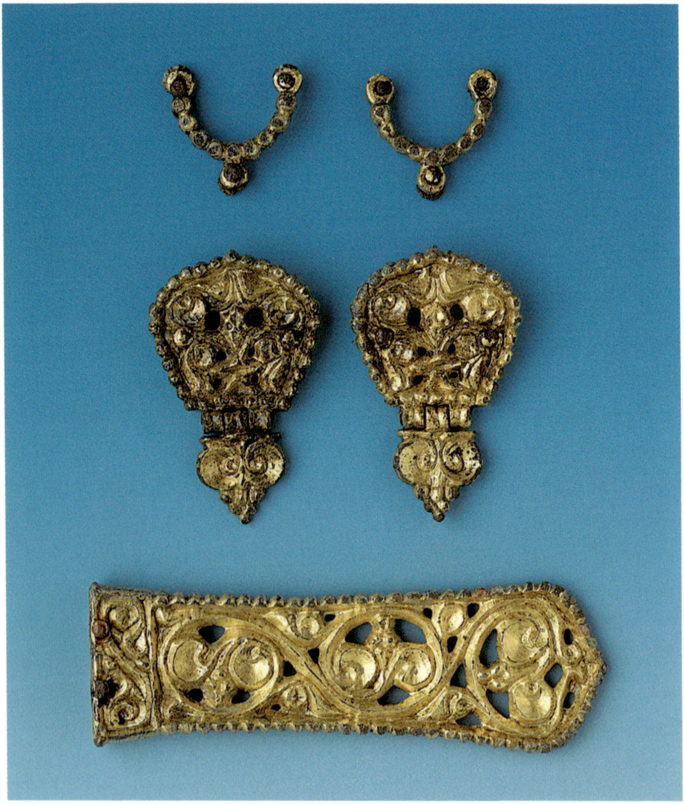

groß die Veränderungen gewesen sein müssen, die zwischen Antike und Mittelalter trotz der kontinuierlichen Besiedlung des Römerlagers in Wien wie an vielen anderen Orten des alten Reichsgebietes stattgefunden hatten.

Trotz ihrer Seßhaftwerdung und Christianisierung um die Jahrtausendwende stellten die Ungarn auch in den folgenden Jahrhunderten eine ständige Bedrohung für Wien dar. Die Besiedlung füllte hier im 11. Jahrhundert etwa die Hälfte des römischen Lagers. Die drei Kirchen dürften die Ungarnkämpfe überstanden haben. Der Sitz des Pfarrers war wohl die Ruprechtskirche, die damals bereits in das Pfarrnetz des Bistums Passau eingebunden gewesen sein dürfte. Im 11. Jahrhundert werden neue Siedlungen im Wiener Umland erwähnt, wo geistliche Institutionen – das Erzbistum Salzburg, die Bistümer Passau und Bamberg sowie Klöster wie St. Emmeram/Regensburg, später auch Göttweig und Klosterneuburg – große Besitzungen hatten.

Der Aufstieg zur «*civitas metropolitana*»

Um 1130 faßten die Babenberger in Wien Fuß. Sie waren nach der Lechfeld-Schlacht im Jahr 976 von Kaiser Otto II. mit der Mark im Osten – für die 996 erstmals der Name «Ostarrîchi» überliefert ist – belehnt worden, mußten dieses Land aber teilweise erst erobern. Hand in Hand mit der Gebietsvergrößerung in Richtung Osten verschoben sie ihre Residenz donauabwärts. Residierte Markgraf Leopold III., der mit der Kaisertochter Agnes verheiratet war und dem Heinrich V. sogar die Krone des Reiches angeboten hatte, in den dreißiger Jahren noch in Klosterneuburg, so erklärte Heinrich II. Jasomirgott, der 1141 Markgraf von Österreich geworden war und 1156 zu dessen Herzog erhoben wurde, das weiter donauabwärts gelegene Wien zur neuen Residenz. Dadurch schuf er die Voraussetzung für das weitere Werden der Stadt.

Da der Plan Leopolds III., am Residenzort Klosterneuburg ein Landesbistum zu gründen, am Widerstand des Passauer

Bischofs gescheitert war, suchte Markgraf Leopold IV. 1137 im Tauschvertrag von Mautern die Rechtssituation in Wien vorweg zu klären: Er verzichtete auf das Eigenkirchenrecht bei den drei Wiener Kirchen zugunsten des Bistums Passau, wofür er die Hälfte des Wiener Pfarrgutes und einen – vermutlich bei Mödling gelegenen – Weingarten erhielt. Im Tauschvertrag ist das mittelalterliche Wien erstmals als «*civitas*», also als Stadt, bezeichnet.

In dieser Zeit, um 1130/40, wurde die noch heute bestehende Ruprechtskirche (Abb. 4) auf Initiative des Passauer Bischofs errichtet, und offensichtlich hatte das Bistum auch noch weiterführende Pläne, denn im Vertrag von Mautern ist ausdrücklich erwähnt, daß Bauparzellen, auf denen Ställe stehen, bei der Pfarre bleiben würden. Mit diesen Liegenschaften ist vermutlich der «Roßmarkt» im Osten vor der Stadtmauer gemeint, auf dem unmittelbar nach 1137 mit dem Bau von St. Stephan begonnen wurde. Als das Kreuzzugsheer unter König Konrad III. auf dem Weg ins Heilige Land 1147 in Wien Station machte, weihte der Passauer Bischof Reginbert, der sich dem Zug Konrads III. angeschlossen hatte, die damals wohl noch im Bau befindliche erste Stephanskirche, deren Fertigstellung erst um 1170 erfolgt sein dürfte. Durch ihr Patrozinium, ihre monumentalen Ausmaße – die Kirche hatte eine Länge von 83 Metern – und den Typus – «St. Stephan I» besaß ein basilikales, von einem Querhaus durchdrungenes Langhaus, ein Chorquadrat und eine Apsis, zwei Westtürme und eine offene Vorhalle – schloß die Wiener Pfarrkirche an den Passauer Dom an. Erhalten sind von der ersten Stephanskirche nur die Erdgeschoßbereiche der Westtürme.

Am westlichen Rand des römischen Lagers und damit außerhalb des bis dahin besiedelten und passauisch dominierten Bereichs ließ Heinrich II. 1155 dort, wo heute die Kirche auf dem Platz «Am Hof» steht, seine Pfalz errichten. Auf dem

4 Ruprechtskirche, um 1130/40, um 1160/70 (Turmerhöhung). Ruprechtsplatz

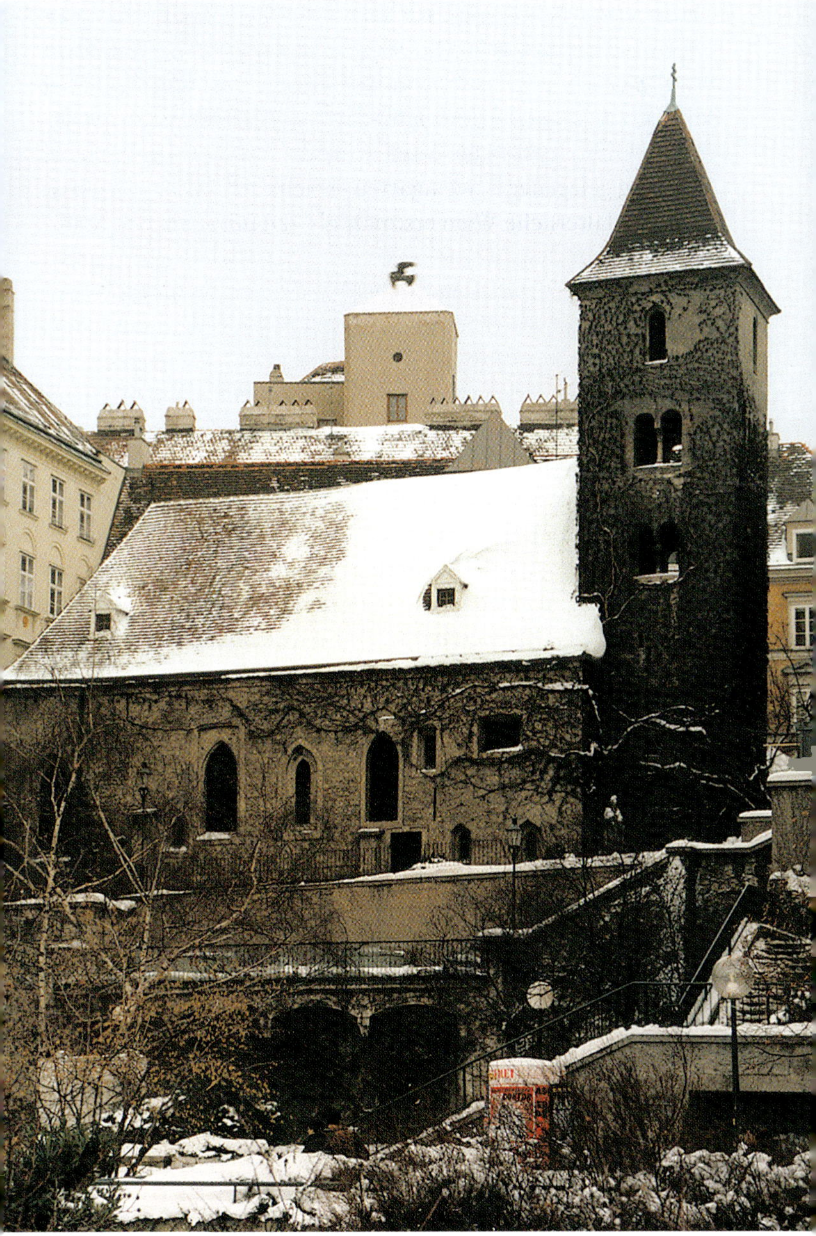

«Steinfeld» unmittelbar vor der römischen Stadtmauer, der heutigen Freyung, gründete er im selben Jahr das erste Kloster auf Wiens Boden, das er 1158 den aus Regensburg berufenen «Schotten», Angehörigen einer letztlich in Irland beheimateten Benediktinerkongregation, übergab. Es fungierte als Eigenkloster des Herzogs und als Pilgerhospiz für die Kreuzfahrer, deren Marschroute dem Verlauf der Donau folgte.

Die Kirche des «Schottenklosters», die sich unter der barokken Hülle noch erhalten hat, ist eine gewölbte dreischiffige Pfeilerbasilika im «gebundenen System» mit Querhaus, Chorquadrat und Halbkreisapsis sowie einem «Westwerk» mit Empore. Über der Vierung ragte ursprünglich ein achteckiger Turm auf. Im Kircheninneren täuschte eine farbige Ausmalung wertvolle Baumaterialien vor: Die Wände schienen aus weißen, rotverfugten Quadern, die Pfeiler aus dunkel- und hellgrünem Marmor, die Dienste – sie waren mit weißen Spiralen auf dunkelrotem Grund bemalt – aus Marmor oder Porphyr zu bestehen. In diesem Wetteifern mit der kaiserlichen Architektur – das «gebundene System», bei dem das Vierungsquadrat die Maßeinheit bildet, weist auf den Speyrer Dom – und mit der von Leopold III. in Auftrag gegebenen Klosterneuburger Stiftskirche hinsichtlich Grund- und Aufriß sowie der Nordlage des Kreuzgangs wird der hohe Anspruch des Babenbergers in Wien greifbar. Heinrich II. war über seine Mutter mit den Saliern und – über deren ersten Gatten – mit den Staufern verwandt, zudem in erster Ehe mit Gertrud, der Tochter Kaiser Lothars III., in zweiter Ehe mit Theodora Komnena verheiratet und damit auch mit dem byzantinischen Kaiserhaus verbunden.

In der zweiten Hälfte des 12. Jahrhunderts gewann Wien einen neuen Charakter. Hatte die Stadt bis dahin vornehmlich als Bollwerk fungiert, wurde sie nun zur Drehscheibe – zu einem Zentrum des kulturellen Lebens, zu einem Rastort der Reisenden und zu einem Umschlagplatz des Fernhandels. 1165 war Kaiser Friedrich I. Barbarossa zwei Wochen Gast in der Residenz des österreichischen Herzogs, und die Chroniken betonen die gute Aufnahme sowie die reichlichen Versorgungsmöglichkeiten der Stadt. 1172 wurde Wien als «*civitas metropolitana*», also als «Hauptstadt», bezeichnet. Ja, seit dem späten 12. Jahrhundert galt Wien neben Köln als die wichtigste Stadt im deutschen Sprachraum. Die Besiedlung hatte sich innerhalb des ehemaligen Lagerbereiches ausgedehnt, ab dem Ende des 12. Jahrhunderts umschloß eine Stadtmauer mit vier Toren und 19 Türmen die Stadt. In den trockenen Teilen des vorgelagerten Stadtgrabens hielt man Wild, die bewässerten Abschnitte dienten der Fischzucht. Als die Babenberger 1192 die Steiermark erwarben – an der Grenze zwischen dieser und Österreich wurde 1194 die «*civitas nova*», Wiener Neustadt, gegründet –, eröffneten sich neue Handelswege nach Süden. Die Nordverbindung sicherte eine bei Wien befindliche Furt.

Ihren Höhepunkt als Herrschaftszentrum der Babenberger erreichte die Stadt unter Leopold VI., dem Glorreichen. Eine Quelle des frühen 13. Jahrhunderts nennt Wien gar «*civitas metropolitana, quae maior est in terra*», die größte Hauptstadt des Erdkreises. Händler kamen aus Aachen, Metz und Maastricht, Waren aus Ypern, Huy, Tournai und Löwen. 1203 vermählte sich Leopold VI. wie sein Großvater Heinrich II. mit einer byzantinischen Prinzessin: mit Theodora, einer Großnichte des byzantinischen Kaisers. Dieser Fürstenhochzeit, die am Weihnachtstag in Wien stattfand, sollten später zahlreiche weitere und ähnlich prachtvolle folgen. Die Stadtentwicklung förderte der Herzog, indem er den römischen Graben zuschütten und diesen sowie den heutigen «Hohen Markt» und den heutigen «Neuen Markt» als Plätze, ferner Kärntner Straße und Wollzeile als Ausfallstraßen anlegen ließ. 1221 verlieh er Wien ein eigenes Stadtrecht; in diesem oder im folgenden Jahr ist das «Große Wiener Wappen», ein einköpfiger, nach rechts blickender schwarzer Adler auf goldenem Feld, erstmals nachweisbar.

Auch eine Reihe neuer Orden hat Leopold VI. nach Wien gebracht, beginnend mit dem Deutschen Orden, der 1205 in Wien eine Kommende gründete. Um 1210 kamen die Johanniter und 1224 die Minoriten nach Wien. Letztere bauten nahe der neuen Stadtmauer, auf dem jetzigen Minoritenplatz, einen kleinen, 1234 erstmals erwähnten Konvent. Und 1226 folgten die Dominikaner, die sich beim Stubentor, in der heutigen Postgasse, niederließen. Ihre erste Kirche wurde 1237 geweiht.

Wohl in den 1220er Jahren ist zudem mit dem Bau einer zweiten Wiener Pfarrkirche, St. Michael, am jetzigen Michaelerplatz begonnen worden, die vor 1252 fertig war. Bauformen und Bauplastik verquicken Spätromanisches mit Frühgotischem, so daß St. Michael als ein Werk der «Leopoldinischen Sondergotik» bezeichnet worden ist. Deren Hauptwerk stand außerhalb Wiens, in der alten Babenbergerresidenz Klosterneuburg, in der sich Leopold VI. mehrfach aufhielt. Französische Bauleute dürften dort die 1222 geweihte Pfalzkapelle, die «*capella speciosa*», aufgeführt haben. Die Gründung des Bistums Wien scheiterte neuerlich an der starken Position Passaus.

Wien als Zankapfel

In die Turbulenzen, in die Österreich seit der Belehnung Friedrichs II. des Streitbaren geriet, wurde auch Wien hineingerissen. Bald trachteten Babenberger, Staufer, Přemysliden und Habsburger danach, in der Stadt Fuß zu fassen. Wer imstande war, sich festzuklammern, baute hier, um seine Position zu festigen. Das so Entstandene sollten die Habsburger, die schließlich den Sieg davontrugen, erfolgreich zu Werken der eigenen Dynastie uminterpretieren.

1236 enthob Kaiser Friedrich II. den Babenbergerherzog Friedrich II. der Reichslehen, und schon Anfang 1237 zog der Hohenstaufenkaiser in Wien ein, um hier Hoftag zu halten. Wien erhob er zur freien Reichsstadt, zudem erweiterte er das bestehende Stadtrecht. Möglicherweise ließ er damals auch den Bau der Burg, die den Kern der heutigen Hofburg bildet, in Angriff nehmen. Die etwa 50 x 55 Meter große, vierflügelige, um einen quadratischen Hof angeordnete und durch vier Ecktürme befestigte Anlage entstand in direkter Nachbarschaft zur neuen Pfarrkirche St. Michael und damit weitab von der Babenbergischen «*domus ducis*» auf dem jetzigen Platz «Am Hof».

Sicher ist, daß der Kaiser der theologischen Schule von St. Stephan, die schon Mitte des 12. Jahrhunderts eingerichtet worden war, Privilegien verlieh, so daß ihr fortan ein universitätsähnlicher Status zukam. Denkbar ist deshalb, daß auch die Initiative zum Umbau von St. Stephan vom Kaiser während seines Wienaufenthaltes ausging. In dieser Bauphase, deren Ergebnis als «St. Stephan II» bezeichnet wird, wurde der Westteil der Kirche durch das Riesentor – ein sechsstufiges Trichterportal samt Vorbau (Abb. 5) – sowie die Westempore und die beiden «Heidentürme» (Abb. 6) stark verändert. «Ristür« ist der alte Name für das Haupttor. Die Westtürme erhielten ihre Bezeichnung erst im 18. Jahrhundert; vielleicht mit Bezug auf den Babenberger Heinrich II. ist von den «Heinrichstürmen», später – wohl wegen deren Ähnlichkeit mit Minaretten – von «heidnisch zugespitzten Türmen» die Rede.

Nach der Abreise des Kaisers aus Wien im April 1237 dürfte der Bau der Burg, sofern er tatsächlich in diesem Jahr begonnen worden war, bald ins Stocken geraten sein. Den Umbau von St. Stephan dürfte der Babenbergerherzog, der 1240 formell von Kaiser Friedrich II. rehabilitiert und in seine Lehen wiedereingesetzt wurde, dagegen weiterbetrieben haben. Das Riesentor war spätestens in den frühen vierziger Jahren des 13. Jahrhunderts fertig. Die Ornamentik der Archivolten, Dienste und Pfosten – letztere fiel Mitte des 15. Jahrhunderts einer Modernisierungskampagne zum Opfer – gehört zum Formenrepertoire der sogenannten normannischen Bauornamentik: Die diagonalen Flechtbänder, gedrehten, blattbesetzten Kanneluren, geschuppten Blätter, Zacken, Fischgrätmuster, ausgehöhlten Rhombengitter, gegenständig zu Rhomben vereinigten Dreiecksleisten mit hinterlegten Diamantbändern und der über Eck gekuppelte Rundbogenfries mit Lilienbünden dürften hier von mährischen und ungarischen Steinmetzen ausgeführt worden sein.

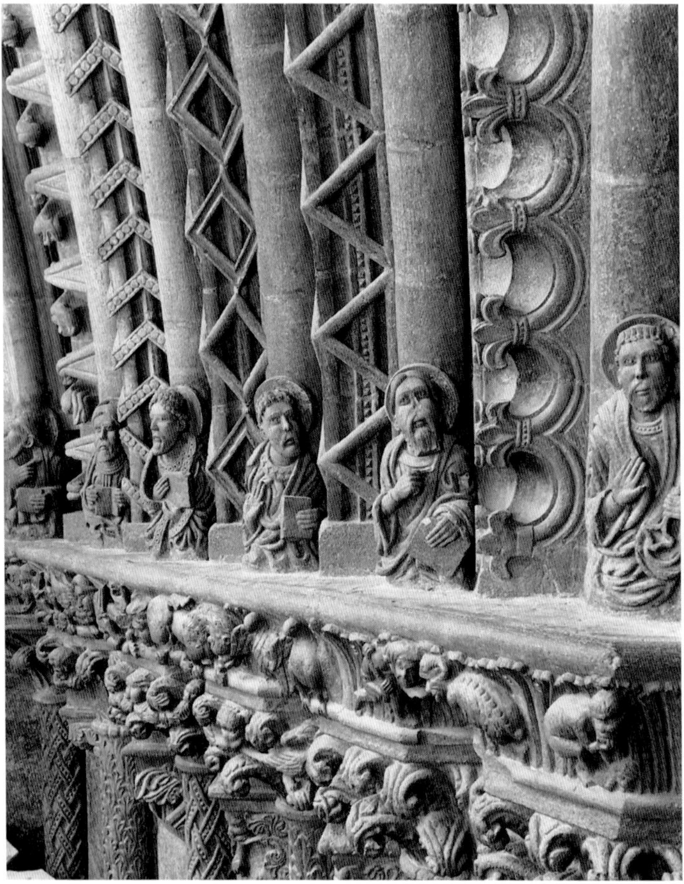

5 St. Stephan, Westportal, sog. Riesentor (Detail), um 1240

Angesichts des Riesentors gewinnt man den Eindruck, die Wiener Kunst sei unter Herzog Friedrich II. dem Streitbaren mit der Anwendung der «normannischen» Bauornamentik gegenüber den unter Leopold VI. zu beobachtenden gotischen Tendenzen ins Hochmittelalter zurückgekehrt. Denkbar wäre, daß hinter der auffallenden Verwendung altertümlicher Elemente die Absicht stand, die neuen, aus dem Westen eindringenden Momente fernzuhalten; eine derartige Tendenz läßt sich ja in dieser Zeit in ganz Mitteleuropa feststellen. Möglich ist aber ebenso, daß der Landesherr durch die Anwendung der retrospektiven Motive die existente passauische Pfarrkirche zu einer landesfürstlichen «Eigenkirche» uminterpretieren und die Bedeutung Passaus in Wien dadurch mindern wollte. Dieses Ziel verfolgte er auch mit dem Einbau der Westempore. Wie seine Vorgänger strebte Herzog Friedrich II. nach der Gründung eines Landesbistums mit Sitz in Wien. Ebenfalls im Hinblick darauf mag zwischen 1244 und 1246 neben der Stephanskirche die «Virgilkapelle» errichtet worden sein, die 1972 im Zuge des U-Bahn-Baus zutage trat. Ihr Inneres ist von der U-Bahn-Station «Stephansplatz – City» aus begehbar und ihr Grundriß im Pflaster des Stephansplatzes angedeutet. Die Orientierung der Kapelle läßt sich mit dem als Märtyrer verehrten hl. Koloman von Melk († 1012) in Verbindung bringen, den man im Rahmen der Bistumspläne zum Landespatron erheben und dessen Reliquien man aus Melk nach Wien bringen wollte. Schlußendlich ist aber auch Friedrich II. der Streitbare mit seinen Bistumsplänen gescheitert.

1250 gelang es dem böhmischen Kronprinzen Ottokar, als Herzog von Österreich Fuß zu fassen. Wien öffnete dem neuen Herrn 1251 bereitwillig die Tore, und die Heirat mit der Babenbergerin Margarete 1252 verschaffte dem Přemysliden die nötige Legitimität. Ottokars Verhältnis zu Wien war lange gedeihlich. So hat er die Burg fertigstellen oder – glaubt man anderen Quellen – zur Gänze errichten lassen. Zudem dürfte er den Umbau der Stephanskirche vorangetrieben haben. Die Westtürme wurden nun unter Verwendung des Erdgeschosses der alten, in der Zeit Heinrichs II. Jasomirgott entstandenen Türme erhöht, die quadratischen Turmquerschnitte dabei in achteckige übergeführt und durch prismenförmige, mit glasierten Ziegeln verkleidete Helme abgeschlossen (Abb. 6). Die Schlußweihe von «St. Stephan II» fand 1263 statt.

Das Blatt wendete sich aber mit der Wahl Rudolfs I. von Habsburg zum deutschen König im Jahr 1273: Verbittert über seinen erfolglosen Versuch, selbst diese Würde zu erlangen, weigerte sich Ottokar II., den Habsburger als König anzuerkennen. Im Herbst des Jahres 1276 rückte das Reichsheer unter Rudolf I. an Wien heran, die Stadt wurde belagert, Wien mußte sich ergeben. Nach seinem Sieg über Ottokar II. sicherte Rudolf I. die heimgefallenen Länder seiner eigenen Familie. 1283 belehnte er seinen Sohn Albrecht I. damit. Gegen 1280 hatten die neuen Herrscher bereits die von Ottokar II. erbaute oder fertiggestellte Burg bezogen. Ihr aus der Heimat mitgebrachtes Gefolge wurde in Wien als fremd empfunden, so daß sich der einheimische Adel bei Albrecht I. über die schwäbische Invasion beklagte. 1288 kam es in Wien sogar zu einem Aufstand gegen den Herzog; sechs Jahre zuvor hatte sich das Bürgermeisteramt etabliert: Das Bürgertum trat der Macht des Landesfürsten gegenüber. Ein weiterer Aufstand gegen Albrecht I. im Jahr 1295 hatte die entscheidende Abänderung des Stadtrechtes zur Folge: Wiens Reichsunmittelbarkeit wurde 1296 völlig aufgehoben, die Stadt damit gänzlich in die neue habsburgische Herrschaft eingebunden.

Die Kunst unter den frühen Habsburgern

Mit der Machtübernahme durch die Habsburger änderten sich die Architektur und die bildende Kunst Wiens grundlegend: Rasch setzte die Rezeption des im Westen entwickelten hochgotischen Stils mit neuen Formgelegenheiten und Techniken ein. Bauleute, Bildhauer, Maler und Goldschmiede kamen aus Bayern und dem Seeschwäbischen, aus Frankreich und England, später auch aus Italien. Auf die Migration der Schöpfer lassen die Werke rückschließen, die schriftlichen Quellen fließen schwach. Wenn die Habsburger als Auftraggeber auftraten, knüpften sie vielfach an die Dynastie der Babenberger an, die sie aus Legitimitätsgründen posthum gleichsam in ihren eigenen Stammbaum aufnahmen. Das kaiserliche Zwischenspiel von 1237 ließen sie hingegen ebenso der *damnatio memoriae* anheimfallen wie die fast drei Jahrzehnte dauernde fruchtbare Herrschaft des Böhmenkönigs.

Vorerst waren es zwei Orte außerhalb der Stadt, in denen moderne Bauten entstanden respektive fertiggestellt wurden: das stromaufwärts gelegene Tulln und das Zisterzienserstift Heiligenkreuz im südlichen Wienerwald – beide mit babenbergischer Vergangenheit. An die Babenberger knüpfte Albrecht I. auch an, wenn er Klosterneuburg gelegentlich als Residenzort wählte. In Wien trat er erst nach seiner Wahl zum deutschen König 1298 als Auftraggeber hervor: 1304 ließ er den Umbau der Pfarrkirche St. Stephan in Angriff nehmen (St. Stephan III), die nun einen in voller Breite an das romanische Querschiff anschließenden, aus drei kapellenartigen Langchören bestehenden und mit Pfeilerfiguren bestückten Ostteil in modernsten Formen erhielt (Abb. 7). An der Ausführung der Skulpturen waren Regensburger Bildhauer maßgeblich beteiligt. Fertiggestellt und geweiht wurde der «Albertinische Chor» erst 1340 unter Albrecht II., dem jüngeren Sohn des Initiators. Auch dieser Um- und Ausbau der Stephanskirche ging mit den kirchenpolitischen Zielen des Herrschers Hand in Hand: Wie die österreichischen Landesherren vor ihm erstrebte auch Albrecht I. die Einrichtung eines Landesbistums mit Sitz in Wien und den Aufstieg der Stephanskirche zur Kathedrale. Da St. Stephan seine übrigen Funktionen dabei nicht verlieren sollte, erhielt jeder der drei autonomen Chöre eine eigene Widmung: Der «Frauenchor» im Norden diente als Pfarrkirche, der «Apostelchor» im Süden als Grablege, und der – dem hl. Stephan und allen Heiligen geweihte – mittlere Chor war für das Kapitel vorgesehen. Die Widmungen der Chöre sind nicht zuletzt durch die Skulpturen definiert. So waren beispielsweise alle ursprünglich im Frauenchor aufgestellten Pfeilerfiguren sowie das Kultbild auf dem Altar auf Maria bezogen. Dieses, die sogenannte Dienstbotenmadonna, die jetzt am Eingang des südlichen Chores zu sehen ist, zählt bis heute zu den populärsten Kultbildern der Stadt.

Welches Potential an Altarbauern, Bildschnitzern, Tafelmalern und Goldschmieden in dieser Zeit in Wien vorhanden war, wird durch den Umstand erhellt, daß sich der Probst des

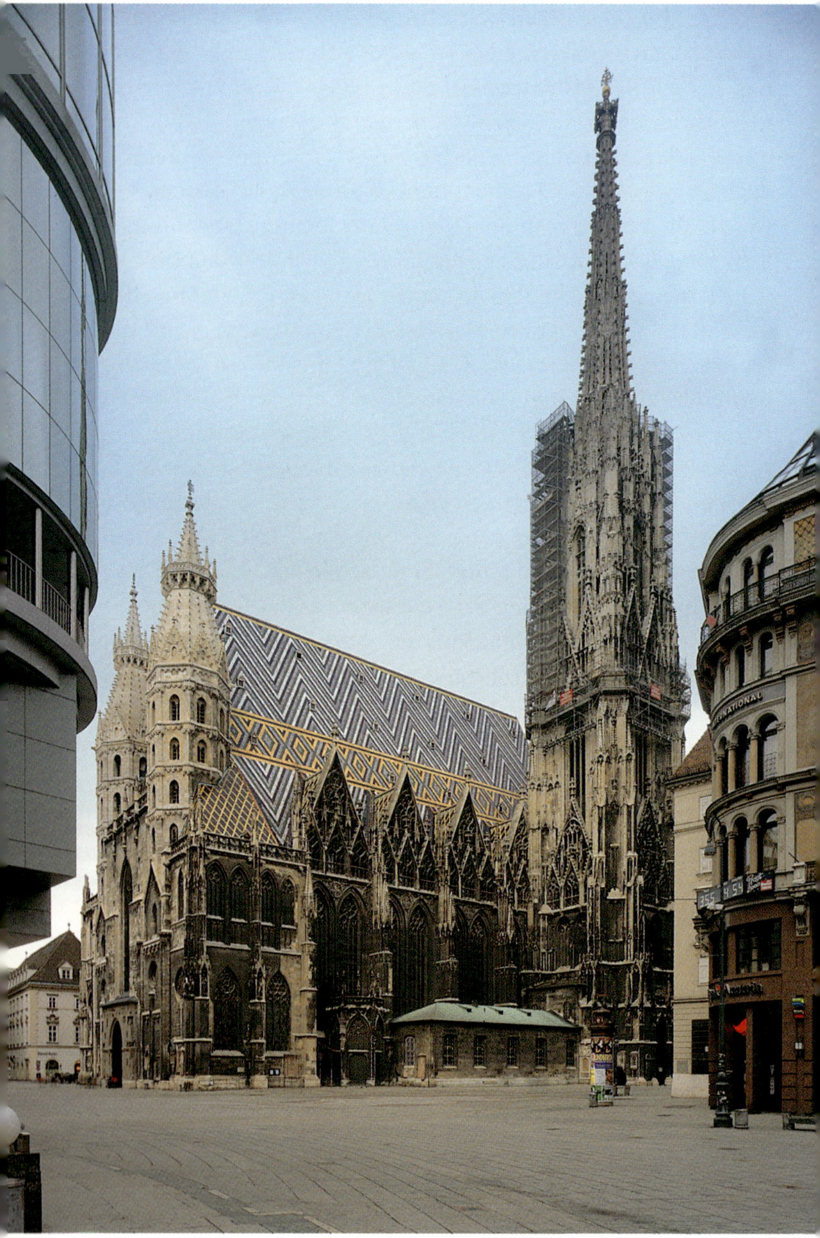

regulierten Augustiner-Chorherrenstiftes Klosterneuburg, Stephan von Sierndorf, um 1330 hierher wandte, als er die vom lothringischen Goldschmied Nicolaus von Verdun 1181 fertiggestellte Kanzel der Stiftskirche zu einem Flügelaltar – und damit zum typologisch Modernsten – umbauen lassen wollte. Für den Altar wurde in Wien ein neuer Holzkern hergestellt, auf dessen Vorderseite man die Emailplatten des 12. Jahrhunderts montierte; da die Mitteltafel des neuen Flügelaltares breiter als die ursprüngliche Frontseite der Kanzel war, ergänzte man diese durch neue Plaques, die das typologische Programm des 12. Jahrhunderts, welches das Alte und das Neue Testament unter dem Gesichtspunkt der christlichen Erlösung verknüpft, erweitern. Die Goldschmiede stammten vom Oberrhein, wahrscheinlich aus Konstanz, wo ja die Champslevé-Technik mit goldenen Figuren vor blauem Grund seit dem 13. Jahrhundert beliebt war. Die um 1330 ergänzten Emailtafeln des Altars bezeugen, daß man sich schon damals in Wien auf die «Denkmalpflege» verstand: Die Goldschmiede paßten sich inhaltlich wie stilistisch dem älteren Werk des Lothringers an. Die planen, in Temperatechnik bemalten Rückseiten des Altares mit der Kreuzigung Christi, dem Marientod, der Marienkrönung und dem Ostermorgen sind hinsichtlich des monumentalen Formates und der dargestellten Architektur durch römische Vorlagen des ausgehenden 13. Jahrhunderts beeinflußt, Ikonographie und Stil der Malereien wurden jedoch durch die nordfranzösische und englische Malerei der Jahrhundertwende geprägt.

Auch unter den Bildschnitzern waren im Wien der 1330er Jahre die Seeschwaben gefragt, deren Werke von der leisen und gemüthaften Stimmung der mystischen Bewegung bestimmt sind, die das Bodenseegebiet in der ersten Hälfte des 14. Jahrhunderts erfaßt hat. Die in Wien arbeitenden Maler nahmen in den späten dreißiger Jahren dagegen neue italienische Einflüsse auf. Eine um 1335/40 entstandene ‹Geburt Christi› in

6 St. Stephan, links im Vordergrund das sog. Haashaus

der Berliner Gemäldegalerie ist ein gutes Beispiel für die in diesem Zeitraum auch anderorts in Mitteleuropa bemerkbare «Musterbuch-Giotteske» (G. Schmidt): Unübersehbar sind hier ikonographische Details aus dem thematisch analogen Fresko Giottos in der Arenakapelle in Padua zitiert.

Die erfolgreiche gemeinsame Regierung Albrechts II. und Ottos des Fröhlichen in Österreich und Steiermark seit 1330 trug auch am Wiener Hof ihre Früchte: Ein reiches Hofleben konnte sich entfalten, und ein zweiter, 1373 erstmals erwähnter «Paradeisgarten» dürfte damals außerhalb der Stadt auf dem Areal des heutigen Naschmarktes (IV./VI. Bez.) angelegt worden sein. Nach dem Tod Ottos des Fröhlichen im Jahr 1339 hat Albrecht II. den Ausbau der unter Ottokar II. errichteten Minoritenkirche vorangetrieben, das um 1340 entstandende Tympanon des mittleren Westportals zeigt den Herzog unter dem Kreuz Christi stehend. Dieses Portal ist das erste in Wien, das mit Gewändefiguren bestückt ist. Auch stilistisch beginnt hier Neues: Die schlauchartigen, elastischen Figuren im Bogenfeld stehen der Kunst der Île-de-France von etwa 1320 so nahe, daß die Mitarbeit französischer Bildhauer als sicher gilt. Der für Bettelordenskirchen völlig unübliche Portaltypus sowie das ausführliche Skulpturenprogramm und nicht zuletzt die Rezeption des modernen, der Hochgotik verpflichteten Stils sprechen dafür, daß der Herzog das Aussehen des Portals selbst bestimmt hat. Es besiegelt so gewissermaßen das Faktum, daß Albrecht II. seit 1339 Alleinherrscher des «*dominium Austriae*», der «Herrschaft zu Österreich», war. Um deren Zusammenhalt zu sichern, erließ er 1355 eine «Hausordnung», wonach seine Söhne das Territorium gemeinschaftlich und zu gleichen Rechten innehaben sollten.

In seinen Wiener Werkstätten ließ der Herzog in den vierziger Jahren die Ausstattung der 1330 von ihm gestifteten Kartause «Marienthron» in Gaming im Ybbstal herstellen: im herzoglichen Glasmalereiatelier die Glasfenster und im herzog-

7 St. Stephan, Blick in den Albertinischen Chor, 1304–1340

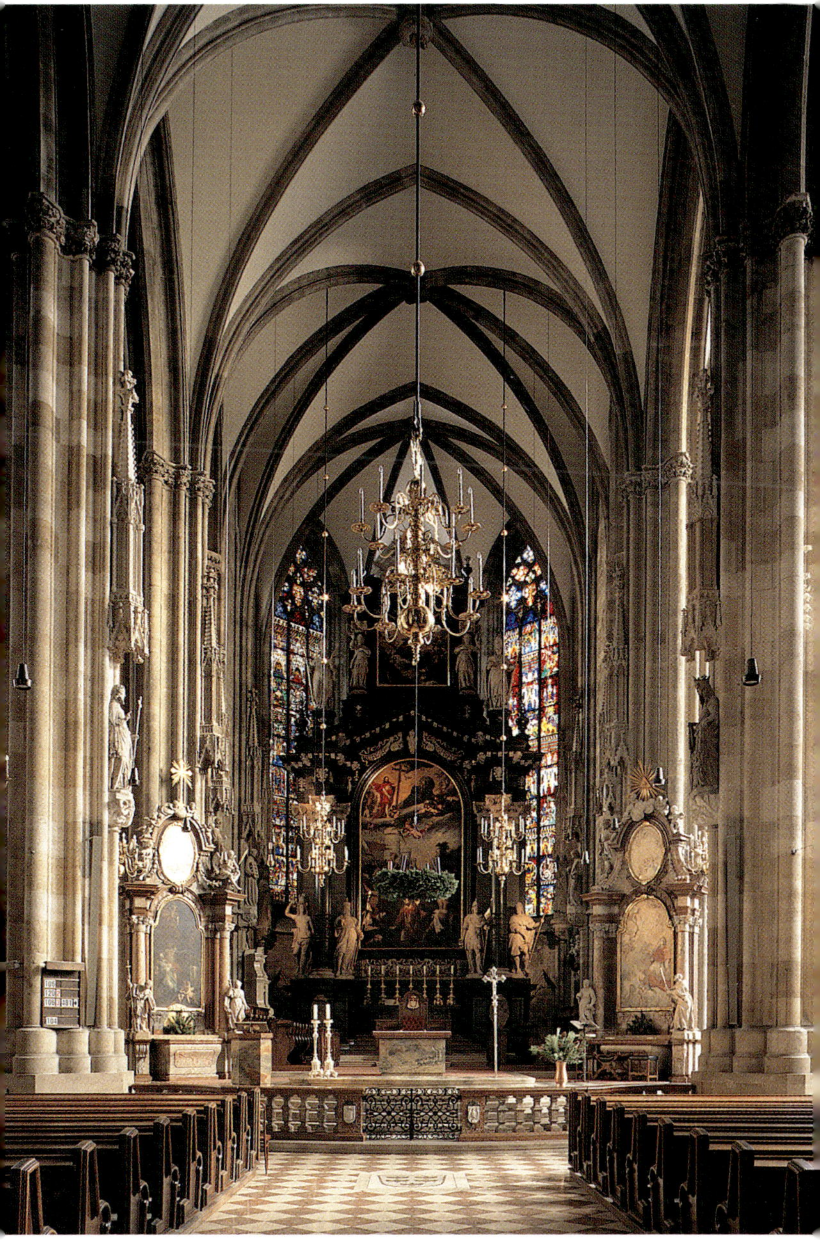

lichen Stickatelier das – verlorene, aber durch einen Stich bekannte – Antependium für den Hochaltar. Wie der Stil der zeitgleichen Wiener Skulptur ist auch jener der «Nadelmalerei» – die fließenden Falten und die Leichtigkeit der Protagonisten – deutlich von der gleichzeitigen französischen Kunst beeinflußt. Auch die rahmende und trennende, letztlich auf italienischen Vorbildern basierende Architektur muß über den Westen nach Wien vermittelt worden sein, da die Raumhaltigkeit der Baldachine von den gänzlich in der Fläche organisierten Figurengruppen nicht genutzt wird. Das Gaminger und ein weiteres – das Königsfeldener (Abb. 8, um 1340/45) – Antependium sowie das Westportal der Wiener Minoritenkirche markieren den Beginn der habsburgischen Hofkunst in Wien.

In der vergrößerten Minoritenkirche wurde ein Lettner errichtet, auf dem sich ab der Mitte des 14. Jahrhunderts ein fast sieben Meter hohes und mehr als viereinhalb Meter breites, freistehendes, bemaltes Tafelkreuz erhob. Diese größte uns bekannte *croce dipinta* des Mittelalters, das sog. Wimpassinger Kreuz, war zugleich das älteste Tafelbild des heutigen Österreich. Der zackbrüchige, von paduanisch-venezianischen Einflüssen abhängige Stil der Malerei läßt an die Herstellung des Kreuzes im nordalpinen Raum, vielleicht in Salzburg um 1260, denken. 1945 ist es im Wiener Stephansdom verbrannt.

Wie in der Malerei gesellten sich um die Jahrhundertmitte in der Wiener Plastik zu den französischen Einflüssen auch solche aus Italien. Der sogenannte Michaelermeister dürfte sogar gebürtiger Florentiner und ein Schüler Arnolfo Arnoldis gewesen sein, später muß er sich aber auch mit der westlichen Kunst auseinandergesetzt haben. In Wien schuf er 1355/60 zwei Pfeilerfiguren für die «Chrezzelkapelle» von St. Michael, die der herzogliche Küchenmeister Stibor Chrezzel gestiftet hatte, nachdem er vom Verdacht, er habe Albrecht II. vergiften wollen, freigesprochen worden war. Die Symptome, die der Herzog zeigte, waren, wie seit einigen Jahren bekannt ist, nicht die Folge einer Vergiftung, sondern einer schmerzhaften Polyarthritis.

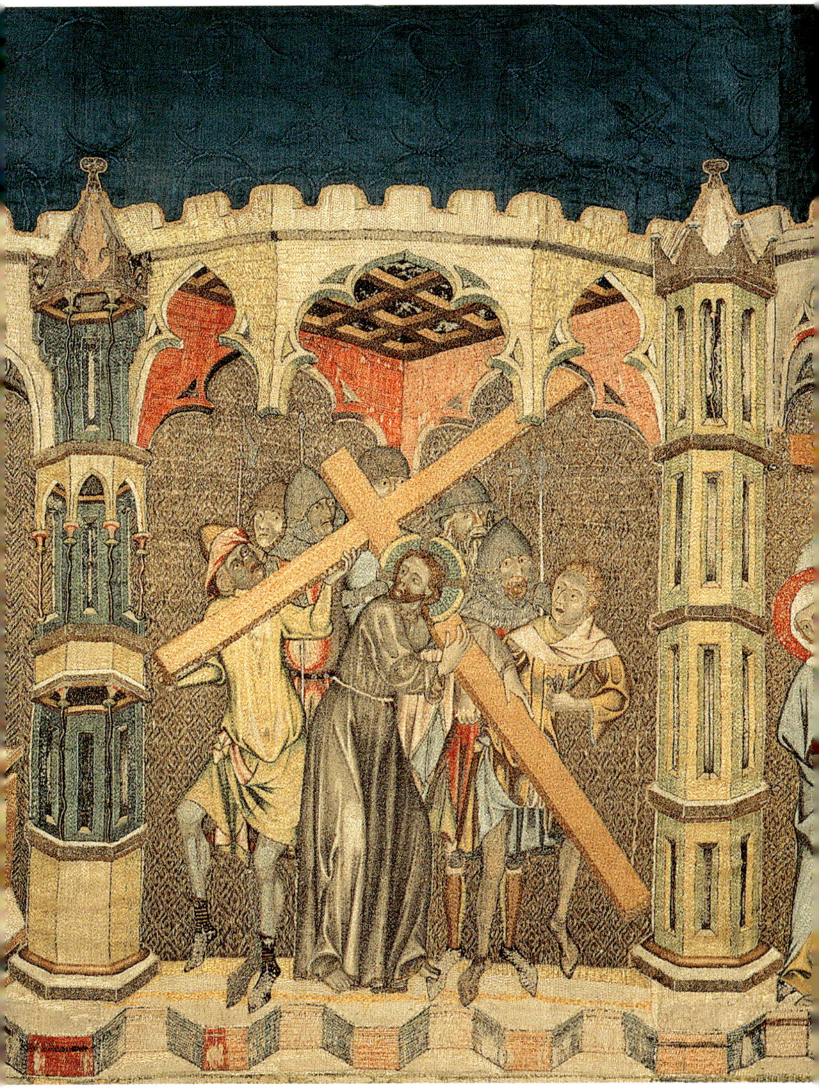

8 *Die Kreuztragung. Königsfeldener Antependium (Detail). Wien, um 1340/45. Bern, Historisches Museum*

Rudolf IV., der älteste Sohn Albrechts II., zählt zu den wichtigsten Herrschern der Habsburgerdynastie, da er in seiner nur sieben Jahre währenden Regierungszeit nicht allein den Grundstein für ein verändertes politisches Antlitz Österreichs gelegt, sondern auch die Architektur und die figürlichen Künste Wiens entscheidend gefördert hat. Zu Recht trägt er den Beinamen «der Stifter»: Schon 1358 hatte er im Hinblick auf die von ihm neuerlich angestrebte Bistumsgründung ein Kapitel eingerichtet, 1359 ließ er den weiteren Um- und Ausbau der Stephanskirche und die großzügige Vermehrung des Reliquienschatzes in Angriff nehmen, 1360 versuchte er durch das «*Privilegium maius*», das eine Reihe gefälschter Urkunden enthält, Österreich zum Erzherzogtum und sich zum Erzherzog zu erheben, 1364 erwarb er Tirol, und 1365, im Jahr seines frühen Todes, erhob er St. Stephan zur Kollegiatskirche; zudem gründete er im selben Jahr die Wiener Universität – die älteste Hohe Schule Mitteleuropas nach der von Kaiser Karl IV., Rudolfs Schwiegervater, in Prag eingerichteten.

St. Stephan wollte Rudolf IV. zur Gänze in eine zeitgemäße Bischofskirche umwandeln: Das romanische Langhaus sollte durch ein gotisches, in der Breite des «Albertinischen Chores» ersetzt und der Westteil der Kirche verbreitert werden. Zudem sollte die Kirche zwei hohe, vom Kathedraltypus übernommene Türme erhalten. Die Erweiterung des Westteiles erfolgte ab 1359 durch zwei doppelgeschossige, typologisch auf die Pariser Sainte-Chapelle zurückgehende Kapellen (Abb. 6). Den Grundstein für den Südturm legten der Herzog und seine Gemahlin gleichfalls 1359, während der Nordturm erst hundert Jahre später begonnen und nie vollendet wurde. Der Wunsch, die alten Westtürme zu erhalten, war offenbar dafür bestimmend, daß man die neuen Türme an ungewöhnliche Stellen, nämlich südlich und nördlich des Querhauses, setzte. Die neuen Langhausmauern wurden rasch hochgezogen und mit zwei neuen – später als Bischofs- respektive Singerportal bezeichneten – Portalen versehen, welche in die – vorderhand nur projektierten – neuen Seitenschiffe führten. Rudolf IV. und seine Gemahlin sind im Gewände der Portale beide Male ganzfigurig dargestellt (Abb. 9). Vorher hatte es Fürstenfiguren nur im Kircheninneren gegeben, etwa in der Dominikanerinnenkirche von Poissy in Frankreich und jener in Tulln.

9 Erzherzog Rudolf IV. der Stifter und Schildträger. St. Stephan, Singerportal, rechtes Gewände, um 1360

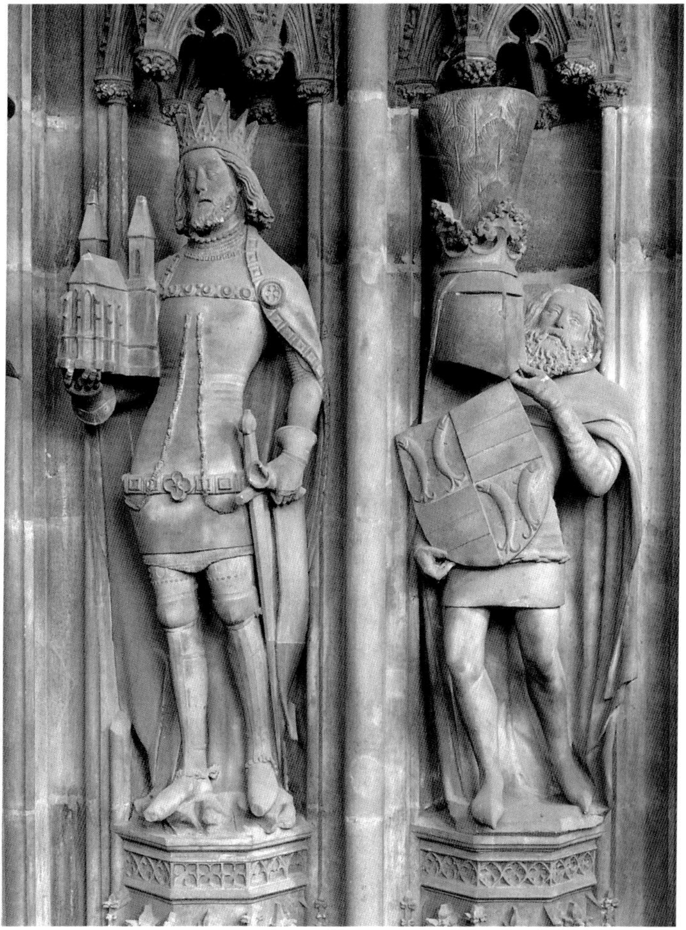

Rudolf IV. tritt an beiden Portalen der Stephanskirche als Erzherzog mit der Erzherzogskrone auf, obgleich der Kaiser die von seinem Schwiegersohn vorgelegten Urkunden – nicht zuletzt aufgrund der von Francesco Petrarca angemeldeten Zweifel an der Echtheit mancher Dokumente – nicht bestätigt hatte. Davon unbeeindruckt zeigte sich Rudolf IV. auch, wenn er in seinem Siegel den Titel «Erzherzog» führte. Zudem ließ er sich und seine Gemahlin an den Eckstrebepfeilern der verbreiterten Westfront von St. Stephan sowie auf der Tumba ihres Doppelgrabmals in der angestrebten Würde wiedergeben. Weitere Figuren für den unter Rudolf IV. eben erst begonnenen Südturm thematisieren Rudolfs und Katharinas Genealogie.

Die Skulpturen beider Portale sind Werke der «Ersten Herzogswerkstatt», in der Bildhauer, die zuvor an der Minoritenkirche tätig gewesen waren, mit Kollegen aus den eben aufgelassenen Parler-Baustellen in Nürnberg und Schwäbisch Gmünd und mit solchen aus England und Nordfrankreich zusammengearbeitet haben. In dem so entstandenen Stilamalgam dominiert das nordwesteuropäische Idiom. Einen etwas modifizierten Stil wandte die «Zweite Herzogswerkstatt» an: Die Figuren des um 1360 datierbaren Doppelgrabmals, das heute im Nordchor steht, sind von einer eigentümlichen, auch bei englischen und deutschen Rittergräbern anzutreffenden Unruhe erfaßt; im Gegensatz dazu wirken ihre Kleider schlaff. Dieselbe Bildhauergruppe hat um 1360/65 die Figuren für den Südturm ausgeführt, die erst am Beginn des 15. Jahrhunderts dort aufgestellt werden konnten und jetzt im Historischen Museum der Stadt Wien verwahrt werden. Am Hohen Turm stehen heute Kopien. Ist schon die Tatsache revolutionär, daß sich die Rudolfinischen Fürstenfiguren im öffentlichen Raum befinden, so kommen ihre teils realistisch wiedergegebenen Physiognomien und ihre ganz «unrepräsentative Lebhaftigkeit» (G. Schmidt) noch hinzu, die zeitgleich nur ein einziges Mal, nämlich im Thüringischen Mühlhausen, zu finden sind, wo die Figuren Karls IV. und seiner Gattin stellvertretend für das kaiserliche Paar die Huldigung der Stadt entgegennehmen.

Auch die Wiener Fürstenfiguren treten nachdrücklich zu ihrer Stadt in Beziehung und zwingen so deren Bewohner zur Kontaktaufnahme.

Die Wirkung der von Rudolf IV. in Auftrag gegebenen, stets von dessen etatistischem Geist erfüllten Werke war so groß, daß Kaiser Friedrich III. rund hundert Jahre später die Forderungen seines verehrten Ahns und Vorgängers geradezu selbstverständlich einlösen konnte. Dazu hat offensichtlich auch Rudolfs Bruder Albrecht III. ein Schärflein beigetragen: Kurz nach Rudolfs Tod im Jahre 1365 dürfte er das kleine Bildnis in Auftrag gegeben haben, das wohl beim Doppelgrabmal des «Erzherzogspaares» im mittleren Chor von St. Stephan aufgehängt wurde und heute im Erzbischöflichen Dom- und Diözesanmuseum verwahrt wird. Dieses erste selbständige Porträt der deutschen Malerei versucht den politischen Anspruch Rudolfs IV. aufrechtzuerhalten, indem es den ehrgeizigen Herrscher mit dem Erzherzogshut wiedergibt und ihn auch durch die Umschrift als «*Rudolfus Archidux Austrie ...*», also als Erzherzog, definiert. Stilistisch basiert das Porträt auf den Fresken, die Karl IV. ab etwa 1355 in der Burg Karlstein hat ausführen lassen. Böhmisch beeinflußt ist auch die etwa 1380 begonnene Verglasung der beiden Rudolfinischen Doppelkapellen im Westteil der Stephanskirche. Die heute im Historischen Museum der Stadt Wien verwahrten Scheiben aus der Bartholomäuskapelle, welche die habsburgischen Fürsten darstellen, gaben damit der Stadt endgültig jene Funktion, die sie durch die Fürstenfiguren an St. Stephan ansatzweise schon erhalten hatte: Wien wurde zum Sippengedächtnis.

Der Erwerb neuer Gebiete machte bald die Teilung des Territoriums nötig: In dem 1379 geschlossenen Vertrag von Neuberg erhielt Albrecht III. Österreich Ober und Unter der Enns, Leopold III. Wiener Neustadt und das Pittener Gebiet, die Steiermark, Kärnten, Krain, Tirol, die Vorlande sowie alle Neuerwerbungen an der Adria. Als ein Denkmal dieses politischen Aktes mag die «Spinnerin am Kreuz» gedacht gewesen sein, die 1381/82 vor dem Wiener Tor von Wiener Neustadt

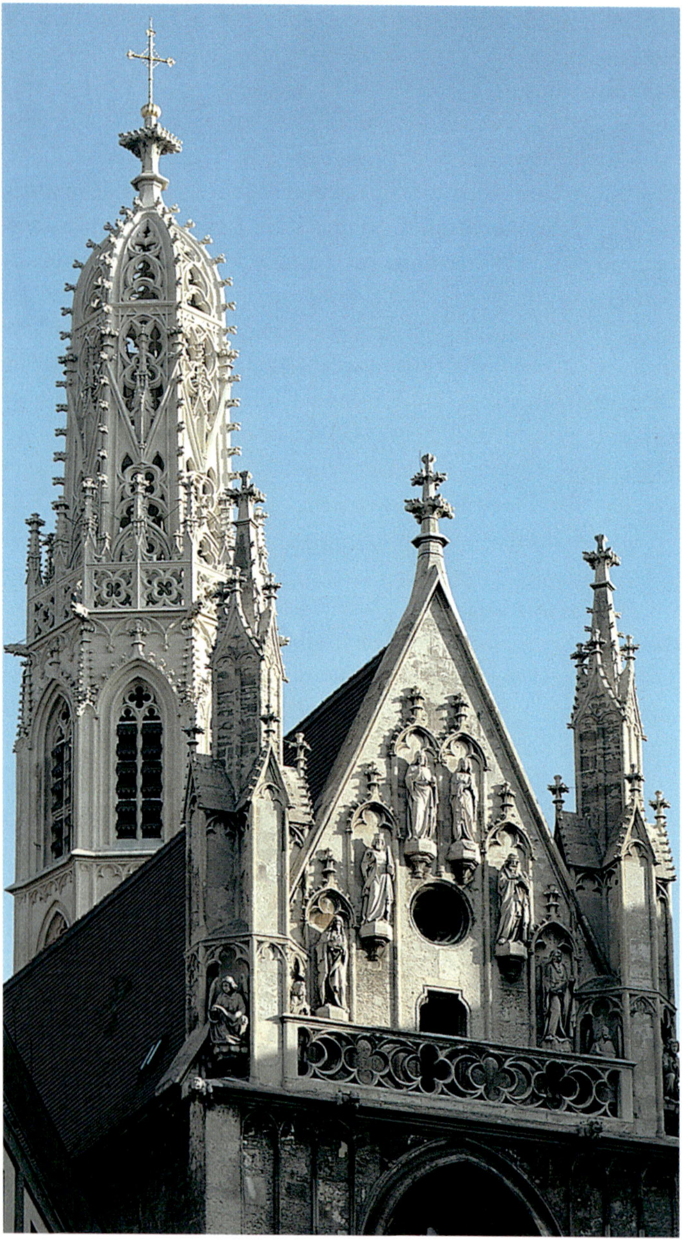

an der Grenze zwischen den albertinischen und den – später als «innerösterreichisch» bezeichneten – leopoldinischen Gebieten errichtet wurde. Mit Wien steht dieses typologisch auf den ‹Eleanor Crosses› basierende Monument durch seinen Architekten in Bezug: Der herzogliche Baumeister Michael, der früher als «Michael Chnab» bezeichnet wurde, hat Albrecht III. Pläne für das Schloß von Laxenburg im Süden Wiens, wo die Habsburger ein ausgedehntes Jagdrevier besaßen, geliefert. Auch das 1414 vollendete Langhaus der Wiener Kirche «Maria am Gestade», dessen zur Spätgotik überleitende Netzrippengewölbe auf den Parallelrippenformationen Peter Parlers im Prager Veitsdom basieren, ist Meister Michael zuzuschreiben (Abb. 10). Die Westfront der Kirche und ihr haubenförmiger, durchbrochen gearbeiteter Turmhelm wirken preziös wie Goldschmiedearbeiten.

Internationales und Restauratives

Anregungen von außen kamen um die Wende vom 14. zum 15. Jahrhundert auch durch Wanderkünstler nach Wien: Um 1400 war beispielsweise ein veronesisch-paduanischer Maler aus dem Umkreis von Altichiero da Zevio am rechten Strebepfeiler neben dem Singertor der Stephanskirche tätig: *al secco*, also auf einer abgetrockneten Putzschicht, stellte er dort die in einer detailreichen und raumgreifenden Architektur thronende Gottesmutter mit Kind dar, wie sie von einem knienden Stifter, den seinerseits ein Heiliger empfiehlt, verehrt wird.

Den Einfluß der böhmischen Malerei auf der Stilstufe der «Wenzelswerkstatt» zeigen hingegen die 1979 entdeckten Fresken im Haus Tuchlauben 19. Sie sind die bedeutendsten profanen Wandmalereien, die sich in Wien aus dem Mittelalter erhalten haben. Ihr Auftraggeber war der Tuchhändler Michel Menschein, der dank seiner «internationalen» Handelsbezie-

10 Meister Michael, Maria am Gestade, Langhaus und Turm, 1414 resp. 1428 vollendet. Passauerplatz

hungen zu einigem Reichtum gelangt war. Den ersten Stock seines Hauses, das im Erdgeschoß Menscheins Handelskontor beherbergte, ließ der betuchte Bürger um 1400 zu einem Festsaal ausbauen und diesen mit profanen, die vier Jahreszeiten thematisierenden Wandmalereien schmücken; der «Veilchenschwank» auf der Frühlingswand basiert auf den Schwänken des Minnesängers Neidhart von Reuenthal, der sich nach 1228 am herzoglichen Hof Leopolds VI. aufgehalten hatte.

Im zweiten Jahrzehnt des 15. Jahrhunderts trat die bildende Kunst in Wien etwas in den Hintergrund. Dies wohl als Folge der Hussitenkriege, die ihrerseits die «Wiener Geserah», das Pogrom an den Juden des Jahres 1420/21, auslösten. Die Reaktion der Kunst auf diese Erschütterungen ist für diese Stadt typisch: Hand in Hand mit der «restaurativen» Politik des Herzogs gingen eine konservative Malerei und Plastik. Bilder wie jene des um 1430 in Wien oder Wiener Neustadt tätigen «Meisters der Wiener Darbringung(en)» strahlen durchweg ein ruhiges Temperament aus. Die Wiener Bildhauer hielten lange am Internationalen Stil fest, wie der um 1420/30 entstandene «Zahnwehherrgott» beweist, eine Ecce-homo-Figur an der Außenseite des Albertinischen Chors, welche die Wiener im Falle von Zahnschmerzen durch Jahrhunderte aufgesucht haben.

Die Suche nach der Welt und die Entdeckung der Wienerstadt

Ein 1438 verfaßter Brief des Humanisten Enea Silvio Piccolomini, der später Privatsekretär Friedrichs III. und als Pius II. sogar Papst werden sollte, erlaubt uns einen Blick in das spätmittelalterliche Wien: Die meisten Häuser seien, so schrieb der Gelehrte, aus Stein erbaut und innen wie außen mit Malereien geschmückt, die Weinkeller seien so tief und ausgedehnt, daß man von einem zweiten Wien unter der Erde spreche. Es gebe prächtige Kirchen und große Reliquienschätze, die in kostbaren, mit Gold, Silber und Edelsteinen gezierten Schränken verwahrt würden. Zudem hätten zahlreiche Häuser Privat-

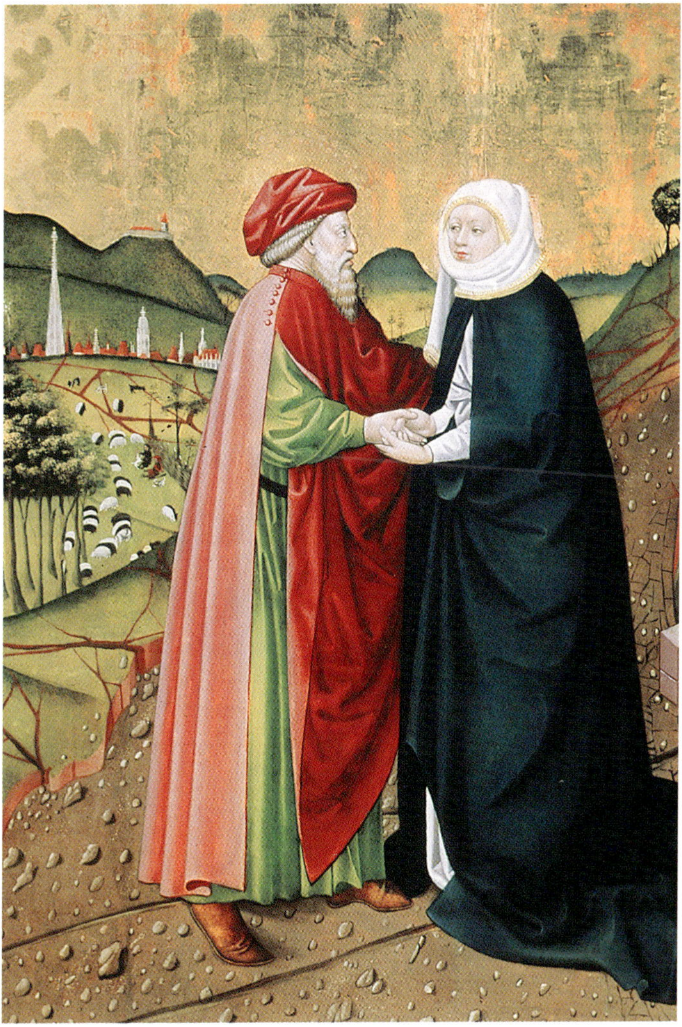

11 *Begegnung von Joachim und Anna an der Goldenen Pforte, im Hintergrund die Silhouette Wiens mit den Türmen von St. Stephan und Maria am Gestade. Sog. Albrechtsmeister, Albrechtsaltar, Wien, 1438/39. Klosterneuburg, Sebastianskapelle*

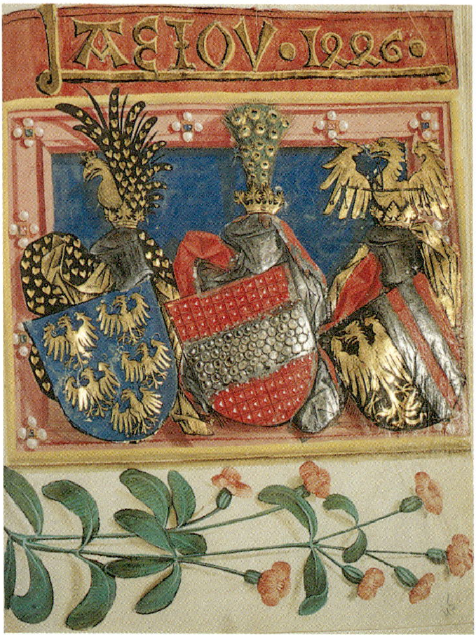

12 Wappenbild. Handregistratur Friedrichs IV. (sog. Handregistratur Friedrichs III.), Wien, 1446. Wien, Haus-, Hof- und Staatsarchiv, Hs. Böhm 19 (Weiss 10), fol. 45r.

kapellen mit eigenen Priestern. Neben den als sehr reich geltenden Klöstern der Schotten und Augustiner gebe es vier Bettelorden, die aber keinerlei Armut litten, ferner ein dem hl. Hieronymus geweihtes Kloster – gemeint ist jenes am Franziskanerplatz –, wo bekehrte Straßendirnen Tag und Nacht deutsche Hymnen sängen. Weiters betonte Piccolomini die ungeheure Menge an Lebensmitteln, die Tag für Tag in die Stadt gebracht würde, und daß die Weinlese vierzehn Tage dauere, wobei dreihundert mit Weintrauben beladene Wagen zwei- bis dreimal täglich in die Stadt führen.

Zu jener Zeit, als Piccolomini die Stadt zweifelsohne panegyrisch beschrieb, machten sich auch die in Wien tätigen Maler auf, die Welt, die sie umgab, darzustellen. Die ersten Gehversuche sind auf den Tafeln des 1438/39 entstandenen Doppelflügelaltars für die Karmeliterkirche Am Hof erkennbar. Dem Usus folgend werden die Figuren auf der Festtags- und der Sonntagsseite von einem goldenem Grund hinterfangen, während auf der Werktagsseite die Geschehnisse vor einem gemalten Himmel stattfinden. Ihn hat der «Albrechtsmeister» in den Bildern ‹Tod im Topf› und ‹Überquerung des Jordan› atmosphärisch gestaltet. Auch das Glänzen von Seide und Brokat, die Mattheit von Samt, das Spiegeln von Rüstungen und die Transparenz von Glas, also die Beschaffenheit verschiedenster Materialien, suchte er in seinen Bildern zu erfassen. Durch schräg in die Tiefe gestellte Möbel schuf er zugleich einen tiefen Bildraum, seinen Figuren gab er Schwere. Diese stilistischen Spezifika und ikonographischen Details übernahm der Albrechtsmeister» aus der Malerei der südlichen Niederlande. Dabei führte ihn die Suche nach der Welt des Sichtbaren wieder zurück in die Stadt, für die der Altar bestimmt war: Indem er die ‹Begegnung Joachims und Annas an der Goldenen Pforte› (Abb. 11) und den ‹Tod im Topf› in die Umgebung Wiens verlegte, hatte er die Gelegenheit, die kurz zuvor fertiggestellten Solitärtürme der Kirchen Maria am Gestade (Abb. 10) und St. Stephan (Abb. 6) wiederzugeben. Diese Situierung von heils- oder kirchengeschichtlich relevanten Geschehnissen am Bestimmungsort eines Werkes ist weder neu noch einzigartig, aber in Wien markiert sie den Beginn eines Selbstbezugs, der bis in die Gegenwart ungebrochen ist.

Einen Schritt über den «Albrechtsmeister» hinaus ging jener Maler, der 1446 die «Handregistratur Friedrichs III.», eine – jetzt im Haus-, Hof- und Staatsarchiv verwahrte – Abschrift wichtiger Privilegien und Verzeichnisse der Besitzungen König Friedrichs IV., illuminierte (Abb. 12). Er strebte nicht nur die materialgetreue Wiedergabe der dargestellten Blumen an, sondern einen perfekten *trompe l'œil*: Im ersten Augenblick meint man, die Blumen lägen auf dem Pergamentblatt auf, Bild- und Betrachterrealität gehen ineinander über. Dem wohl in Wien tätigen Maler gelang das früheste bekannte Beispiel hierfür auf dem Gebiet der Buchmalerei; in Flandern läßt sich ähnliches kaum vor dem letzten Jahrhundertviertel finden. Ein anderes Extrem des neuen Interesses an der Wirklichkeit ist jener Realismus, dem ein Vergnügen am krassen Detail eigen ist. In

Wien taucht er in den vierziger Jahren am ‹Znaimer Altar› in der Österreichischen Galerie und am sogenannten Andreaskreuz, einer Goldschmiedearbeit aus dem Reliquienschatz von St. Stephan, heute im Dom- und Diözesanmuseum, auf.

Der Zeitstil überlagerte in der ersten Hälfte des 15. Jahrhunderts also zusehends jene spezifisch lokalen Komponenten, die im 14. Jahrhundert Ausdruck bestimmter politischer Absichten gewesen waren. An die Stelle des gezielten Bezugs auf einzelne Zentren und Gebiete – Paris und Böhmen etwa – trat nun der Wettlauf mit der tonangebenden Produktion, allen voran mit der niederländischen. Schritt halten hieß jetzt die Devise. Dies gilt auch für den «Meister des Wiener Schottenaltares», der ab 1469 einen monumentalen Flügelaltar für die Schottenkirche ausführte. Beim «Schottenmeister» findet die «Heimsuchung» direkt in der Kärntner Straße statt (Abb. 13), Wien wurde so zum Zentrum des ‹heilsgeschichtlichen Kosmos›. Ikonographisch und stilistisch rezipierte der «Schottenmeister» neben der flämischen Malerei, insbesondere den Werken des Rogier van der Weyden, auch Holländisches auf der Stilstufe des Dierck Bouts.

Die Zeit Friedrichs III.

Nach der Kaiserkrönung Friedrichs III. war der Zeitpunkt gekommen, um die alten, bisher uneingelösten politischen Wünsche zu erfüllen: So bestätigte der Herrscher 1453 das von Rudolf IV. dem Luxemburger Karl IV. vergeblich vorgelegte *Privilegium maius*, und während seines zweiten Romaufenthaltes 1469 konnte der Kaiser beim Papst die Einrichtung eines Landesbistums mit Sitz in Wien durchsetzen. Die Ausdehnung des Wiener Bistums war allerdings gering, da der Widerstand Passaus anhielt. Der Ausbau von St. Stephan ist im 15. Jahrhundert wie in den früheren Jahrhunderten der Einrichtung des Wiener Bistums und damit dem effektiven Avancement der Passauer Pfarrkirche zur Kathedrale vorangegangen. In der «restaurativen» Phase nach den Hussitenkriegen

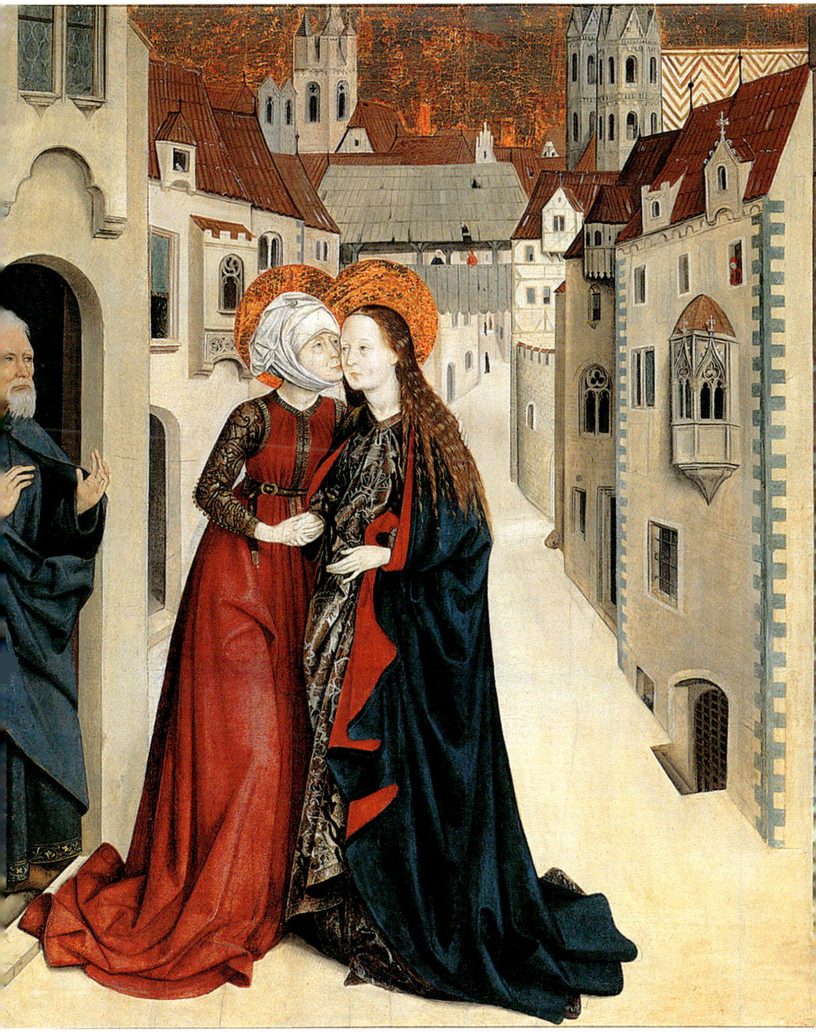

13 Begegnung von Maria und Elisabeth; sie findet in der Kärntner Straße statt, rechts hinten die Heidentürme von St. Stephan. Sog. Schottenmeister, Schottenaltar, ab 1469. Wien, Museum des Schottenstiftes

war das Fenster über dem Riesentor um 1420 vergrößert worden (Abb. 6). Unter der Leitung des Baumeisters Hans von Prachatitz wurde der Südturm 1433 vollendet und 1440 der – 1945 verbrannte – Dachstuhl auf die gotischen Langhausmauern aufgesetzt. Friedrich IV. hat diese letzte, spätgotische Ausbaukampagne nach seiner Krönung zum deutschen König 1440 vorangetrieben: Nun dürften die Ornamente von den Pfosten des Riesentores abgeschlagen worden sein, und im Laufe des 15. Jahrhunderts erhielten die originalen Helme der Westtürme eine Steinverkleidung und Galerien. Entscheidend war aber der Planwechsel hinsichtlich der Türme am Querhaus: Hatte man im beginnenden 15. Jahrhundert, als das Bürgertum in verstärktem Maß für den Ausbau von St. Stephan verantwortlich gewesen war, die Idee des Solitärturms verfolgt und den Südturm auf eine Höhe von 137 Metern hochgeführt – so daß er zu den höchsten gotischen Türmen Europas zählt –, dürfte der König wieder auf das ursprüngliche Konzept seines Ahns zurückgegriffen haben, dem zufolge St. Stephan zwei hohe Türme erhalten sollte. 1450 fand die Grundsteinlegung für den Nordturm statt. Das Langhaus wurde als Staffelhalle mit einem Netzrippengewölbe eingewölbt, das Singertor mit einer Vorhalle versehen und die Herrscherempore verändert. Von den großen Wimpergen über den Langhausfenstern entstand vorerst nur der «Friedrichsgiebel», d. h. der westlichste auf der Südseite. Die gestalterische Kraft dieser letzten großen Bauphase war Hans Puchsbaum, der nach seiner Tätigkeit in Ulm und im oberösterreichischen Steyr 1446 zum Baumeister von St. Stephan bestellt worden war. Von ihm stammen die Pläne für den Nordturm, für das Langhausgewölbe und für die Vorhalle des Singertors, aber auch für die südlich von Wien 1451/52 errichtete «Spinnerin am Kreuz» auf der jetzigen Triesterstraße, die typologisch der «Spinnerin» von Wiener Neustadt folgt. In den siebziger und achtziger Jahren wurde die Ausstattung des Domes vervollständigt: So schnitzte Wilhelm Rollinger, der in dieser Zeit auch als Leiter der Wiener Passionsspiele fungierte, zwischen 1476 und 1486/87 das –

1945 verbrannte – Gestühl für das Domkapitel, während Ulrich Auer zwischen 1476 und 1481 das Taufbecken aus rotem Salzburger Marmor schuf.

Der Stadt Wien hatte Friedrich III. 1461 das «Neue große Wiener Wappen», einen goldenen Doppeladler mit goldener Krone und seitwärts flatternden geschmückten Bändern im schwarzen Feld, verliehen, was die Wiener aber nicht davon abhielt, dem Kaiser im Jahr darauf eine seiner größten Demütigungen zu bereiten. Aufgehetzt von Erzherzog Albrecht VI., dem Bruder des Kaisers, belagerten sie Friedrich III. mit dessen Gattin und dreijährigem Sohn Maximilian in der Wiener Burg, worauf der Kaiser seinem Bruder für acht Jahre die Regierung über Niederösterreich überlassen und sich mit seiner Familie nach Wiener Neustadt zurückziehen mußte. Der plötzliche Tod Albrechts VI. 1463 brachte die Wende. Doch rasch trat eine neue Gefahr auf den Plan: die Türken.

Maximilian – der spätere Kaiser –, der sich 1477 mit Maria von Burgund vermählt hatte, mußte nach dem frühen Tod seiner Gattin 1482 seine ganze Kraft einsetzen, um das Herzogtum Burgund zu halten und es seinen beiden Kindern zu sichern. Zur selben Zeit kam sein Vater in Wien in Schwierigkeiten, als der ungarische und böhmische König Matthias Corvinus 1485 die Stadt eroberte und bis zu seinem plötzlichen Tod 1490 mehrfach in der Burg residierte. Der dem Humanismus zugetane Herrscher förderte die Wiener Universität, in der Architektur und der bildenden Kunst Wiens hat seine Regierungszeit aber keine Spuren hinterlassen.

1493, im Todesjahr Friedrichs III., ist der Tumbadeckel für dessen Grabmal, das der Niederländer Niklas Gerhaert van Leyden wohl nach 1467 in Passau geschaffen hatte und das anschließend nach Wiener Neustadt transportiert worden war, von dort nach Wien gebracht worden, wo im Südchor von St. Stephan unter der Leitung Michael Tichters zwischen 1495 und 1513 die zugehörige Tumba entstand.

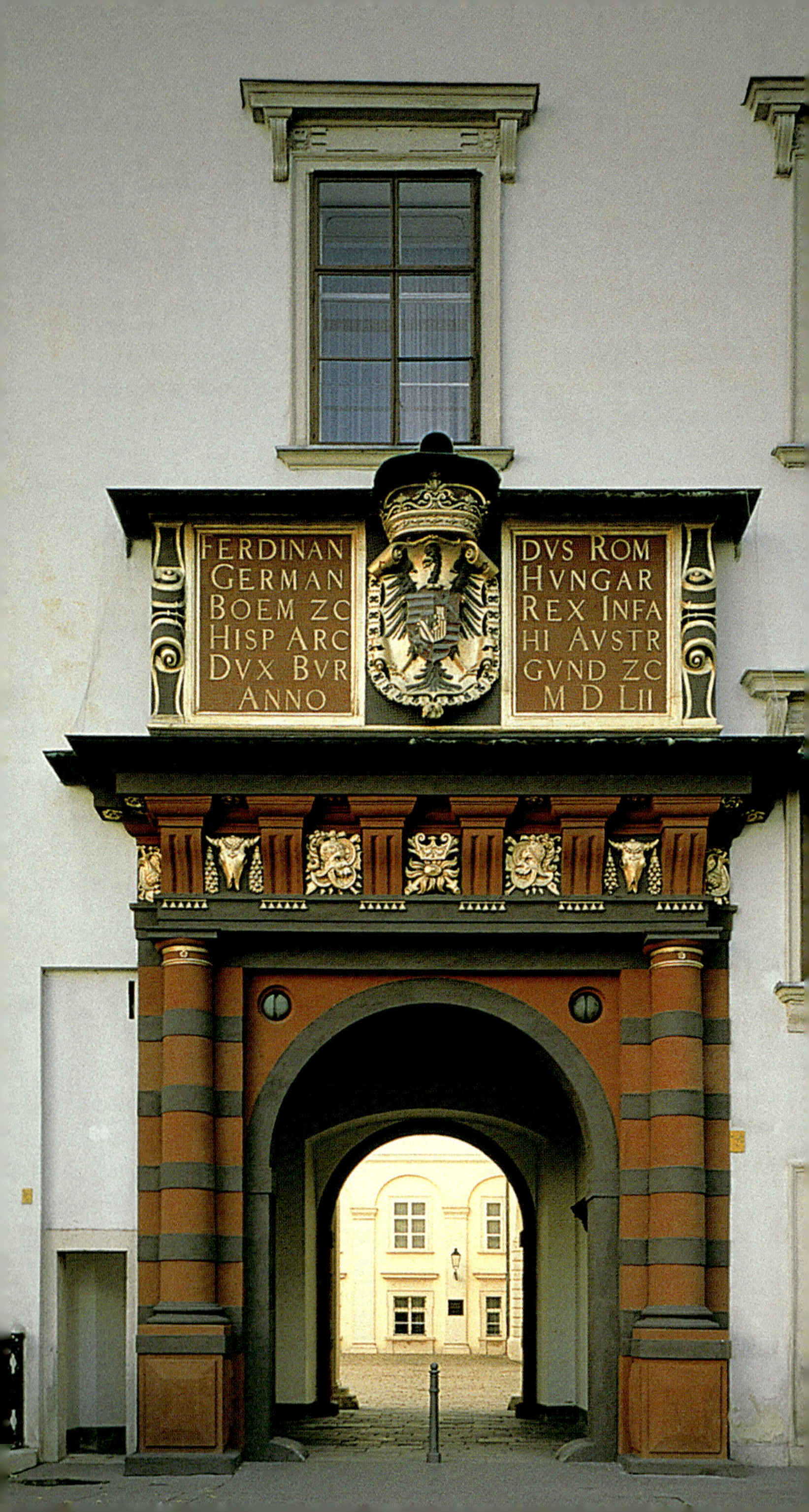
FERDINAN
GERMAN
BOEM ZC
HISP ARC
DVX BVR
ANNO
DVS ROM
HVNGAR
REX INFA
HI AVSTR
GVND ZC
M D LII

Heiratspolitik und Humanismus

Gebaut wurde in Wien um die Wende zum 16. Jahrhundert wenig. Einer der Gründe hierfür liegt auf der Hand: Maximilian I., seit 1486 deutscher König und seit 1493 Römischer Kaiser, hat nicht in Wien residiert. Seine Kriegsschauplätze lagen im Westen, und in diese Richtung zielte auch Maximilians Heiratspolitik, wenn er seinen Sohn Philipp den Schönen 1496 mit Johanna der Wahnsinnigen, der Erbin von Kastilien und Aragon, vermählte; Spanien, Italien südlich von Rom und darüber hinaus ein gewaltiges Kolonialreich waren so für das Haus Habsburg gewonnen. Zugleich suchte Maximilian den Universalgedanken vom Reich abzulösen und an die Dynastie zu binden. Kühles politisches Kalkül und romantisch-retrospektive Gedankenkonstrukte bilden die Ingredienzen seines Absolutismuskonzepts, das er durch zahlreiche Kunstwerke propagieren ließ. Bekanntermaßen sind sie alle fernab von Wien, vor allem in Nürnberg, entstanden.

Daß der neue Stil am Beginn des 16. Jahrhunderts dennoch auch in Wien – zumindest in homöopathischen Dosen – rezipiert wurde, ist einer kleinen Gruppe von gelehrten Auftraggebern zu verdanken, die dem hiesigen Humanistenkreis angehörten. Dessen Blüte hängt mit der Förderung zusammen, die Maximilian I. der Wiener Universität zuteil werden ließ, ja einige der Auftraggeber «moderner» Werke standen sogar in direktem Kontakt mit dem Herrscher. So war der Historiker und Dichter Konrad Pickel, der sich «Celtes» nannte, durch Maximilian I. von Ingolstadt an die Wiener Universität berufen worden, und Hans Spießheimer, der als «Johannes

14 Sog. Schweizertor, der Eingang zum ältesten Teil der Hofburg, 1552/53

Cuspinian« firmierte, fungierte als Berater und Leibarzt des Kaisers.

Eines der ersten bürgerlichen Porträts der Wiener Malerei entstand, als Lucas Cranach d. Ä. bei seinem Wienaufenthalt im Jahr 1502/03 Cuspinian und dessen erste Gattin malte. Das Epitaph für Celtes an St. Stephan ist inhaltlich und formal ein reines Werk der Renaissance (Abb. 15). Es hebt sich deutlich von den anderen in diesem Zeitraum für den Stephansdom geschaffenen Werken ab, etwa von Anton Pilgrams Orgelfuß von 1513 (Abb. 16) und dessen Kanzel von 1514/15 sowie den zahlreichen in und an St. Stephan um die Jahrhundertwende angebrachten Grabmälern und Epitaphien, die tief in der Spätgotik verwurzelt sind. Zu den stilistisch fortschrittlichen Werken, die im Auftrag der Humanisten entstanden, gehören auch der 1515 von Cuspinian gestiftete Steinaltar für die Deutschordenskirche in der Singerstraße und das 1519 geschaffene Familienporträt Cuspinians aus dessen zweiter Ehe, das der mit ihm verschwägerte Bernhard Strigel malte; es befindet sich heute unweit von Wien auf Burg Kreuzenstein. Von der Renaissance überformt ist schließlich auch das Cuspinian-Epitaph im Dom von 1529.

Als Maximilian I. die Verwaltung in Wien zu zentralisieren versuchte, indem er Beamtenkollegien einsetzte, die hier in seinem Namen das «Regiment», also die Regierung, führen sollten, reagierten die Stände des Landes Österreich unter der Enns, des heutigen Niederösterreich, mit dem Aufbau ihrer eigenen Organisation. Im Hinblick darauf erwarben sie 1513 ein Gebäude zwischen Herrengasse und Minoritenplatz, dessen Umbau noch im selben Jahr begann. Cuspinian wirkte in dieser Zeit an den Vorbereitungen des Wiener Fürstenkongresses und der Doppelhochzeit mit, bei der Maximilian 1515 den neunjährigen böhmischen und ungarischen König Ludwig II. adoptierte und mit seiner zehnjährigen Enkelin Erzherzogin Maria verheiratete, während er selbst *per procuratorem*, also stellvertretend, für seinen Enkel Erzherzog Ferdinand, den jüngeren Sohn aus der Ehe Philipps und

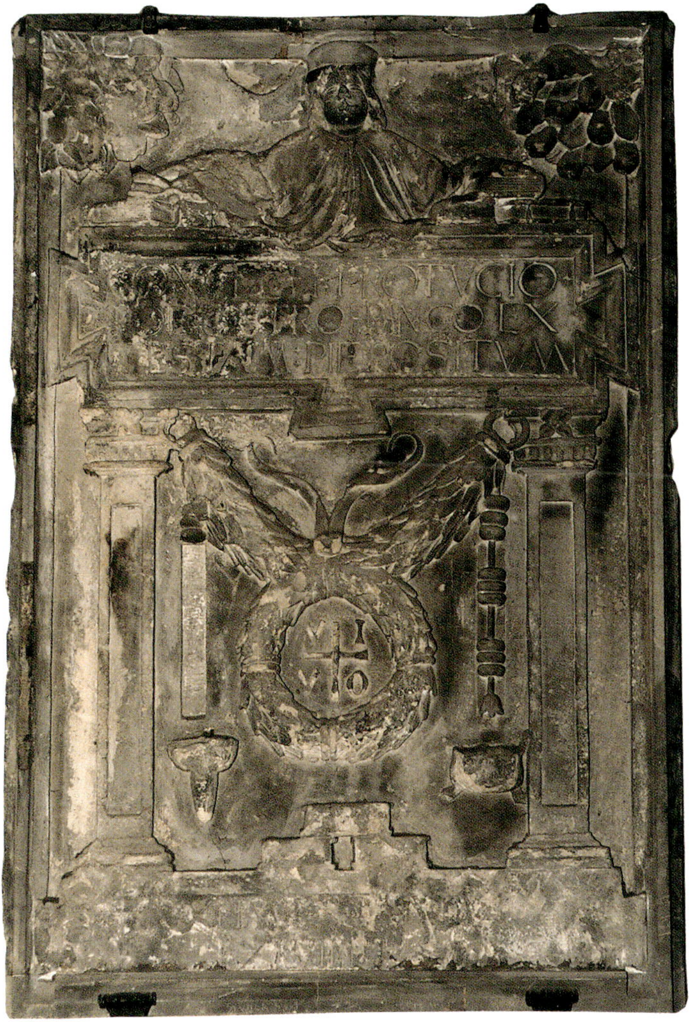

15 Epitaph des Konrad Celtes, St. Stephan (ursprünglich am Nordturm, jetzt im Kircheninnern), 1508

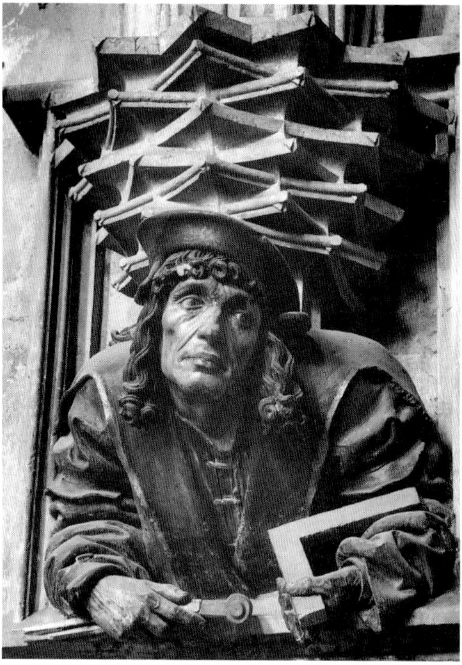

16 Anton Pilgram, Selbstporträt des Bildhauers am Orgelfuß in St. Stephan, 1513

Johannas, Ludwigs zwölfjährige Schwester Anna ehelichte. Damit war den Habsburgern das Erbfolgerecht an der jagellonischen Dynastie gesichert und die Ausweitung ihres Herrschaftsbereiches in Richtung Norden und Osten garantiert. Das Bildnis, das Bernhard Strigel von der «neuen Familie» 1515 in Wien malte, hängt heute im Kunsthistorischen Museum. Die Konzentration der landesfürstlichen Verwaltung und der landständischen Organisation in Wien führte dazu, daß zahlreiche Adelige in die Stadt zogen, um leitende Positionen zu bekleiden. Sie kauften Häuser, die sie ihren Bedürfnissen gemäß umgestalten ließen. So entwickelten sich in Wien ein regelrechter Bauboom und ein stärkeres städtisches Selbstbewußtsein, auf das der Kaiser prompt reagierte, indem er 1517 die Selbstverwaltung Wiens einschränkte.

Wiens «Enthauptung»

Als nach dem Tod Maximilians I. 1519 einige Zeit verstrich, bis sich abzeichnete, welcher seiner beiden Enkel als Landesfürst der habsburgischen Erblande anzusehen sei – Kaiser Karl V., der den kometenhaften Aufstieg des Hauses Habsburg in den Zenit der europäischen Mächtekonstellation bewerkstelligt hatte, oder sein jüngerer Bruder Erzherzog Ferdinand –, nutzten die Stände des Landes Österreich unter der Enns, angeführt durch den Universitätsprofessor Dr. Martin Siebenbürger, das Machtvakuum, um das von Maximilian I. in Wien eingesetzte Regiment zu entmachten. Die Stände begannen, die Stadt selbst zu regieren. Die Autonomie der Stadt währte allerdings nur kurz. Nach der Herrschaftsteilung von 1521/22, die Ferdinand I. zum Landesfürsten der österreichischen Länder machte, reiste der junge Erzherzog von Spanien kommend – ohne Wien zu berühren – nach Wiener Neustadt, wo er den «Rädelsführern» des Aufstandes gegen das Regiment den Prozeß machen ließ. Dr. Siebenbürger und sechs weitere Wiener Bürger wurden enthauptet. Wien oktroyierte Ferdinand I. 1526 ein neues zentralistisches Stadtrecht auf, und 1527 erließ er eine neue, die Autonomie der Zünfte einschränkende Handwerkerordnung, durch die er auch den in Wien eindringenden Protestantismus – freilich vergebens – abzuhalten suchte.

Im Zuge dieses Wandels gewann der neue Stil der Renaissance Terrain, der hier in der Architektur und den Werken der bildenden Kunst nicht weniger als hundert Jahre – ab etwa 1570 in einer manieristischen Überformung – bis in die Zeit des Dreißigjährigen Krieges lebendig blieb. Bei den Architekten, Malern, Bildhauern, aber auch unter den in der Stadt arbeitenden Kunsthandwerkern nahmen die aus dem Ausland Kommenden im Laufe des 16. Jahrhunderts zu. Als Auftraggeber der «modernen» Werke fungierten ab den 1520er Jahren in allererster Linie der Hof und die niederösterreichischen Stände, während die Stadt und ihre Bürger zur Bühne und zum

Publikum der landesfürstlichen und ständischen Repräsentation wurden. Die neuen Stilformen fanden daher im Laufe des 16. Jahrhunderts erst allmählich ihren Weg in die bürgerliche Sphäre, dann primär über die Gebrauchsgegenstände.

Der Griff nach dem «Goldenen Apfel der Christenheit» – die Erste Türkenbelagerung

Ferdinand I. war in den von seinem Großvater geschlossenen Heiratsvertrag von 1515 schon im folgenden Jahr durch eine Ferntrauung eingetreten, die erste Begegnung mit Anna und die «echte» Trauung des Paares fanden 1521 in Linz statt. Damit war das doppelte Band mit den Jagellonen fest geknüpft, die Habsburger jedoch mit dem Tod Ludwigs II. 1526 in die Auseinandersetzung um Ungarn verstrickt, das seit 1526 unter osmanischer Herrschaft stand. Da die Habsburger ihr Erbe beanspruchten, war die Konfrontation mit den Türken unvermeidbar. Zugleich fühlten sich diese ermutigt, nach dem «Goldenen Apfel der Christenheit», wie sie Wien poetisch umschreibend nannten, zu greifen: Zwischen dem 25. September und dem 14. Oktober 1529 belagerte das türkische Heer unter Sultan Süleyman II. die Stadt. Diese wehrte sich verzweifelt, angeführt von Niklas (II.) Graf Salm. Daß die Türken nach einem erneuten, erfolglosen Angriff am 13. Oktober abzogen, war primär die Folge des schlechten Wetters. Ein erneuter Vorstoß scheiterte 1532, doch blieben die Türken für Wien bis weit ins 17. Jahrhundert eine ständige Bedrohung.

Daher wurde alsbald mit der Verbesserung der hochmittelalterlichen Stadtbefestigung begonnen. Nach italienischem Vorbild entstanden ab 1531 zwölf Basteien und Bastionen, zu deren Finanzierung unter anderem der Heiltumsschatz von St. Stephan weitgehend eingeschmolzen wurde. An der Planung respektive Bauleitung der Fortifikationsanlagen waren Leonard Colonna von Völs, der – mit Dürer bekannte und von diesem in Nürnberg 1522 im Festungsbau unterwiesene – Hans Tschert(t)e, der Oberbaumeister der Stadt Hermes Schallautzer und Hans Saphoy – zuvor Dombaumeister – beteiligt. Ein Bescheid Ferdinands I. im Jahr 1532 regelte auch den Wiederaufbau der Vorstädte, die während der Türkenbelagerung zerstört worden waren, und 1558 folgte eine kaiserliche Verordnung, wonach außerhalb des Stadtgrabens auf fünfzig Klafter (95 Meter) keine Verbauung durchgeführt werden dürfe. Die große Wiesenfläche, das «Glacis», sollte im Falle einer erneuten Belagerung der Stadt den Belagerten ein freies Schußfeld bieten. Die kleinen Siedlungen unmittelbar vor der Stadtmauer, die «Lucken», sollten abgerissen werden, hielten sich teilweise aber bis ins 17. Jahrhundert.

Als der Verteidiger Wiens, Niklas Graf Salm, im Jahr nach der Türkenbelagerung starb, ließ Erzherzog Ferdinand I. vor dem Hochaltar der Dorotheerkirche in der heutigen Dorotheergasse ein repräsentatives Hochgrab aus weißem Marmor errichten, das jetzt in der neugotischen Votivkirche am Ring steht. Zwölf in feinstem Flachrelief ausgeführte Darstellungen an der Salmtumba zeigen die Verteidigung Wiens und weitere elf Heldentaten des Verstorbenen. Zehn Porträtmedaillons geben die zehn verschiedenen Herren, denen Graf Salm gedient hat, wieder. Auf dem Tumbadeckel ist der vor dem Kruzifix kniende Feldherr dargestellt. Das zwischen 1530 und 1544 entstandene Grabmal ist dem bayerischen Renaissancebildhauer Loy Hering zuzuschreiben, der zuvor schon das dreiteilige Epitaph für den Komtur der Ballei Österreich, Jobst Truchseß von Wetzhausen († 1524), in der Deutschordenskirche geschaffen hatte.

Pest, Protestantismus und Panegyrik

Eine ständige Gefahr für Wien war auch die Pest. Schon 1541 raffte die Seuche ein Drittel der Einwohner hinweg. Weitere Epidemien folgten. Zur Angst vor der Seuche kam die Angst vor den Häretikern, den Protestanten und Täufern sowie vor der wirtschaftlichen Potenz der Juden. 1543 verbot Ferdinand I. den Druck aller protestantischen Bücher – zuwiderhandelnde

Drucker und Händler erwartete der Tod durch Ertränken. 1549 wurde ein Täufer verbrannt, und ab 1551 verpflichtete das «Judenpatent» die Juden zum Tragen eines gelben Ringes an ihrer Kleidung. Im selben Jahr holte der König die Jesuiten nach Wien, denen er das 1529 zerstörte Dominikanerkloster in der heutigen Postgasse sowie die Gebäude des aufgelassenen Karmeliterklosters Am Hof zuwies. Wie an vielen anderen Orten des Abendlandes wurde die Societas Jesu auch in Wien zum Hauptträger der Gegenreformation.

1533 machte Ferdinand Wien zu seiner bevorzugten Residenz, lag doch die Stadt im Zentrum des – nunmehr nach Norden und Osten ausgedehnten – habsburgischen Machtbereichs. Mit dieser Entscheidung legte Ferdinand I. den Grundstein für die weitere Entwicklung der Stadt, deren Aufwertung 1533 mit dem Um- und Ausbau der Hofburg im Stil der Renaissance begann. Geschaffen wurden ein Fischkalter, ein Bad, zwei Ballhäuser und ein neuer, vom Comasken Pietro Ferrabosco ausgemalter Saal. Der Zugang zum «Schweizertrakt», wie die alte Vierflügelanlage heißt, seitdem Kaiser Franz Stephan I. von Lothringen die Schweizergarde nach Wien mitgebracht hat, wurde 1552/53 durch das «Schweizertor» neu gestaltet (Abb. 14). Dessen Inschrift nennt Ferdinand I. in seiner Funktion als römisch-deutscher, ungarischer und böhmischer König sowie als Herzog von Burgund. Die Wappen- und Groteskenmalereien im Durchgang stammen vermutlich von Ferrabosco, der auch den Brunnen im Hof des Schweizertrakts entworfen haben dürfte; eine neu errichtete Trinkwasserleitung – die erste seit der Römerzeit! – versorgte ab 1552 die Hofburg und einige Häuser der Stadt mit frischem Wasser. 1558–1569 wurde die Residenz durch eine zweite vierflügelige Anlage erweitert: Ein dreigeschossiger, blockhafter Bau schob sich nun wie ein Rammbock nordwestlich der bestehenden Burg und östlich der Michaelerkirche in die Stadt. Nur sein Innenhof ist durch Laubengänge nach italienischem Vorbild aufgelockert (Abb. 17). Der Neubau, dessen Architekt unbekannt ist, sollte als Residenz für den ältesten

Sohn Ferdinands I., Erzherzog Maximilian II., dienen. Als dieser nach der Herrschaftsteilung von 1564 und seiner Krönung zum Kaiser in den Schweizertrakt übersiedelte, wurde die neue Anlage zum Hofstallgebäude: zur «Stallburg», wo bis heute die berühmten weißen Pferde, die Lipizzaner, stehen.

Die ausgebaute Hofburg, ja die ganze Stadt bildeten in dieser Zeit den Schauplatz großer Feste: Als beispielsweise der bayerische Herzog Albrecht V., der Schwiegersohn Ferdinands I., 1560 Wien besuchte, war die Stadt mit Triumphbögen geschmückt. Scheinkämpfe in ephemeren Festungen aus Stroh und Leinwand demonstrierten dem Gast, wie man die Türken besiegt habe. Repräsentation stand auch bei den von Ferdinand I. in Auftrag gegebenen Gemälden im Vordergrund.

17 Sog. Stallburg, Hofburg, Innenhof, um 1558–1569

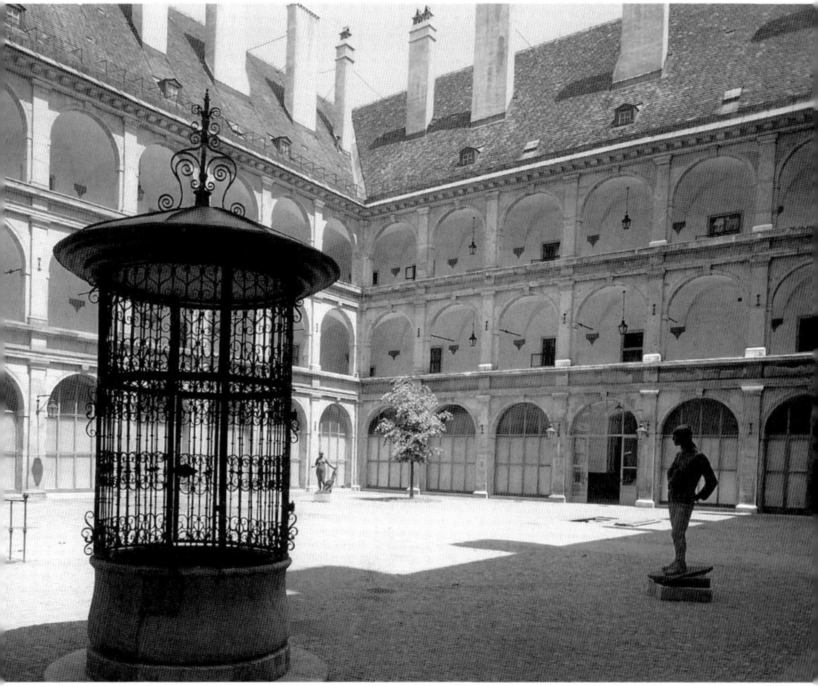

Jakob Seisenegger, seit 1531 Ferdinands Hofmaler, bereiste ganz Europa, um Mitglieder der Habsburgerfamilie zu porträtieren. Zu diesen Bildnissen, mit denen er das ganzfigurige Porträt in Wien einführte, zählt beispielsweise das 1548 entstandene Bildnis Erzherzog Ferdinands, des Sohns König Ferdinands und der Anna von Böhmen und Ungarn, in dem sich Momente der oberitalienischen Malerei mit Elementen der französischen Porträtkunst verbinden (Abb. 18). Gleichzeitig waren zahlreiche auf Landschafts- und Stadtdarstellungen spezialisierte Maler wie etwa Augustin Hirschvogel und Hans Sebald Lautensack, die von Nürnberg nach Wien gekommen waren, tätig. Sie knüpften noch bei der «Donauschule» und bei Albrecht Dürer an.

Über das Aussehen des damaligen Wien und insbesondere den hier getriebenen Handel geben die panegyrischen Schilderungen der Stadt durch Wolfgang Schmelzl von 1547 und Wolfgang von Lazius von 1456 wertvolle Informationen. Da Ferdinand I. bewußt war, daß eine gute Infrastruktur die beste Garantie für soziale Ruhe und volle Kassen ist, ließ er 1558 die erste systematische Pflasterung der Straßen Wiens in Angriff nehmen und die Hernalser Wasserleitung errichten, die ab 1565 in unterirdischen Bleirohren Trink- und im Brandfalle Löschwasser bis ins Stadtinnere brachte, und im Hinblick auf das *divertimento* des Hofes wurde 1537 im Prater, einem südöstlich der Stadt gelegenen Jagdrevier – heute ist der Prater ein Teil des II. Bezirks –, die Hauptallee angelegt und mit Kastanienbäumen, die von dem Gelehrten und Botschafter Augier Ghiselain aus Kleinasien nach Wien gebracht worden waren, gesäumt.

Noch zu Lebzeiten Ferdinands I. war im Kodizill von 1554 das österreichische Erbe unter seinen drei Söhnen aufgeteilt worden. Mit seinem Tod 1564 trat die Teilung in Kraft. Das aus Nieder- und Oberösterreich bestehende Herzogtum Öster-

18 Jacob Seisenegger, Erzherzog Ferdinand, 1548. Wien, Kunsthistorisches Museum

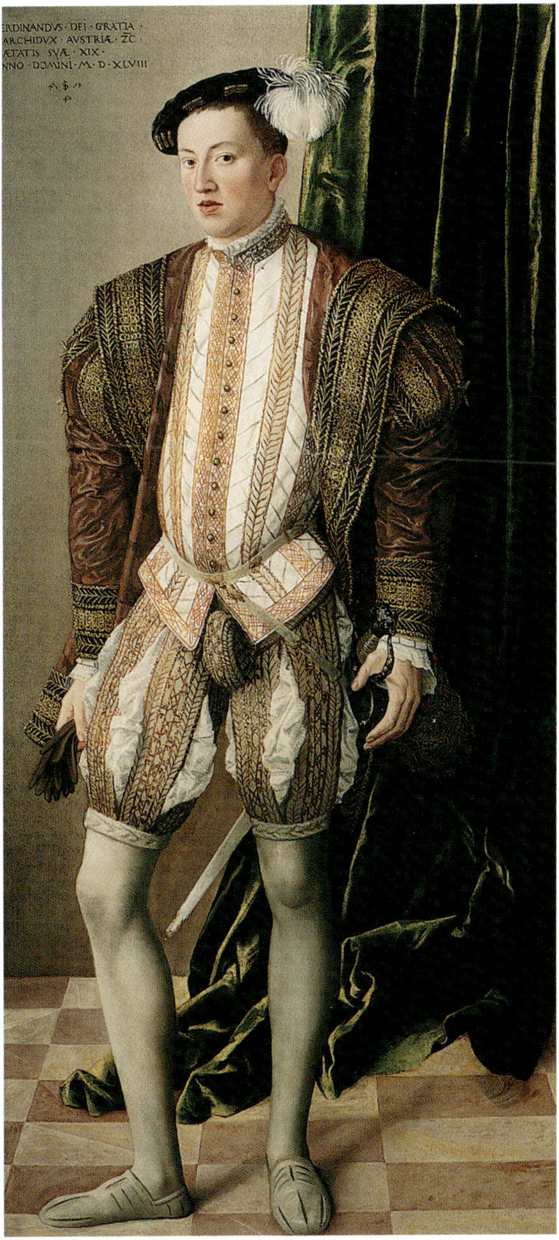
ERDINANDVS · DEI · GRATIA ·
ARCHIDVX · AVSTRIÆ · ZC ·
ÆTATIS · SVÆ · XIX ·
NNO · DOMINI · M · D · XLVIII ·

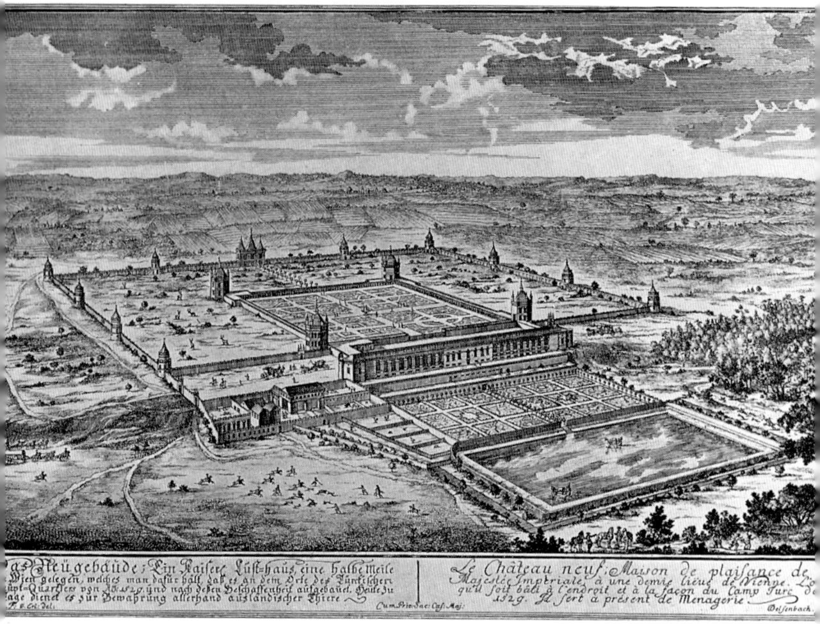

19 Lustschloß des Hofes, sog. Neugebäude, Jacopo da Strada (?), ab 1569. Simmeringer Heide (XI. Bez.), Kupferstich aus: Johann Bernhard Fischer von Erlach, Entwurf einer historischen Architektur, 1721

reich ging an Maximilian II., der zwischen den Residenzstädten Wien und Prag pendelte. Damit partizipierte Wien nicht unerheblich an den künstlerischen Leistungen der «Goldenen Stadt». Vor den Toren Wiens respektive in der Stadt entstanden unter Maximilian II. zwei wichtige Bauten: das «Neugebäude» und jener Trakt der Burg, der «Amalienburg» heißt, seitdem ihn die Gemahlin Kaiser Josephs I., Amalie Wilhelmine, 1711–1742 als Witwensitz bewohnt hat. Das 1569 begonnene Neugebäude war ein – nur noch rudimentär erhaltenes – Lustgebäude unweit der Donau, das auf den Strom orientiert ist. Einen Eindruck von der ursprünglichen Anlage, deren Rückseite heute an die Simmeringer Hauptstraße (XI. Bezirk) grenzt, geben die Stiche der Merians und Bernhard Fischers von Erlach (Abb. 19). Die Geländestufe nutzend, welche die zur Donau leicht abfallende Simmeringer Heide an dieser Stelle ausbildet, befanden sich auf der oberen Terrainstufe ein Baum- respektive Tiergarten, ein Lustgarten mit Beeten und Springbrunnen sowie das langgezogene, zweigeschossige Belvedere. Auf der unteren Ebene waren ein Blumengarten mit zwei Springbrunnen und ein Teich situiert. Eine Mauer mit vielen kleinen Türmen umgab das Ganze. Die regelmäßige Gliederung des Areals, die zurückhaltende Akzentsetzung durch die Türme und die Integration des Schlosses in die Gärten machen das Neugebäude zum Hauptwerk der manieristischen Architektur Wiens. Seine Planung könnte von Jacopo da Strada stammen, die Ausführung lag in den Händen Ferraboscos. Die verlorenen Fresken des Neugebäudes stammten unter anderem vom Antwerpener Bartholomäus Spranger, dem Schöpfer des höfischen Manierismus niederländischer Prägung, der 1575 an den kaiserlichen Hof nach Wien berufen worden war. Als Rudolf II. seine Residenz nach Prag verlegte, folgte Spranger dem Kaiser mit den anderen Hofkünstlern.

Maximilian II. legte auch den Grundstein für die kaiserlichen Kunstsammlungen, und Wien war in seiner Zeit zudem die Bühne großer Feste. Das bedeutendste hat man anläßlich der Hochzeit Erzherzog Karls II. von Innerösterreich mit Maria Anna von Bayern im Jahre 1571 ausgerichtet. Der wohl in Mailand geborene Manierist Giuseppe Arcimboldo entwarf das Festprogramm und die Kostüme der Teilnehmer. Unzählige Turniere, Maskenaufzüge, riesige Jagden wurden veranstaltet, immense Bankette gegeben. Fürsten und Adelige aus ganz Europa reisten an, um an diesem größten Ereignis der Wiener Stadtgeschichte teilzunehmen.

Mit dem Umbau des Landhauses in der Herrengasse demonstrierten auch die Stände Selbstbewußtsein und Wohlstand. Hans Saphoy schuf die repräsentative «Verordnetenstube», deren 1571 nach seinen Plänen ausgeführten Marmorportale einen ebenso hohen künstlerischen Anspruch erheben wie die ab 1568 hergestellte schwere Kassettendecke des Hoftischlers

Georg Haas; Rollwerk, «Diamantsteine» und eingelegtes Rankenwerk sind auf der Höhe der Zeit.

Weder der Herrscher noch die Stände, noch die Stadt blieben in diesen Tagen von den Ideen des Protestantismus unberührt. Daß man 1570 vor dem Schottentor einen Friedhof anlegte, der zur Bestattung von Katholiken und von Protestanten diente, ist hierfür ebenso charakteristisch wie die Tatsache, daß der Ausbau von St. Stephan 1571 endgültig eingestellt wurde.

Der neue Kunstsinn in der Zeit des «Bruderzwistes»

Mit der Verlegung der Residenz nach Prag unter Kaiser Rudolf II. trat Wien 1583 in den Schatten der «Goldenen Stadt». Erzherzog Ernst, von seinem kaiserlichen Bruder als Statthalter in Österreich eingesetzt, teilte mit diesem die Sammelleidenschaft. Erzherzog Ernst verdankt Wien die hochberühmten Gemälde der niederländischen Maler Lucas von Valckenborch, Hieronymus Bosch und Pieter Bruegel d. Ä., dessen ‹Kinderspiele›, ‹Bauernhochzeit›, ‹Bekehrung des Saulus› und ‹Turmbau zu Babel› zu den Glanzpunkten der kaiserlichen Sammlungen und nun also des Kunsthistorischen Museums zählen.

Die Rekatholisierung wurde in Wien auch von Erzherzog Matthias, der Erzherzog Ernst 1593 als Statthalter nachfolgte, vorangetrieben. Wichtigstes Zeugnis dieser Bestrebungen ist die – typologisch und stilistisch erstaunlich konservative – Franziskanerkirche. Die hier erkennbare Mischung aus süddeutscher Renaissance und spät-, ja sogar noch hochgotischen Momenten kann als der hilflose Versuch gelten, mit dem Anknüpfen an vorreformatorische Architektur den Protestantismus aus der Kirchengeschichte zu streichen.

Nachdem erste Versuche des Erzherzogs, über seine neue Funktion als Statthalter hinaus politisch Fuß zu fassen, an Interventionen des Kaisers gescheitert waren, kam seinem Vorhaben die politische Situation in Ungarn entgegen, die sich erst nach einem Aufstand des calvinistischen Adeligen Stefan Bocskai 1606 mit dem Frieden von Wien entspannte, der den Ungarn Religionsfreiheit gewährte, jedoch das Verhältnis zwischen Matthias und seinem Bruder in Prag nachhaltig vergiftete. Der Kaiser zog sich mehr und mehr in seine selbsterschaffene Welt der Kunst zurück – was von seinen Prager Sammlungen erhalten ist, befindet sich heute im Kunsthistorischen Museum in Wien. Der schließlich offene Kampf zwischen Rudolf II. und Matthias endete 1612 mit der Krönung Matthias' zum Kaiser.

Die Profanbauten, die Matthias in Wien in Auftrag gab, sollten den Annehmlichkeiten der Hofhaltung dienen: 1607 ließ er im Neugebäude eine Menagerie einrichten, 1614 im Augarten, der heute Teil des II. Bezirks ist, ein Jagdschloß und 1616 außerhalb der Stadt, im jetzigen IV. Bezirk, die «Favorita» als kaiserliche Residenz erbauen. Auch die ephemere Architektur erreichte nun einen neuen Höhepunkt, war sie doch besonders geeignet, Matthias während der Zeitspanne, in der er seinem Bruder die Macht Schritt für Schritt abrang, Anerkennung bei seinen Untertanen zu verschaffen: Als Matthias 1611 als gekrönter ungarischer König in Wien einzog, fand dieser «Triumphzug» inmitten einer prachtvollen Dekoration statt. Mit Triumphpforten und anderen Dekorationen wurde er in Wien auch 1612 nach der Kaiserkrönung in Frankfurt willkommen geheißen, und nach seinem Tod 1619 bildete in der Kirche des «Königinklosters» – in der heutigen Dorotheergasse – ein *castrum doloris*, ein Trauergerüst, den Rahmen für die Totenexequien. Kaiserin Anna, die im selben Jahr wie ihr Gemahl verstarb, hat in ihrem Testament die Kapuziner reich bedacht, so daß diese drei Jahre später in der Stadt, unweit der Hofburg, mit dem Bau eines neuen Klosters beginnen konnten.

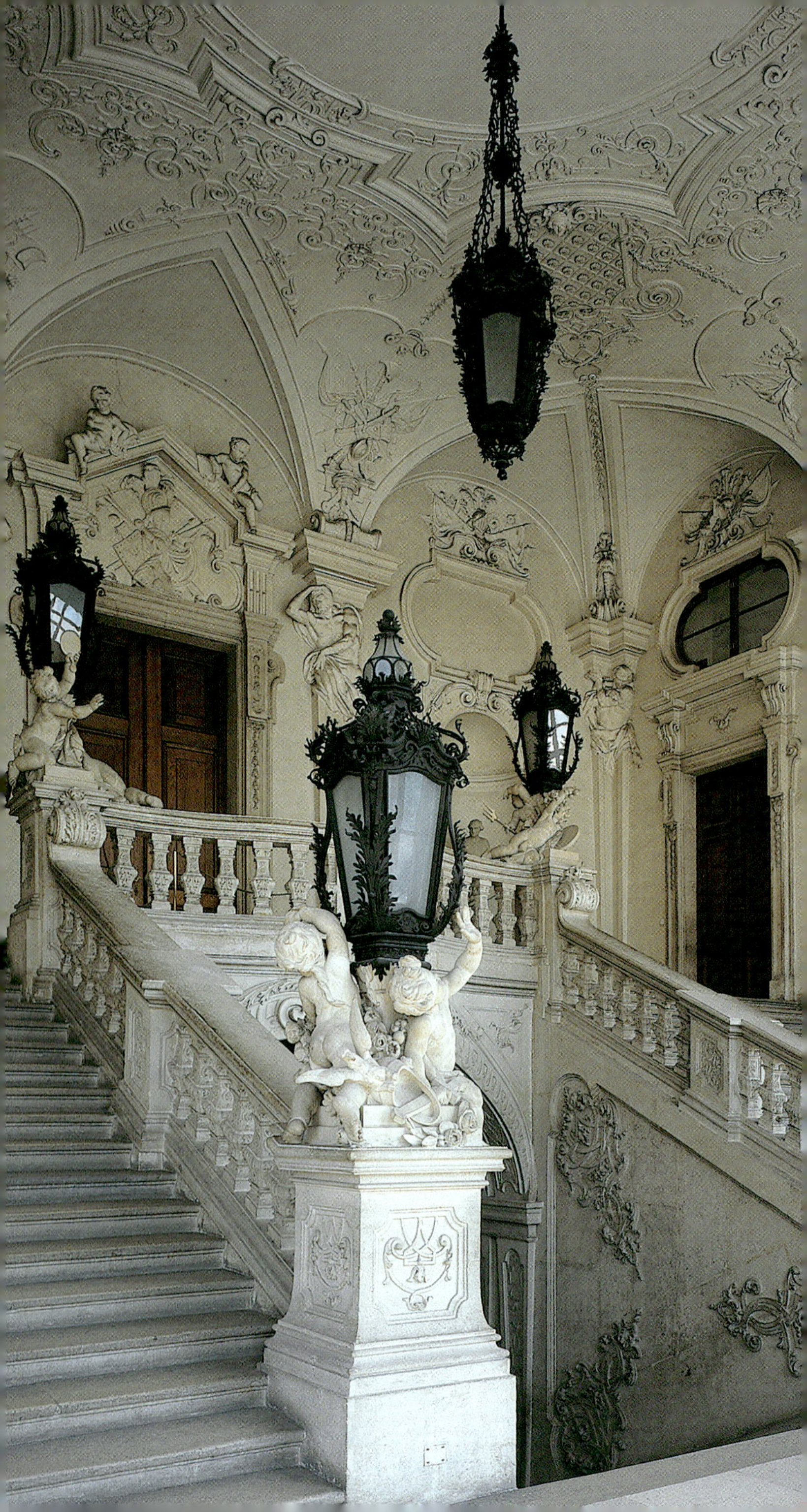

Das barocke Wien

Der Dreißigjährige Krieg und die «Italiener»

Mit dem Sieg der Katholischen Liga in der Schlacht am Weißen Berg nahe Prag (1620) gewann auch die Rekatholisierung Wiens eine neue Dimension. Bereits 1614 waren die Barmherzigen Brüder in die Stadt gekommen, 1624 folgten die Paulaner, 1626 die Barnabiten, 1631 die Unbeschuhten Augustiner, und schon bald übertraf die Flut neuer, aus Italien und Spanien berufener, in und vor den Toren der Residenzstadt Fuß fassender Kongregationen jene, die Wien unter dem Babenberger Leopold VI. erreicht hatte. Die protestantischen Prediger wurden aus Wien ausgewiesen. Den Juden wurden Wohnungen im Unteren Werd im jetzigen II. Bezirk zugeteilt, doch schwebte auch über ihnen ständig das Damoklesschwert der Ausweisung.

Auch hinsichtlich der Architektur und der bildenden Kunst nahm die Kirche die Waffe, die während des Konzils von Trient geschmiedet worden war, fest in die Hand: Neue Gotteshäuser wurden errichtet und mit Gemälden und Skulpturen ausgestattet, welche die gegenreformatorische Botschaft klar zu vermitteln suchten. Maria und die Heiligen sowie der Engelssturz wurden zu Hauptthemen. Als erster unter den Orden bauten die Karmeliter: Schon 1620 nahmen sie ihre Klosterkirche am jetzigen Karmeliterplatz (II. Bez.) in Angriff. Der wichtigste gegenreformatorische Orden im Wien der 1620er Jahre aber war die Societas Jesu: 1623 wurde ihr Kollegium mit der Universität vereinigt, anschließend der alte Universitätskomplex zum akademischen Kollegium ausgebaut,

20 *Johann Lukas von Hildebrandt, Treppenhaus des Oberen Belvedere (III. Bez.), ab 1720/21*

1627 gab Ferdinand II. das Geld zur Errichtung der Jesuitenkirche am jetzigen Dr.-Ignaz-Seipel-Platz, womit der wichtigste Gebäudekomplex Wiens nach der Hofburg entstand, und auf dem Platz Am Hof errichtete der Orden ab 1625 sein Profeßhaus.

Zwischen 1631 und 1634 wurde die Dominikanerkirche neu erbaut, 1632–1636 die «Schwarzspanierkirche» in der jetzigen Schwarzspanierstraße (IX. Bez.) aufgeführt, und der Einsturz des Vierungsturmes der Schottenkirche 1637 lieferte den Anlaß, diese älteste Klosterkirche der Stadt 1638–1648 in eine zeitgemäßere Form bringen zu lassen. Stilistisch ist die Fassade der Schottenkirche wie jene der 1628–1631 erbauten Jesuiten-Universitätskirche noch dem Manierismus – in dessen italienischer Spielart – verpflichtet.

Daß die sterblichen Überreste Kaiser Matthias' und Kaiserin Annas 1633 aus dem nahen «Königinkloster» in die «Kapuzinergruft» unter der Kapuzinerkirche – dem Begräbnisort, an dem die Habsburger bis heute festhalten – überführt wurden, fügte der habsburgischen Residenzstadt Wien einen weiteren hauptstädtischen Akzent hinzu. Die unter Friedrich I., dem Schönen, in den 1330er Jahren bei der Burg errichtete Augustinerkirche wurde, nachdem Ferdinand II. sie 1631 den von ihm aus Prag berufenen Unbeschuhten Augustinern übergeben hatte, 1634 zur Hofpfarrkirche erhoben und 1637 durch die Einrichtung der Herzgruft der Habsburger zusätzlich aufgewertet.

Kaiser Ferdinand III., der seine Ausbildung bei den Jesuiten erhalten hatte, setzte den gegenreformatorischen Kurs seines Vaters fort. Die Tore standen damit auch einem weiteren Orden, den Serviten, offen, die 1639 nach Wien kamen und sich in der Roßau (IX. Bez.) niederließen. 1642 begannen die Beschuhten Augustiner mit dem Bau der Rochuskirche auf der heutigen Landstraßer Hauptstraße (III. Bez.), und als die Schweden 1644 Wien bedrohten, gelobte der Kaiser die Errichtung einer Mariensäule, die – nach der schwedischen Niederlage – 1646 Am Hof nach einem Entwurf von Johann

Jakob Pock in Marmor ausgeführt, schließlich 1664–1667 durch eine Bronzenachbildung Balthasar Herolds ersetzt wurde. Und an jener Stelle in der Brigittenau (XX. Bez.), an der die für Wien so wichtige siegreiche Schlacht gegen die Schweden stattgefunden hatte, wurde nach dem Westfälischen Frieden die Brigittakapelle errichtet (1651).

Geradezu zwangsläufig hat sich jede Architektur und Kunst im Dienst der Gegenreformation am Nabel der katholischen Welt, also an Rom – das heißt: am römischen Barock –, orientiert, der in Wien seine Vorbildlichkeit bis in die Zeit nach der Zweiten Türkenbelagerung des Jahres 1683 behielt. Vor der Türkenbelagerung war die frühbarocke Architektur Wiens auf die Rezeption des römischen Hochbarock ausgerichtet, und auch der Malerei diente das italienische Seicento als Lehrmeisterin. Die Kunst der Niederlande, die im 15. und 16. Jahrhundert so wichtig für die Wiener Produktion gewesen war, sah sich indes aufgrund des dort dominierenden Protestantismus einem gewissen Vorbehalt gegenüber. Und Frankreich, das beispielsweise Jakob Seiseneggers Porträtstil geprägt hatte, schied als künstlerische Anregung ebenfalls aus, da sich die Franzosen – obgleich katholisch – offen als Verbündete des protestantischen Feindes deklariert hatten. Um römischen Vorbildern möglichst rasch zu entsprechen, wurden «italienische» Architekten und Baumeister engagiert: Filiberto (Filippo) Luc(c)hese und Giovanni Pietro Tencal(l)a aus dem Tessin, der Comaske Marco Spazio, die Mitglieder der weitverzweigten, ebenfalls vom Comer See stammenden Familie Carlone, aus der Carlo Giovanni Battista, Carlo Martino, Carlo Domenico, Carlo Antonio und Carlo Innocenz in Wien nachweisbar sind, zudem die gleichfalls vom Comer See gebürtigen Antonio und Carlo Canevale sowie der wahrscheinlich aus derselben Gegend stammende Andrea dell'Allio und dessen gleichnamiger Sohn und nicht zuletzt der in Lucca geborene Domenico Martinelli. Hinzuzurechnen sind auch die Theaterarchitekten wie der aus Mantua gebürtige Giovanni Burnacini und dessen Sohn Ludovico Ottavio sowie die aus Bologna respektive

Parma stammenden Galli-Bibiena, von denen Ferdinando, Francesco, Giuseppe und Antonio in Wien gearbeitet haben, und der Florentiner Giovanni Battista Pieroni, der zwei Stadterweiterungspläne vorgelegt hat.

Die Wiener Kirchenfassaden folgten schon ab den dreißiger Jahren des 17. Jahrhunderts dem römischen Typus: Sie sind turmlos, haben einen Dreiecksgiebel und meist Voluten, die zum jeweils schmäleren Geschoß überleiten. Zu dieser «römischen» Gruppe gehört sowohl die Fassade der 1634 vollendeten Karmeliterkirche im jetzigen II. Bezirk als auch jene der im selben Jahr fertiggestellten Dominikanerkirche in der Stadt. Besitzt die Fassade der Karmeliterkirche noch einen Höhenzug, der wohl als eine Konzession an die spätgotische Architektur zu werten ist, so erscheint bei der Dominikanerkirche, wo Antonio Canevale als Bauführer fungierte, der römische Charakter bereits ausgeprägter. Ein Säulenportal mit gesprengtem Giebel setzt hier einen für Wien neuen Akzent.

Ab der Mitte des 17. Jahrhunderts wurde in Wien auch schon der gleichfalls auf Rom weisende Zentralraum aufgegriffen, nämlich bei der Brigittakapelle, einem Oktogon mit Zeltdach. Der erste Zentralbau im eigentlichen Sinne ist aber die – wahrscheinlich von Carlo Martino Carlone geplante, 1651 begonnene und 1670 geweihte – Servitenkirche, mit der das Längsoval, das in der gleichzeitigen römischen Architektur in S. Agnese an der Piazza Navona am prominentesten vertreten ist, seinen Einzug in die Wiener Architektur hielt. Eine neue Stufe erreichte die Wiener Sakralarchitektur dann mit der wahrscheinlich von Filiberto Lucchese geplanten Schauwand, mit der die Jesuiten 1657–1662 ihre Kirche Am Hof, mittlerweile «Zu den neun Chören der Engel» genannt, verblenden ließen (Abb. 21). Auch diese kräftig gegliederte Kirchenfassade folgt dem römischen Typus, doch leiten hier zwei flankierende Achsen und eine Vorhalle mit Altane (Balkon) zu den angrenzenden, zum Platz hin vorspringenden Ordensgebäuden über.

Ferdinand II. und Ferdinand III. haben trotz der Bedrohung der Stadt durch die Schweden hauptsächlich in Wien residiert

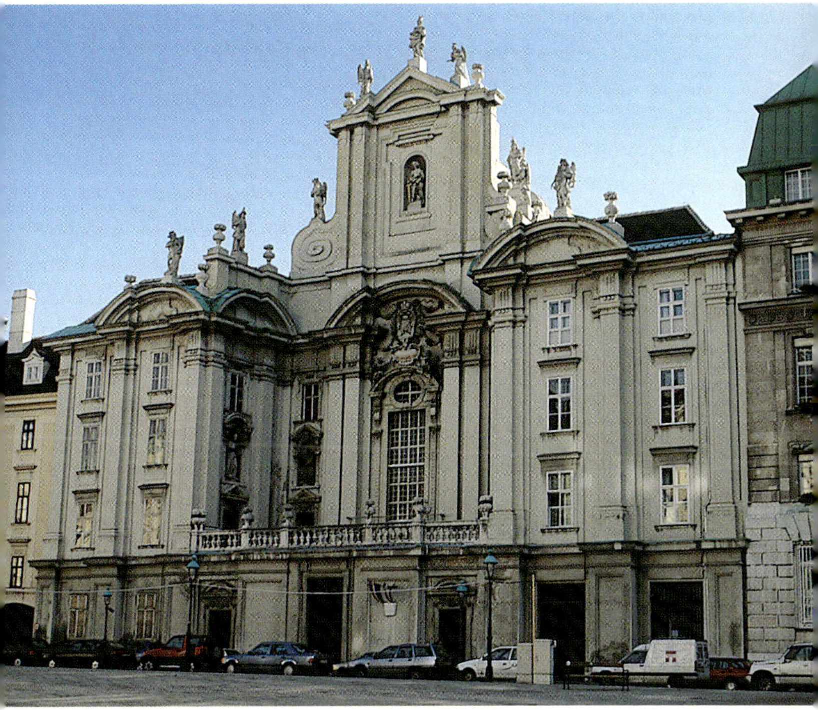

21 Filiberto Lucchese, Schauwand der Jesuitenkirche «Zu den neun Chören der Engel», 1657–1662. Am Hof

und die Stadt auch zum Verwaltungssitz der Länder und des Reiches gemacht. Damit entwickelte sich Wien endgültig von der Residenzstadt zur Hauptstadt des Habsburgerreichs und gewissermaßen auch zu der des Heiligen Römischen Reichs. Glanz verliehen der Metropole die von den beiden Ferdinanden auf den großen Antwerpener Auktionen erworbenen Gemälde und die Sammlungen Rudolfs II., die 1648 aus Prag nach Wien kamen, sowie die Bildersammlung Erzherzog Leopold Wilhelms, die 1657 aus den Spanischen Niederlanden hierhergebracht wurde.

Das 1651 nach den Plänen des von Ferdinand III. nach Wien verpflichteten Theaterarchitekten Giovanni Burnacini errichtete Hoftheater, das sich am «Thummelplatz», dem jetzigen Josefsplatz (Abb. 30), an der Stelle der heutigen Redoutensäle erhob, erlebte nun große Tage. So fand hier anläßlich der Geburt der Infantin Margarita Teresa von Spanien – mit der sich die Hoffnung der österreichischen Habsburger verband, durch Heirat die Ansprüche auf Spanien aufrechterhalten zu können – 1652 das Spiel ‹La gara› (Der Wettstreit) statt. Ludovico Ottavio Burnacini schuf die Kulissen. Der Inhalt des vielschichtigen Stücks ist unter anderem der Wettstreit der vier Kontinente um den Vorrang bei der Feier der Geburt der Infantin; erwartungsgemäß überreicht Jupiter die Siegespalme Europa, da diese dem «Königsfräulein» die weiche Wiege bereitet hat. Im Hinblick auf die erstrebte Verbindung zwischen den österreichischen und den spanischen Habsburgern sandte der spanische Hof im Laufe der Kindheit Margarita Teresas drei Porträts der Infantin des Hofmalers Diego Velázquez an den Wiener Hof, die heute zu den Schätzen des Kunsthistorischen Museums zählen.

Anders als die Architekten kamen genuin italienische Maler erst ab den späten fünfziger Jahren des 17. Jahrhunderts nach Wien. «Italiener», die vorher hier Fuß faßten, waren aus dem Süden berufene Niederländer wie etwa Justus Susterman, der – aus Florenz kommend – eine neue Porträtauffassung in einem freieren malerischen Duktus an den Wiener Hof mitbrachte. Ebenfalls aus Italien kam Jan van den Hoecke, in dessen Malerei ein klassisches, an antiker Statuarik geschultes und zudem durch Nicolas Poussin inspiriertes Figurenideal aufblitzt. Italienische Einflüsse und solche aus dem Westen verbanden einige deutsche Künstler, etwa der Konstanzer Tobias Pock, der in Wien zahlreiche Altarbilder, darunter die ‹Steinigung des hl. Stephanus› für den Hochaltar von St. Stephan (1640–1647), schuf (Abb. 7). Italienisches hat ebenfalls der aus Frankfurt gebürtige, in Venedig und Rom, aber auch in Prag, Utrecht und Augsburg tätige Joachim von Sandrart rezipiert, der unter anderem an der Ausstattung der Wiener Schottenkirche mitgewirkt hat.

Trotz Pest (1679) und Türkennot (1683) erreichte die barocke Phase Wiens in der Regierungszeit Leopolds I. einen Höhepunkt. Dazu trug bei, daß die Schar der Auftraggeber durch neu nach Wien strömende Orden vermehrt wurde: 1660 kamen die Ursulinen, 1690 die Trinitarier, 1697 die Piaristen, 1698 die Oratorianer und 1703 die Theatiner. In der Zeit um Leopolds Kaiserkrönung 1658 versuchten die ersten wirklichen italienischen Maler ihr Glück in der Residenzstadt: etwa Guido Cagnacci, der 1657/58 an den Wiener Hof berufen worden sein dürfte und der mit der Kunst Guido Renis und Guercinos wohl ebenso vertraut war wie mit dem Naturalismus Jusepe de Riberas. Ebenfalls am Ende der fünfziger Jahre reiste auch der Venezianer Pietro Liberi nach Wien, kehrte jedoch – offenbar von der Auftragslage enttäuscht – in die Serenissima zurück. Nur Cagnacci blieb. Zugleich waren auch holländische Kleinmeister, etwa Jan van Ossenbeeck und Samuel van Hoogstraten, in Wien tätig. Als Importstück kam der ‹Tod des hl. Joseph› von Carlo Maratta nach Wien, den Leopold I. 1676 als Hochaltarbild für die Hofburgkapelle bestellt hatte. Am wenigsten «italienisch» ist im 17. Jahrhundert die Wiener Skulptur. Für die kaiserlichen Kunstkammern war man weiterhin auf kleine, auf Nahsicht konzipierte Werke fixiert, die sich zunächst am niederländischen Romanismus, später am dortigen Barock orientierten und primär importiert wurden. In der Monumentalskulptur gehören der strengen, am niederländischen Romanismus geschulten Richtung beispielsweise die bereits genannte Mariensäule am Hof von Johann Jakob Pock und Tobias Krackers Madonna in der Schottenkirche (1651) an.

Wie der Sakralbau wurde auch der Wiener Palastbau im Laufe des 17. Jahrhunderts schrittweise von barocken Formen durchdrungen. Das 1623–1627 von den Jesuiten erbaute alte Universitätsgebäude sowie der 1632–1641 errichtete Bischofshof waren noch glatte, ungegliederte Kastenbauten mit Rustikasockel gewesen, die auf festungsartige Bauten des 16. Jahrhunderts zurückgehen. Bei dem von Kaiser Leopold I. in

Auftrag gegebenen, von Lucchese geplanten und 1660–1666 aufgeführten «Leopoldinischen Trakt» der Hofburg, der den Schweizertrakt mit der Amalienburg auf der Glacisseite verbindet, sowie beim ehemaligen Palais Starhemberg auf dem jetzigen Minoritenplatz ist der kastenförmige Baukörper hingegen durch Pilaster gleichförmig gegliedert. Da die Fassaden kein Zentrum besitzen, erwecken sie den Eindruck, beliebig verlängerbar zu sein. Der Leopoldinische Trakt zeigt nicht weniger als 29 Achsen! Daß er nicht dem Schweizertrakt, sondern der Bastei seine Hauptschauseite zuwendet, ist zukunftsweisend: Lucchese hat hier die Summe von kastellartigen Einheiten zugunsten einer vielgliedrigen, teils nach außen orientierten Anlage aufgegeben. Der Palastbau hat seinerseits die bürgerlichen Wiener Wohnhäuser des 17. Jahrhunderts beeinflußt: Meist einfach, hoch und schmal (Bäckerstraße Nr. 11, Naglergasse Nr. 19, Schönlaterngasse Nr. 4, Sonnenfelsgasse Nr. 17), sind sie gelegentlich durch ein aufwendigeres Portal akzentuiert (Sonnenfelsgasse Nr. 19, mit Veränderungen des 18. Jahrhunderts). Verschiedentlich sind die Fenster durch flache Relieffelder betont (Petersplatz Nr. 6).

Nach der Zweiten Türkenbelagerung: *«La gara»*

Leopold I. ereilten, noch bevor die Türken kamen, zwei andere Schicksalsschläge: 1673 starb seine Gattin, die Infantin Margarita Teresa, womit die Hoffnung der österreichischen Linie auf die Nachfolge in Spanien erlosch, und 1679 tobte in Wien die Pest. 1683 standen dann die Türken vor den Toren. Zwar war nach der Schlacht am Kahlenberg am 12. September die Stadt wieder frei, doch den entscheidenden Sieg über Sultan Mustafa II. brachte erst die Schlacht bei Senta (Zenta) unter der Führung des Prinzen Eugen von Savoyen (1697). Die Türken mußten nun ganz Ungarn, abgesehen vom Banat Temesvar, und Siebenbürgen den Österreichern überlassen. Wien wurde so zum Machtzentrum eines riesigen, sich weithin nach Osten erstreckenden Reiches.

Nach dem Abzug der Türken erteilte der Kaiser Ludovico Ottavio Burnacini den Auftrag, eine neue Dreifaltigkeitssäule für den Graben zu entwerfen, welche eine ältere hölzerne Pestsäule ersetzen sollte. Für das 1692 vollendete Monument hat der Theatermann ein völlig neues Konzept entwickelt: Mit dramatischen Effekten und Bühnenmaschinen vertraut, erfand er anstelle der statischen Säule einen von himmlischen Kräften bewegten Wolkenturm, in dem die Dreifaltigkeit und neun Engelsfiguren in aufsteigender Disposition erscheinen, während der Kaiser am Fuß der Pestsäule kniet. In dieser – steinernen – Dreifaltigkeitssäule am Graben und der – aus Bronze gefertigten – Mariensäule Am Hof, durch welche ja Leopold I. kurz nach seiner Kaiserkrönung die ältere Marmorsäule hatte ersetzen lassen, manifestierte sich das Verständnis der Habsburger, wonach die Verehrung der Trinität und der Immaculata die Säulen der Casa d'Austria bildet: Ein im Todesjahr Leopolds I. angefertigter Kupferstich zeigt, wie die beiden auf den Wiener Plätzen stehenden Säulen die Hofburg tragen.

Nach der Zweiten Türkenbelagerung setzte in Wien eine wahre Bau- und Ausstattungseuphorie ein, die nicht auf die Stadt beschränkt blieb, sondern auch den suburbanen Bereich erfaßte: Um Wien herum wurde ein Kranz von Gartenpalästen gelegt, deren Front auf die Stadt gerichtet ist, während sich ihre Gärten stadtauswärts hinstrecken. Generell tritt bei den Bauten dieser Zeit eine deutliche Fassadenzentralisierung und -rhythmisierung an die Stelle der bisher üblichen gleichförmigen Achsenreihung. Diese Tendenz belegt das 1685–1687 für den Grafen Dietrichstein errichtete und später vom Fürsten Lobkowitz erworbene Stadtpalais auf dem jetzigen Lobkowitzplatz. Die Ankunft eines weiteren Italieners, Domenico Martinellis, leitet die hochbarocke Phase der Wiener Architektur ein. Martinelli plante für den Fürsten Liechtenstein den 1691 begonnenen Gartenpalast in der Roßau (IX. Bez.) und den 1694 beauftragten Stadtpalast in der jetzigen Bankgasse. Ersterer ist ein freistehendes, auf den umgebenden Raum bezogenes Gebäude, das auf die suburbanen Villenanlagen Roms,

Frascatis und Tivolis zurückgreift. Sein Zentrum bilden eine die gesamte Tiefe einnehmende Eingangshalle und ein darüberliegender weiter, hoher Festsaal, zu dem seitlich zwei symmetrische Treppenanlagen hinaufführen. Der Liechtensteinsche Stadtpalast, eine Vierflügelanlage um einen Innenhof, ist stärker von der stadtrömischen Architektur geprägt und dadurch von strengerer Wirkung. Der Baukörper ist hier in Risalite gegliedert, der Mittelteil der Fassade durch den Einsatz einer kolossalen Pilasterordnung hervorgehoben und der Zusammenhang von innen und außen verstärkt.

Der suburbane Bereich Wiens geriet kurz in Gefahr, als die Kuruzzen, antihabsburgische Aufständische, 1704 Wien bedrohten – «Kruzzitürken» ist bis heute ein gängiger Fluch der

22 Johann Bernhard Fischer von Erlach, Erster Entwurf für das Schloß Schönbrunn, 1692/93. Kupferstich aus: Johann Bernhard Fischer von Erlach, Entwurf einer historischen Architektur, 1721

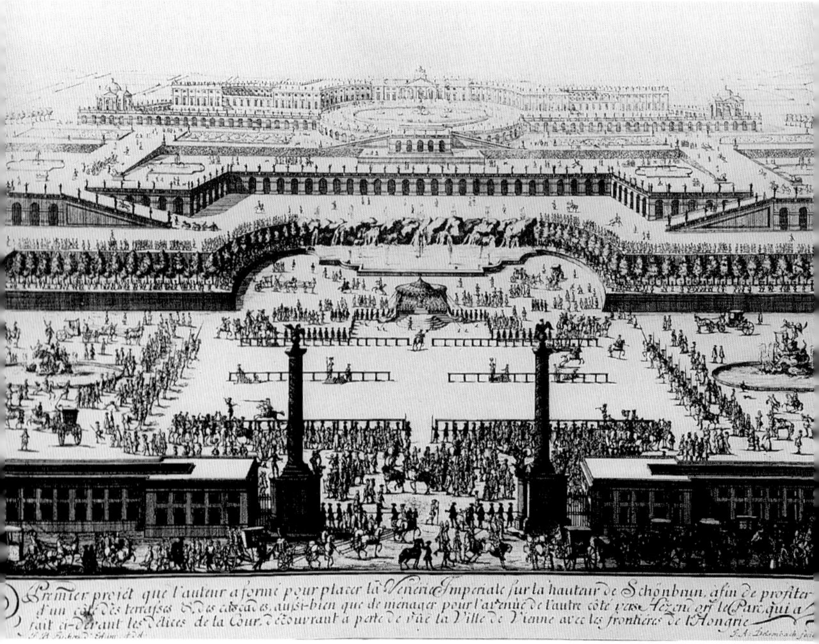

Wiener, wenn ein Unbill überwindbar zu sein scheint. Zum Schutz der Vorstädte wurde daraufhin der Linienwall, ein die Stadt in einem unregelmäßigen Halbkreis vom Donaukanal bei St. Marx (III. Bez.) bis zur Vorstadt Liechtental (IX. Bez.) umgebender Wall mit vorgelagertem Graben, errichtet. Bei den Toren an den Ausfallstraßen befanden sich Mautstellen sowie Kapellen des hl. Johann Nepomuk.

Gleichzeitig mit Martinelli tritt in Wien der erste einheimische Architekt auf, der hier einen überragenden Erfolg haben sollte: der Grazer Johann Bernhard Fischer. In Rom ausgebildet, dominiert in Fischers Werken zunächst eine spätbarock-dekorative Manier, die später von einer kühleren Linie abgelöst wird. Wie Martinelli führte auch Fischer grundlegende Neuerungen im Palastbau ein, ihm ist aber auch der bedeutendste Wiener Sakralbau des 18. Jahrhunderts, die Karlskirche, zu verdanken (Abb. 26); darüber hinaus war er im Bereich der ephemeren Architektur innovativ, und schließlich trat er auch publizistisch hervor. Sein ‹Entwurf zu einer historischen Architektur› wurde 1721 und 1725 gedruckt. Fischer erhielt die wichtigsten Aufträge und machte eine steile Karriere bei Hof. 1689 unterrichtete er den späteren Kaiser Joseph I. in Architektur, 1691 verlieh ihm dieser den Titel «Architekt des Königs von Ungarn», 1694 wurde er «Königlicher Hofarchitekt und Hofingenieur», 1696 erblich geadelt und von Joseph I. schon im Jahr der Kaiserkrönung zum «kaiserlichen Hofingenieur» ernannt; ab 1705 fungierte Fischer von Erlach damit als Leiter des gesamten Hofbauwesens.

Beachtung fanden bereits die beiden von Fischer entworfenen Triumphbögen, die anläßlich des Einzugs Josephs I. nach dessen Krönung zum römisch-deutschen König 1690 in der Wollzeile sowie am Stock-im-Eisen-Platz aufgerichtet wurden. Wohl im panegyrischen Sinn war Fischers erstes Projekt für das Sommerschloß Schönbrunn (XIII. Bez.) im Westen Wiens gemeint, das er 1692/93, also kurz nachdem mit dem Bau des Liechtensteinschen Gartenpalastes begonnen worden war, für Joseph I. ausarbeitete (Abb. 22). Für den zukünftigen Kaiser des Heiligen Römischen Reiches angemessen schien Fischer eine gigantische Anlage, die sich über das gesamte, nach Süden ansteigende Gelände ausdehnen und in einem weitläufigen Palast gipfeln sollte. Der Festsaal hinter der einschwingenden Fassade hätte sein Zentrum und damit das der gesamten Anlage gebildet. Anders als die Adelspaläste, welche die Residenzstadt planetenartig «umkreisen», hätte das kaiserliche Lustschloß ein eigenes «Sonnensystem» geformt. Ob Fischers ikonologisch konzipiertes Projekt je für eine Realisierung bestimmt war, ist ungewiß, jedenfalls hat er es in seine ‹Historische Architektur› aufgenommen und die Idee des ovalen Mittelraums bei mehreren Lustgebäuden rund um Wien verwirklicht. Ausgeführt wurde das Schloß Schönbrunn dann nach einem vereinfachten, 1695 von Fischer vorgelegten Entwurf. Der Palast erstreckt sich nun am Fuß des Hügels, die Schwingungselemente sind weggelassen und die Achsen reduziert. Durch die quantitative Reduktion ging allerdings die inhaltliche Dichte des ursprünglichen Projektes verloren. Für den Prinzen Eugen lieferte Fischer 1695/96 erste Entwürfe für dessen Stadtpalast in der jetzigen Himmelpfortgasse, in der Stadt entstand nach Fischers Plänen außerdem ab 1699 das Palais Batthyany in der heutigen Renngasse.

Zahlreiche der um 1700 in Wien tätigen Künstler arbeiteten gleichzeitig als Architekten, Bildhauer, Maler usw., so auch der im Salzburgischen geborene Matthias Stein(d)l, der als «Kammerbeinstecher» nicht nur hinreißende Elfenbeinstatuetten für die kaiserlichen Sammlungen (Abb. 23), sondern ab 1693 südlich von Wien in Laxenburg die erste hochbarocke, nämlich als freiplastischen Bau konzipierte Kirche schuf. Stein(d)l, Mathias Rauchmiller sowie der aus Südtirol stammende Paul Strudel avancierten Ende des 17. Jahrhunderts zu den führenden Bildhauern Wiens, die vom Hof und von seiten der Kirche Aufträge für großformatige Skulptur erhielten. Rauchmiller hat etwa vor 1686 mehrere Engel für die Pestsäule auf dem Graben ausgeführt. Stein(d)l war an zahlreichen Kircheneinrichtungen Wiens, etwa jener der Dominikaner-

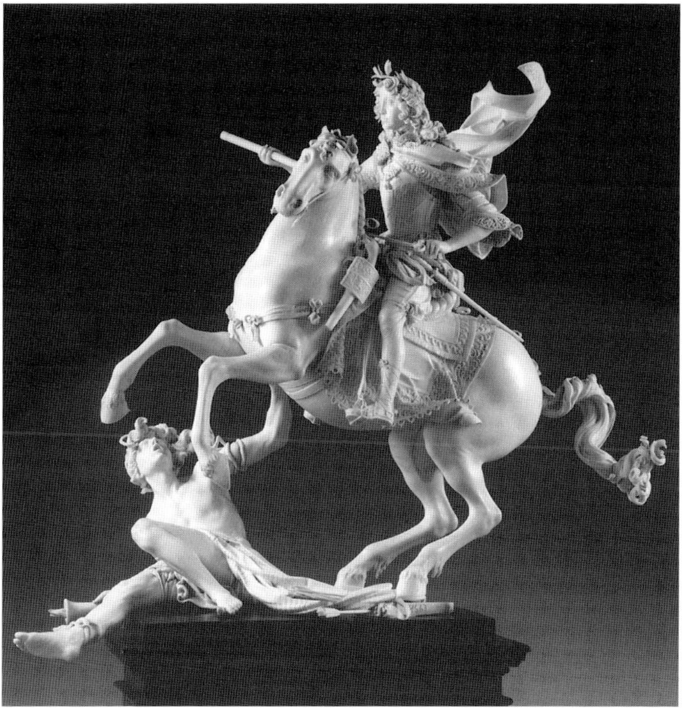

23 Matthias Stein(d)l, Reiterstatuette Josephs I., 1693. Wien, Kunsthistorisches Museum

kirche, der – neu erbauten – Peterskirche, des Doms und der Kapuzinergruft beteiligt. Der wichtigste Auftrag aber ging an Paul Strudel, der sich in Wien angesichts der hier geltenden Wertschätzung der italienischen Künstler als solcher ausgab, da er in Italien gelernt hatte. Er gewann *«la gara»*, den Wettstreit zwischen italienischen und einheimischen Künstlern, also dadurch, daß er in das Gewand des Italieners schlüpfte. 1696 beauftragte Leopold I. ihn damit, eine Ahnengalerie zu schaffen: weiße Marmorstatuen der Herrscher aus dem Hause Habsburg (Abb. 24), deren Aufstellung im Paradeisgarten der Hofburg geplant war. Der dynastische Gedanke, der schon in

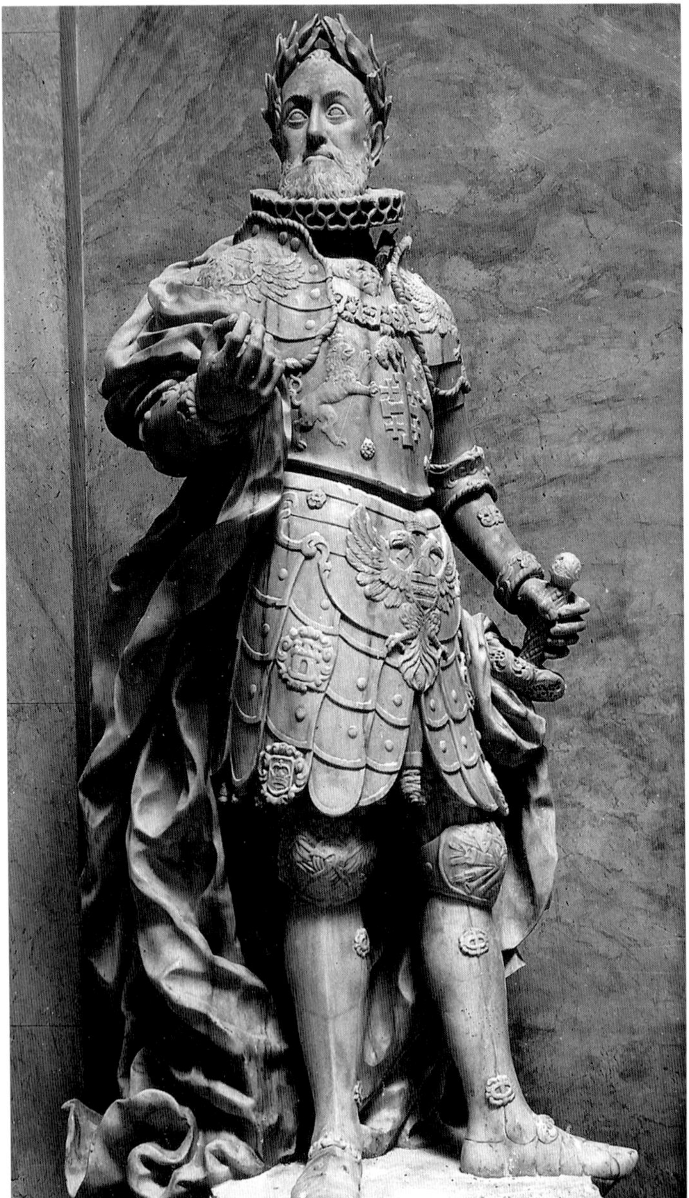

den Rudolfinischen Figuren (Abb. 9) und auf den Scheiben der Bartholomäuskapelle von St. Stephan zum Ausdruck gekommen war, gewann hier mitten in den Türkenkriegen – den Sieg von Senta sollte Prinz Eugen ja erst im Jahr nach der Auftragserteilung erringen – wieder an Bedeutung. Bei der Realisierung des Projektes muß den Bildhauer das Vorbild des Maximiliansgrabmals in Innsbruck allerdings belastet haben, denn seine Figuren wirken streng und statuarisch; nur dank der bewegten Draperien besitzen sie dekorative Qualität (G. Heinz).

Einer der vielseitig Begabten war auch Mathias Rauchmiller: Er war nicht nur als Bildhauer tätig, sondern hat ebenso die Deckenfresken der Dominikanerkirche geschaffen. Peter Strudel, der nach dem Tod seines Bruders Paul 1708 den Auftrag der Habsburgerfiguren übernahm, hat neben seiner Tätigkeit als Bildhauer eine Reihe von wichtigen, vom «Venezianer» Carlotto geprägten und vom Neapolitaner Luca Giordano sowie vom Römer Carlo Maratta beeinflußten Altarbildern gemalt, etwa für die Rochuskirche. Darüber hinaus richtete er im ‹Strudlhof› in der jetzigen Strudlhofgasse im IX. Bezirk, in dem sich sein Atelier befand, eine Kunstsammlung ein und gründete dort 1692 eine Art Kunstakademie, die 1705 von Joseph I. als Hofakademie anerkannt wurde und damit gewissermaßen öffentlichen Charakter erhielt.

Kaum war der Frieden mit den Türken (1699) geschlossen, ging den Habsburgern Spanien im Spanischen Erbfolgekrieg (1701–1714) verloren. Nur die Südlichen Niederlande konnten gehalten und Neapel sowie Mailand hinzugewonnen werden. Weitere Gebiete auf dem Balkan kamen durch den Sieg Prinz Eugens über die Türken bei Peterwardein und Belgrad 1716/17 hinzu. Als ob diese Ausweitung der Macht einen neuen künstlerischen Ausdruck in der Reichshaupt- und Residenzstadt gesucht hätte, wuchsen hier in der Malerei die Formate: Ab dem Beginn des 18. Jahrhunderts verdrängten die

24 *Paul Strudel, Kaiser Karl V., um 1700. Laxenburg, Franzensburg, Habsburgersaal*

das Gewölbe und teils auch die Wände zur Gänze überziehenden Fresken in Kirchen und Palästen zunehmend die im 17. Jahrhundert üblichen *quadri riportati* – kleinere an der Decke oder der Wand montierte, mit einem Rahmen oder mit Stuck eingefaßte Bilder. Dabei ging die neue, flächenüberziehende Wandmalerei, die aus der Entfernung wahrgenommen werden will, mit der Quadratura, der die gebaute Architektur mit illusionistischen Mitteln fortsetzenden Architekturmalerei, eine direkte Verbindung ein. Scheinarchitektur und Figurenmalerei sollten dekorativ wirken, dennoch gut lesbar bleiben, galt es doch, in den Kirchen die gegenreformatorische Forderung nach deutlichen Inhalten einzuhalten und im Profanbereich unter Verwendung leicht erkennbarer ikonographischer Zitate den Forderungen der Auftraggeber nach Verherrlichung zu entsprechen. Wo es um Deckenfresken ging, war jetzt die perfekte Beherrschung des *sotto in su*, also der Wiedergabe von Figuren und Architektur in Untersicht, unabdingbar. Die Voraussetzungen für die Figurenmalerei waren in Rom, für die Quadratura in Bologna geschaffen worden, folgerichtig sind es wiederum Italiener, die das Neue Anfang des 18. Jahrhunderts nach Wien brachten. Zu ihnen zählt auch Andrea Pozzo, der 1691–1694 die Deckenfresken von San Ignazio in Rom gemalt hatte. Pozzo kam 1703 kam Wien, und durch diesen «Römer», der hier als Freskant, als Maler von Altarbildern und als Architekt wirkte, überwand die kaiserliche Residenzstadt, mittlerweile unangefochten Hauptstadt des Habsburger- und des Heiligen Römischen Reiches, die letzten provinziellen Züge. Die Jesuiten-Universitätskirche hat Pozzo 1703–1705 im Sinne der spätbarocken römischen Kirchen zu einem geschlossenen Ensemble umgestaltet, indem er in die Kapellen wuchtige baldachinförmige Einbauten stellte und den Innenraum durch illusionistische Deckenfresken mit einer Scheinkuppel (Abb. 25) erweiterte. Im Auftrag des Fürsten Liechtenstein

25 Andrea Pozzo, Jesuiten-Universitätskirche, Deckenfresko mit Scheinkuppel, 1703–1705. Dr. Ignaz Seipel-Platz

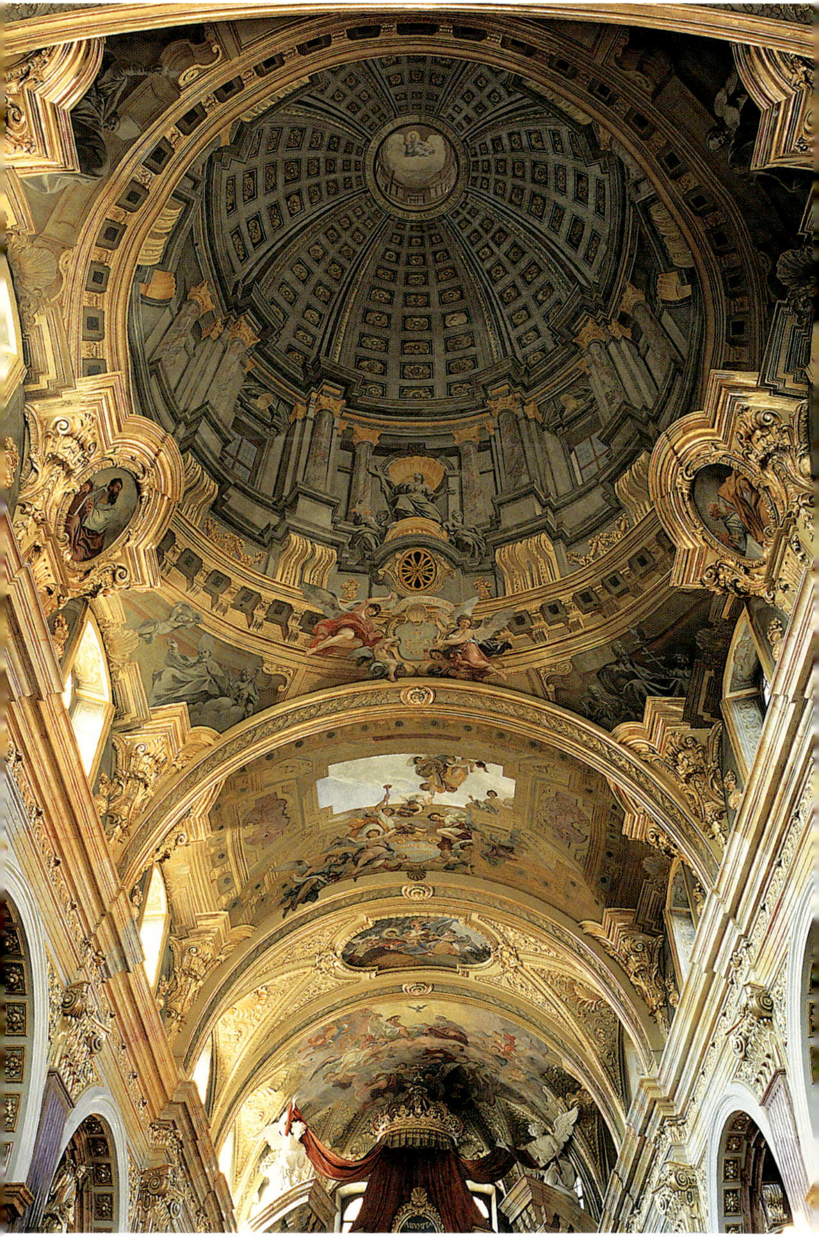

schuf er zwischen 1704 und 1707 die Fresken des Festsaals in dessen Gartenpalast in der Roßau, mit denen er die große Form und das große Pathos in den Dienst der «allegorischen Überhöhung des Terrestrischen» (G. Heinz) stellte.

In der ersten Hälfte des 18. Jahrhunderts war neben Pozzo eine ganze Reihe italienischer Maler in Wien tätig, von denen einige auf das vorgetragene Pathos mit einem antipathetischen, malerisch-dekorativen Stil antworteten. Zu ihnen zählen die Venezianer Sebastiano Ricci, Giovanni Antonio Pellegrini und Antonio Bellucci, die für den Hof, den Adel und die Kirche Aufträge ausführten. Leicht, ja geradezu «arkadisch» ist auch der Ton, den der in Vicenza geborene Bildhauer Lorenzo Mattielli 1719–1724 bei seiner Raptusgruppe ‹Pluto und Proserpina› für das Gartenpalais Schwarzenberg anschlug. Nur wo das Thema dies forderte, etwa bei seiner Engelsturzgruppe auf dem Vorbau von St. Michael von 1724/25 – der vor allem von den Jesuiten antireformatorisch eingesetzte ‹Engelsturz› hatte in Wien im Zuge der Türkenabwehr noch eine weitere Sinnebene erhalten –, strebte auch Mattielli nach Pathos und großer Form.

Tendenzen gegen das Pathos gab es auch in der Architektur. So distanzierte sich der Deutsche Orden vom hochbarocken Wiener Baugeschehen, indem er seiner Kirche in der Singerstraße 1720–1722 eine Fassade mit spitzbogigen, gotisierenden Maßwerkfenstern und Halbfialen vorblenden ließ. Denkbar ist, daß damit auf die lange Tradition der Wiener Kommende, die mittlerweile zum Sitz des Hoch- und Deutschmeisters avanciert war, angespielt werden sollte, wohl mit einem Seitenhieb auf die neuen Orden, die das gegenreformatorische Wien weiter überschwemmten; kurz vor der Errichtung der Fassade hatten sich die Elisabethinen (1709) und die Salesianerinnen (1717) hier niedergelassen.

Die «einheimischen» Maler, denen ab dem frühen 18. Jahrhundert in Wien der Durchbruch gelang – Johann Michael Rottmayr, Daniel Gran, Paul Troger und Michelangelo Unterberger –, hatten ihre Ausbildung sämtlich in Italien erhalten, brauchten also die Konfrontation mit den italienischen Kollegen nicht zu scheuen. Rottmayrs Wiener Hauptwerk ist das Kuppelfresko der Karlskirche. Gran, der einzige gebürtige Wiener unter den Meistern des Hochbarock, der unter anderem das Deckenfresko der Hofbibliothek ausführte (Abb. 27), gilt als der Klassizist unter Österreichs Barockmalern, da er Klarheit und Ordnung im Sinne des Modus einzusetzen verstand, wo Thema respektive Topographie des Raumes dies nahelegten. Troger vertrat wie Michelangelo Unterberger einen barock-dekorativen Stil, den er in Wien auf Bildern für den Stephansdom, die Augustiner- und die Michaelerkirche zur Anwendung brachte. Ambivalent war die Stellung Martino Altomontes. Er war in Neapel zur Welt gekommen, dort ausgebildet worden und fühlte sich als Italiener, de facto war er aber der Sohn einer bayerischen Mutter und eines Tiroler Vaters, der «Hohenberg» hieß und in Neapel als Bäcker arbeitete. Martino, der stilistisch an Luca Giordano, aber auch an Carlo Maratta anschloß, ist in den letzten Jahren des 17. Jahrhunderts nach Wien übersiedelt, wo er für den Prinzen Eugen tätig war. Es ist nicht ohne Pikanterie, daß der Wettkampf zwischen italienischen und einheimischen Künstlern oft innerhalb eines Gebäudes stattfand. Beispielsweise haben im Schloß Schönbrunn Ricci und Rottmayr, im Liechtensteinschen Gartenpalast Rottmayr und Pozzo nebeneinander gemalt, ein Beweis, daß es den Auftraggebern nur um eines ging: um die Qualität (G. Heinz).

Caravaggismus, *style classique* und dekorative Manier

Der dekorative Modus der venezianischen Maler und das «Arkadische» Mattiellis wurden in der ersten Hälfte des 18. Jahrhunderts durch den spannungsreicheren und zugleich ernsteren neapolitanischen Caravaggismus überlagert – obgleich Neapel ja nur zwischen 1713/14 und 1735 zu Österreich gehört hat. Einen um 1696 entstandenen Marienzyklus Luca Giordanos hat der nachmalige Kaiser Karl VI. aus Madrid mitgebracht,

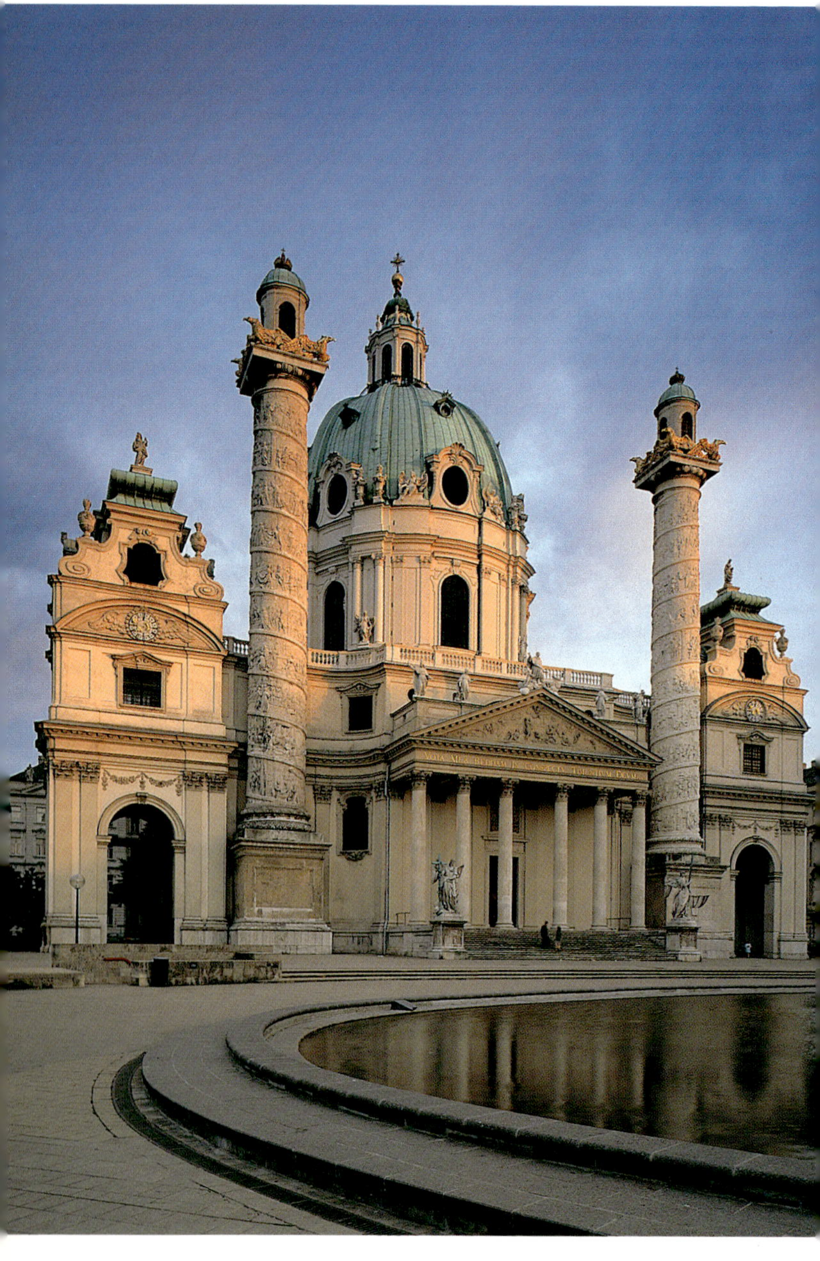

ein ‹Hl. Michael› Giordanos, heute im Kunsthistorischen Museum, diente bis 1785 als Hochaltarbild der Wiener Minoritenkirche, und der Kaiser sowie der Vizekönig von Neapel, Graf Aloys Thomas von Harrach, sowie Prinz Eugen haben den neapolitanischen Malern Francesco Solimena, Niccolò M. Rossi und Giacomo del Po Aufträge erteilt.

In der Architektur, aber auch der Malerei Wiens tritt während dieser Zeit die Auseinandersetzung mit dem *«style classique»*, d.h. der klassischen Phase des französischen und niederländischen Barock, hinzu. Fischer von Erlach hat entsprechende Reiseeindrücke im Gartenpalais Trautson (1709–1711) sowie bei der Böhmischen Hofkanzlei (1708/09–1714), der Karlskirche (1716–1722), der Hofbibliothek (Entwurf 1718–1720) und den Hofstallgebäuden (1719–1725) umgesetzt. Insbesondere die – vom Kaiser anläßlich der Pest von 1713 gelobte – Karlskirche (Abb. 26) und die Hofbibliothek sind als Huldigungen an das Haus Österreich zu verstehen. Die zur Stadt gerichtete Schauseite der Karlskirche, die damals am Rand der Vorstadt Wieden (IV. Bez.) auf freiem Feld stand, war der Zielpunkt einer Blickachse, die Hofburg und Karlskirche im Sinne einer *via triumphalis* verband. Beziehung zum Stifter schafft auch das Patrozinium, ist die Kirche doch dem großen gegenreformatorischen Heiligen, Karl Borromäus, dem Namenspatron des Kaisers, geweiht. Bedeutungsträger sind zudem die Architekturelemente, etwa die beiden freistehenden Säulen. Abgeleitet von den Triumphsäulen des Trajan und Marc Aurel in Rom, spielen sie auf die zwei «Säulen des Herkules» im Wappen des verehrten Ahns Karl V. und dessen Devise *«plus ultra»* an, womit der faktische Verlust der spanischen Besitzungen im Spanischen Erbfolgekrieg überspielt und zugleich der Besitzanspruch der Habsburger auf das spanische Erbe mitsamt den überseeischen Besitzungen aufrechterhalten werden sollten. Eine ähnliche Absicht stand übrigens auch

26 *Johann Bernhard Fischer von Erlach, Schauseite der Karlskirche, 1716–1722. Karlsplatz (IV. Bez.)*

hinter dem – nur rudimentär realisierten – Plan Karls VI., das Stift und die alte Babenbergerpfalz in Klosterneuburg zu einem «Österreichischen Escorial» mit neun Kuppeln auszubauen. Das Innere der Karlskirche, ein längsovaler, überkuppelter Zentralraum mit Chor und Seitenkapellen, bestimmen feierliche Weite und reichliche Durchlichtung. Rottmayrs 1725–1730 ausgeführtes Kuppelfresko ordnet sich, Fischers Wunsch nach der Trennung von Architektur und Malerei respektierend, dem Bau unter. Auch Fischers Hofbibliothek in den Gärten der Burg war ursprünglich ein freistehender Bau. Oberhalb des Sockelgeschosses umfaßt er einen einzigen Raum: den längsgestreckten, von einem Oval querschiffartig durchdrungenen Bibliothekssaal, der von der Schmalseite her betreten wird; die Regale beherbergen hier 16 000 Folianten aus dem Nachlaß des Prinzen Eugen, das Deckenfresko Daniel Grans von 1730 thematisiert den Triumph des Hauses Österreich durch die Wissenschaft (Abb. 27). Auch in diesem Fall waren sich Architekt und Freskant einig, den Raum nicht zu verschleifen.

Die Errichtung dieser großen kaiserlichen Bauten wie des Schlosses Schönbrunn wäre nicht möglich gewesen ohne die Finanzleistung der «Hoffaktoren», einer Gruppe gesellschaftlich etablierter Juden, die sich für die ihnen gewährten Privilegien durch Treuebezeugungen gegenüber dem Herrscherhaus gegenseitig überboten. «Patriotismus statt Messianismus sollte zur Eingliederung des Judentums in seine konkrete Umwelt führen» (K. Schubert). In der Regel allerdings konnten sich die Juden, nachdem sie 1670 aus der Stadt ausgewiesen und anschließend aus fiskalischen Gründen wieder aufgenommen worden waren, nur noch aufgrund individueller, zeitlich begrenzter Privilegien in der Metropole aufhalten.

Den in den späten Fischerbauten faßbaren *«goût classique»* hat Karl VI. auch in der Malerei gefördert, indem er 1723

27 Triumph des Hauses Österreich durch die Wissenschaft. Daniel Gran, Deckenfresko im Prunksaal der Österreichischen Nationalbibliothek, 1730. Hofburg

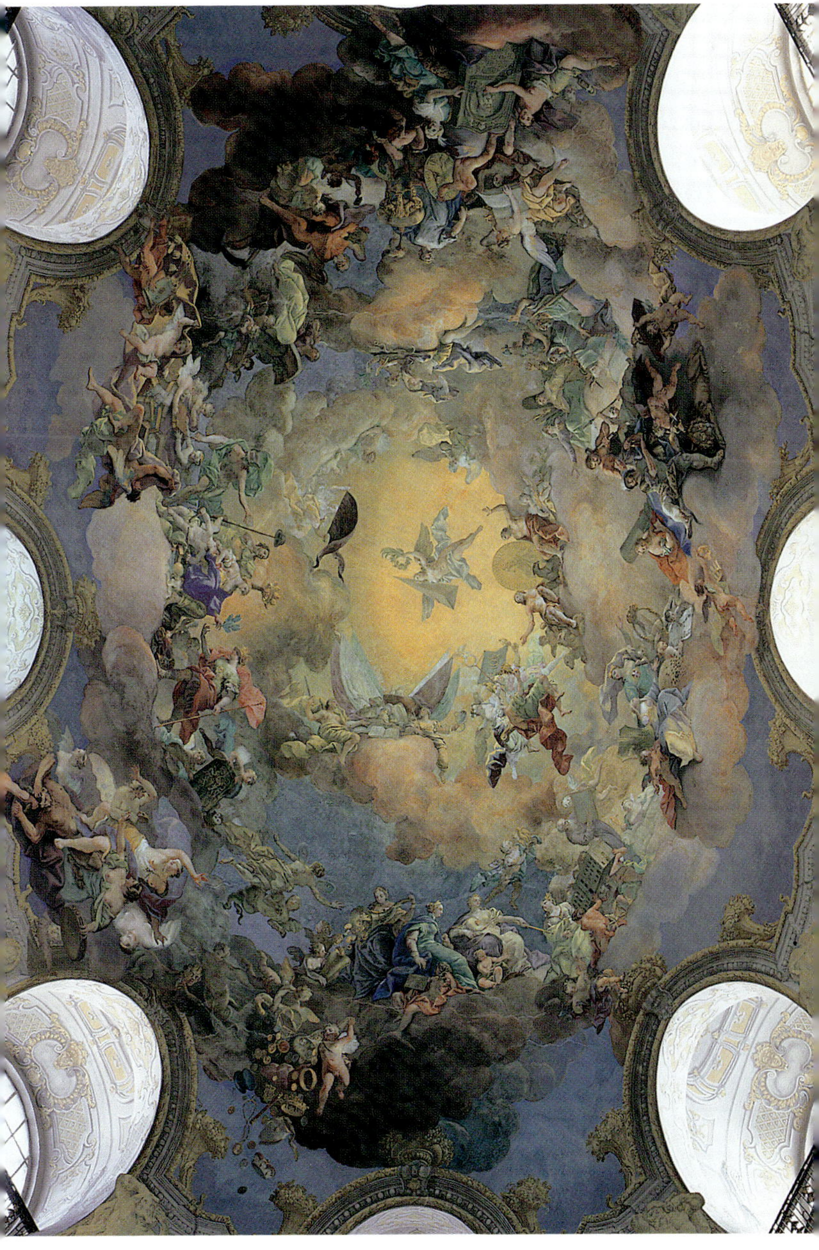

Jacob van Schuppen zum Hofmaler, 1726 zum Direktor der kaiserlichen Akademie ernannte. Zu höchster Meisterschaft ausgeformt ist die klassische Richtung jedoch in den Figuren des Bildhauers Georg Raphael Donner, die aufgrund ihrer idealischen Proportionierung und ausgewogenen Statuarik eine geradezu zeitlos gültige Schönheit besitzen. Im Auftrag der Stadt Wien schuf Donner 1737–1739 die Figuren für den ‹Providentiabrunnen› auf dem Mehlmarkt, dem heutigen Neuen Markt. Die im Zentrum des Brunnens sitzende Figur symbolisiert die weise Staatslenkung: Der Januskopf in ihren Händen zeigt, daß sie aus der Vergangenheit lernt und in die Zukunft blickt und so das Glück der Bewohner der Hauptstadt begünstigt. Am Beckenrand lagern in großer Gelassenheit die Personifikationen der Flüsse Ober- und Niederösterreichs: Ybbs, Enns, March und Traun; die Putti mit Fischen stehen für die Donau. Mit dem Mehlmarktbrunnen trat in Wien zum erstenmal seit dem Mittelalter die Stadtgemeinde als Auftraggeber eines Kunstwerks von Rang hervor, jedoch nicht ohne ihre Verbindung zum Herrscherhaus zu betonen: Die Mittelfigur wendet sich deutlich zur Kapuzinerkirche und damit zur Kaisergruft hin.

Mit Johann Lukas von Hildebrandt, Fischers großem Gegenspieler, kam in der Wiener Architektur des zweiten und dritten Jahrzehnts des 18. Jahrhunderts noch einmal eine dekorativ-barocke, von den oberitalienischen Bauten Guarino Guarinis beeinflußte Komponente zum Durchbruch. Bezeichnenderweise greifen bei dem ersten von Hildebrandt konzipierten Projekt, dem Gartenpalais Schwarzenberg (III. Bez.), in dessen Garten Lorenzo Mattiellis heitere ‹Raptusgruppe› steht, in Wien erstmals Architektur und gestalteter Freiraum ineinander; Fischers utopisches Schönbrunnprojekt war ja unausgeführt geblieben. Das 1713–1716 erbaute Palais des Fürsten Kinsky auf der Freyung bildet dann einen Höhepunkt in Hildebrandts dekorativer Manier. Sie hat auf die Erscheinung der Wiener Privathäuser in der ersten Hälfte des 18. Jahrhunderts wesentlich Einfluß genommen, etwa auf das «Töpfelhaus» in Penzing (XIV. Bez.). Auf Hildebrandt dürfte wesentlich auch die Planung der frei auf dem Petersplatz stehenden Peterskirche zurückgehen, die – noch vor der Karlskirche – den schon bei der Servitenkirche verwendeten Längsovaltypus mit Kuppel wiederholt. Hildebrandt stieg rasch zum Lieblingsarchitekten des Prinzen Eugen auf, dessen Winterpalais in der Stadt er ausgestattet und erweitert hatte, bevor er mit der Planung seines Gartenpalastes im heutigen III. Bezirk betraut wurde (Abb. 20, 29). In ihrer endgültigen Ausdehnung bildet diese Anlage den größten Sommerpalast unter den adeligen, die Stadt planetenhaft «umkreisenden» Gartenpalais. Ihnen und dem kaiserlichen Schloß in Schönbrunn verdanken jene Wiener Bezirke, die diese feudalen Anlagen später nach und nach aufgesogen haben, also der III., IX. und XIII. Bezirk, bis heute ihr Flair und folglich ihr gesellschaftliches Ansehen. Auf der stadtseitigen Schmalseite des langen, zur Stadt hin sanft abfallenden, im Besitz des Prinzen befindlichen Geländes entstand 1714–1716 dessen Sommersitz: ein niedriger langgestreckter Bau mit zentralem Kuppelsaal, dessen Fresko den Hausherrn als Förderer der Künste und – auf die gerade erfolgreich geschlagene Schlacht von Peterwardein anspielend – als Feldherrn verherrlicht. Für das Fresko hat Hildebrandt, der die Suggestion des nahtlosen Übergangs vom irdischen in den himmlischen Bereich liebte, den aus Bologna stammenden Quadraturisten Marcantonio Chiarini und den «Neapolitaner» Martino Altomonte herangezogen. Der Saal ist auf den Park und ein – projektiertes – Belvedere im oberen Teil des Gartens ausgerichtet. Ab 1720/21 wurde jedoch statt eines kleinen Aussichtsgebäudes ein mächtiges Schloß mit stark gegliederter Dachlandschaft errichtet, dessen niedrige «Stöcklgebäude» (Nebengebäude) auf der stadtauswärtigen Seite einen weiten Ehrenhof mit Teich umfangen. Diese Verschiebung des Gewichts der Anlage nach oben ist eine bereits in Fischers erstem Schönbrunnprojekt formulierte Idee. Von der *sala terrena* des oberen Schlosses, die sich ursprünglich zum Ehrenhof und zum stadtseitigen Park öffnete, führt eine dreiläufige

Treppe (Abb. 20) hinauf zum zentralen Kuppelsaal über ovalem Grundriß, dem Höhepunkt des Ensembles, wo das 1721/22 ausgeführte Fresko von Carlo Innocenzo Carlone die Apotheose des Prinzen Eugen zeigt. Vom stadtseitig vorgelagerten Balkon des Festsaals genießt der Hinaustretende einen einmaligen Blick über den abgetreppten Park mit großen Beeten und Wasserflächen, über das «Untere Belvedere» und das Palais Schwarzenberg hinweg auf die Innere Stadt (Abb. 29). Dem Hang des Prinzen zum Dekorativen entsprachen auch die von ihm beauftragten Bildhauer: Balthasar Permosers ‹Apotheose› des Prinzen von 1718–1721 im Unteren Belvedere ist eine geradezu aggressiv formulierte Antwort auf den eleganten Linearismus Mattiellis und Donners. Die Linie ist hier vielfach gebrochen, das Einzelmotiv überdeutlich herausgezeichnet, der Gestus des Gefeierten von einem – dem Seicento verpflichteten, allerdings etwas eingefroren wirkenden – Pathos bestimmt (G. Heinz).

Hildebrandts Tätigkeit für den Kaiser war weniger erfolgreich. Zwar hat er zwischen 1702 und 1712 fünf Kontrakte zum Umbau der Burg abgeschlossen und Pläne für deren großzügige Umgestaltung vorgelegt, realisiert wurde aber nur der «Reichskanzleitrakt», und selbst aus diesem Projekt ist Hildebrandt in den späten zwanziger Jahren von Joseph Emanuel Fischer von Erlach, dem Sohn seines Konkurrenten, hinausgedrängt worden. Nach dem Tod des älteren Fischer 1723 war der Sohn mit der Leitung des Hofbauamtes betraut worden. Er nahm nun den Bau der Stadtfassade der Burg zum Michaelerplatz in Angriff und brachte den Reichskanzleitrakt 1730 zum Abschluß. Auch die Arbeiten an der Karlskirche, der Hofbibliothek und dem Hofstallgebäude hat er bis zu deren Abschluß geleitet, überdies baute er 1729–1735 die neue Winterreitschule der Hofburg und lieferte schließlich Pläne für die Anbindung der Hofbibliothek an das Augustinerkloster. Mit den Klarheit und Kühle ausstrahlenden Arbeiten des jüngeren Fischer erreichte die klassische Richtung des Wiener Barock ihren Höhepunkt.

Der additive Charakter des über Jahrhunderte gewachsenen Hofburgkomplexes muß Maria Theresia und ihrem Gemahl, Kaiser Franz I. (Franz Stephan von Lothringen), so recht bewußt geworden sein, als sie 1745 auf ihrer Reise zur Kaiserkrönung in Frankfurt in Würzburg Station machten. Das Kaiserpaar war von der soeben fertiggestellten Würzburger Residenz so beeindruckt, daß es Balthasar Neumann beauftragte, einen Um- und Neubauplan für die Wiener Hofburg auszuarbeiten. Neumann schickte daraufhin gleich drei – gleichermaßen großzügige – Varianten nach Wien, die alle der Hofburg als Residenz des Kaisers des Heiligen Römischen Reiches gerecht zu werden suchten. Nach seinen Vorstellungen sollte eine weiträumige Treppenanlage das Zentrum einer symmetrischen Gesamtanlage bilden, zudem plante er eine monumentale Schloßkapelle und eine lange, einheitliche Fassade zu den Vorstädten. Verwirklicht wurde davon nichts. Der Wiener Hofbaudirektor Herzog Emanuel Sylva Tarouca übersandte Neumann im Auftrag des Kaiserpaares einen abschlägigen Dankesbrief und eine Schnupftabakdose als Zeichen der Anerkennung. Katholische Bescheidenheit und habsburgische Zögerlichkeit können für dieses Zurückschrecken vor einer durchgreifenden Veränderung des alten Burgkomplexes ebenso verantwortlich gemacht werden wie ein bewußtes Bekenntnis zur Tradition des Hauses Österreich. Dazu kommt, daß Franz Stephan, der den Architekten Jean Nicolas Jadot Baron de Ville-Issey von Lothringen nach Wien mitgebracht hatte, die *architecture classique* französischer Prägung favorisierte. Aber auch Jadot konnte, obgleich er in Wien ab 1750 als Hofbauinspektor fungierte, von seinem 1748 vorgelegten Erweiterungsplan für die Hofburg allein die «Botschafterstiege» im Schweizertrakt verwirklichen. Jadots Gesamtprojekt war zweifellos gleichfalls zu radikal: Wie schon Hildebrandt und Neumann vor ihm wollte auch der Lothringer so gut wie alles Bestehende wegreißen. Gnade fand vor seinen Augen nur die Winterreitschule des jüngeren Fischer. Zwischen 1745 und 1753 konzipierte Jadot den Grundriß des noch im Bau befindlichen Schlosses Schönbrunn. Die Durchführung lag in den Händen des Wiener Neustädters Nikolaus Pacassi. Dessen Erfolgsrezept war der Kompromiß: In Schönbrunn verband er Italienisches mit Französischem, einen klassizistisch-nüchternen Außenbau mit verspielteren Innenräumen, in denen er die vergoldeten Rocailleornamente, die in Frankreich en vogue waren, sparsam und asymmetrische Verzerrungen vermeidend auf den weißen Grund setzte. Einen Glanzpunkt gab Pacassi dem Schloß durch das Chinesische Kabinett.

28 Balthasar Ferdinand Moll, Prunksarkophag Kaiser Franz' I. Stefan und Kaiserin Maria Theresias, 1754 fertiggestellt. Kapuzinerkirche, Kapuzinergruft

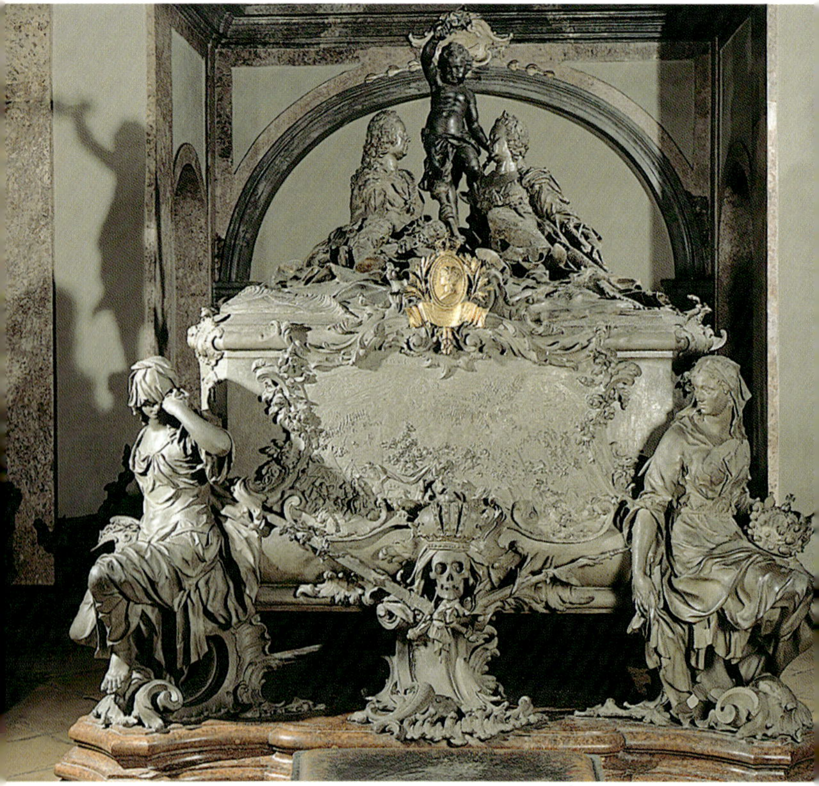

Dem Louis-Quinze-Stil sind auch die figürlichen Künste in Wien – bei allem Hang zum Dekorativen – nur bedingt gefolgt. Eine der wenigen Ausnahmen war der «Olymp» im Rothschild-Palais in der Prinz-Eugen-Straße: ein Deckenbild des Amsterdamers Jacob de Wit, der den Ruf eines Rubens des 18. Jahrhunderts besaß (G. Heinz). In der Skulptur ist ein Anklang an das Rokoko am ehesten bei den Brüdern Moll zu finden. Zu den schönsten Werken von Balthasar Ferdinand Moll zählt der 1754 fertiggestellte Prunksarkophag Maria Theresias und Franz I. Stephans in der Kapuzinergruft (Abb. 28).

Die wenigen Bauten, die Jadot in den fünfziger Jahren in Wien realisieren konnte, sind Dokumente seines rationalen, ja mathematischen Denkens. Das gilt im besonderen für die 1752 erbaute Menagerie im Schloßpark von Schönbrunn, die den Kern des «Tiergartens Schönbrunn» bildet. Höhepunkt in Jadots Œuvre ist jedoch die 1753–1757 errichtete Aula der Universität: ein rein französischer Bau auf Wiener Boden. Pacassi, 1753 zum ersten Architekten im Hofbauamt und damit zum Nachfolger Jadots avanciert, rezipierte nun in verstärktem Maße den internationalen Klassizismus, etwa bei der 1755–1763 erbauten Gardekirche des ehemaligen Kaiserspitals auf dem Rennweg (III. Bez.), einem ganz in Weiß und Gold gehaltenen Tiefoval mit Rippenkuppel. Als Pacassi 1764 ein Ausbauprojekt für die Burg vorlegte, widerfuhr diesem das gleiche Schicksal wie den Vorgängerprojekten: Es wurde, wie es in Wien heißt, «schubladiert», will heißen: Auch das Pacassi-Projekt blieb unrealisiert. Hingegen konnte Pacassi 1767 bis 1773 die von Joseph Emanuel Fischer von Erlach konzipierten Flügelbauten der Hofbibliothek ausführen, wobei er diese erhöhte, so daß zwar die Autonomie des Bibliotheksgebäudes verlorenging, aber der erste Platz Wiens entstand, der es verdient, als solcher bezeichnet zu werden: der Josephsplatz (Abb. 30).

Auch in der Wiener Malerei und Plastik der 1760er Jahre sind Tendenzen zu einer beruhigten Form feststellbar. Unter den Malern der jüngeren Generation treten vor allem Franz

Anton Maulpertsch, Martin Johann Schmidt und Johann Wenzel Bergl hervor. Maulpertsch verdankte seinen ersten Wiener Auftrag, das Deckenfresko der Piaristenkirche (VIII. Bez.), dem Umstand, daß der Orden sich beim Kirchenbau finanziell völlig verausgabt hatte und die Patres 1752 den jungen Maler gegen ein geringes Entgelt beschäftigten. Der «international» geschätzte Martin Johann Schmidt («Kremser Schmidt») schuf in den 1770er Jahren zahlreiche Altarbilder für Wiener Kirchen (Melkerhofkapelle, I. Bez.; Gumpendorfer Kirche, VI. Bez.). Stilistisch, aber auch inhaltlich Neues bringen Johann Wenzel Bergls Fresken im Schloß Schönbrunn aus den 1760er Jahren: Das stillebenartige Einzelmotiv, das nahsichtig wahrgenommen werden will, ist in den «Bergl-Zimmern» Teil eines fremden, paradiesischen Kosmos (G. Heinz), der Maria Theresias Idee von einer – selbstredend: katholischen – Weltharmonie entspricht.

Die Akademie hat den Anschluß an die Hauptentwicklungslinie erst wieder gefunden, als 1758 der Porträtist Martin van Meytens zum Rektor gewählt wurde. Seine Bildnisse prägen ein deskriptiver Realismus und höchste Feinheit im Vortrag. Von unschätzbarem Quellenwert und hoher malerischer Qualität sind die mit der Präzision der holländischen *Trompe-l'œil*-Malerei des 17. Jahrhunderts gemalten, zwischen 1758 und 1761 bei einem Wienaufenthalt in kaiserlichem Auftrag entstandenen 13 Veduten der Stadt und ihrer Umgebung des Venezianers Bernardo Bellotto (Abb. 29).

Anders als die französisch geprägte Architektur blieben die ephemeren Dekorationen, die Theaterbauten und Kulissen, aber auch die «Traurigen Schauplätze» vorderhand in der Hand der Italiener. So wurde der von Leopold I. nach Wien berufene Francesco Galli-Bibiena 1698 mit der Renovierung des mittlerweile baufälligen Hoftheaters und – nach dessen Brand 1699 – mit der Errichtung eines neuen Theaters an derselben Stelle betraut. Nach der Eröffnung des Hofburgtheaters (1741), zu dem das alte Ballhaus im Bereich des jetzigen Michaelertraktes umgebaut worden war, entstanden 1749

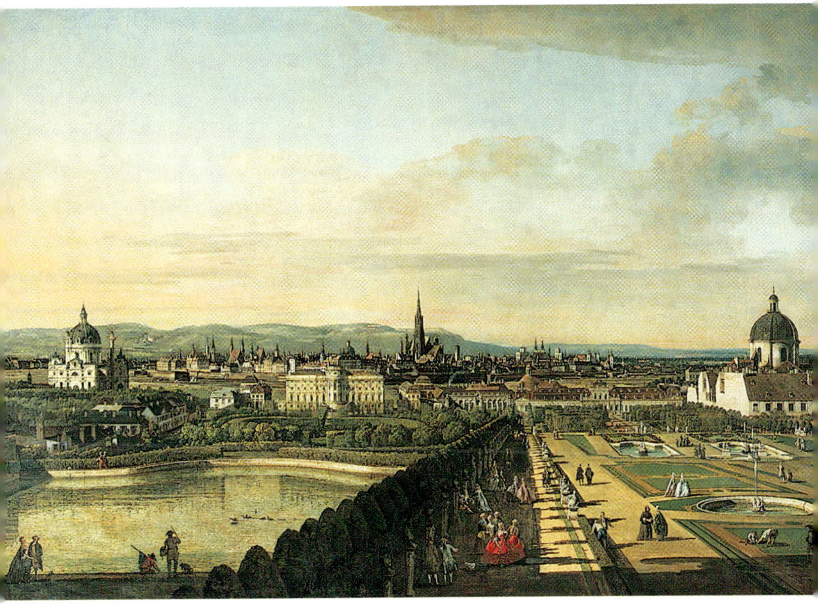

29 Bernardo Bellotto, Blick vom Oberen Belvedere, links die Karlskirche, im Zentrum St. Stephan, links davor das Palais Schwarzenberg, um 1760. Wien, Kunsthistorisches Museum

anstelle des von Francesco Galli-Bibiena entworfenen Theaters die Redoutensäle, vielleicht nach den Plänen von Antonio Galli-Bibiena. Ein feenhaftes Nachtfest auf dem Teich der alten Favorita hat Ferdinando Galli-Bibiena 1716 anläßlich der Geburt von Erzherzog Leopold Johann arrangiert. Die Orientierung der ephemeren Dekorationen nach Frankreich erfolgte erst 1760, als der Pariser Architekt und Dekorateur Jean-Jacques Servandoni anläßlich des zwanzigjährigen Thronjubiläums Maria Theresias ein aufwendiges Fest im Schloß Belvedere inszenierte. Mit ihm war der junge Isidore Canevale nach Wien gekommen, der in der Metropole noch Karriere machen sollte. Dem Klassizismus im ephemeren Bereich zum Durchbruch verhalf dann Nicolaus Pacassi, als er 1770 anläßlich der Vermählung der Erzherzogin Maria Antonia (Marie Antoinette) mit dem französischen Dauphin (dem späteren

Ludwig XVI.) die prächtigen Festlichkeiten im Schloß Belvedere ausrichtete.

Ein Spezifikum der bürgerlichen Wiener Wohnhäuser des Spätbarock sind die «Spione»: auf allen Seiten verglaste, aus der Fassade ragende Fenster, die es ermöglichten, die Straße entlangzublicken, ohne das Fenster zu öffnen – bezeichnend für die durch Zensur und Spitzeltum bestimmte Atmosphäre im Maria Theresianischen Wien.

Der Verwandlungskünstler

In den 1760er und 1770er Jahren kam es noch einmal zu einer Nachblüte des Barock in der Wiener Architektur, und zwar durch den jungen Johann Ferdinand Hetzendorf von Hohenberg. Der in Wien geborene Architekt, der später auch Kaiser Joseph II., Kaiser Leopold II. und Kaiser Franz II. (I.) dienen sollte, hat den raschen Wandel, dem die Architektur in typologischer und formaler Hinsicht während seiner langen Schaffenszeit unterworfen war, nicht nur mit vollzogen, sondern dem vorhandenen Spektrum an Möglichkeiten auch noch weitere Facetten hinzugefügt. Stil war für ihn von Anfang an etwas Verfügbares, dazu kam, daß er in Wien und im Weichbild der Stadt zahlreiche Bauvorhaben nicht nur planen, sondern tatsächlich auch ausführen konnte. Außerdem lehrte er ab 1769 bis zu seinem Lebensende (1816) an der Wiener Akademie, ab 1773 war er sogar ihr Direktor.

In seiner Frühzeit war Hetzendorf primär für Theaterdekorationen verantwortlich, wobei er die barocke, von den bolognesischen Quadraturisten und den Galli-Bibiena nach Wien gebrachte Architekturperspektive souverän handhabte. 1772 legte Hetzendorf von Hohenberg einen Entwurf zur Ausgestaltung des Gartens von Schönbrunn vor, der bis 1775 in reduzierter Form umgesetzt wurde. Noch völlig barock gedacht ist dabei die Dominanz der Hauptachse: Über ein Parterre und eine halbrund geschwungene Kaskade steigt der Blick über eine Wassertreppe den Hügel empor zu einem Pavillon, dessen

Gliederung aus dem Triumphbogenmotiv entwickelt ist. Seitlich begleiten die Wassertreppe zwei im Zickzack ansteigende Wege sowie mächtige Triumphmonumente zum Gipfel. Die Vorbildlichkeit der barocken Festdekorationen, aber auch von Fischers erstem Schönbrunnprojekt ist unübersehbar. In den 1775 ausgeführten Aussichtspavillon, die «Gloriette», wurden auf Wunsch Maria Theresias Spolien aus dem manieristischen Neugebäude (Abb. 19) verbaut. Teile davon hat man auch bei der «Römischen Ruine» verwendet. Diese künstliche Ruine und ein vor 1777 angelegter Teich mit Obelisken schaffen im östlichen Bereich des Schönbrunner Schloßparks ein Gegengewicht zur Menagerie im Westteil. Zu beiden Seiten der großen Mittelachse wurde der Baumbestand durch gerade Alleen durchschnitten, die auf kreisrunde Plätze mit Najadenbrunnen zulaufen. Auch der Blick auf die Römische Ruine und den Obelisken ist durch Alleen gelenkt. Der Obelisk als *point de vue* ist ein Rekurs auf die römische Urbanistik. Die künstliche Ruine ist wohl durch Piranesi und den *stile rustique* des Manierismus, aber auch das *English picturesque* angeregt worden, das in Wien seit 1766 durch Feldmarschall Franz Moritz Graf Lacy und seinen nordwestlich von Wien in englischer Manier unregelmäßig angelegten Park (XVII./XVIII. Bez.) rezipiert worden war und sehr wahrscheinlich über Erzählungen durchreisender Engländer und Veröffentlichungen wie Batty Langleys ‹Principles of Gardening› von 1728 vermittelt worden ist.

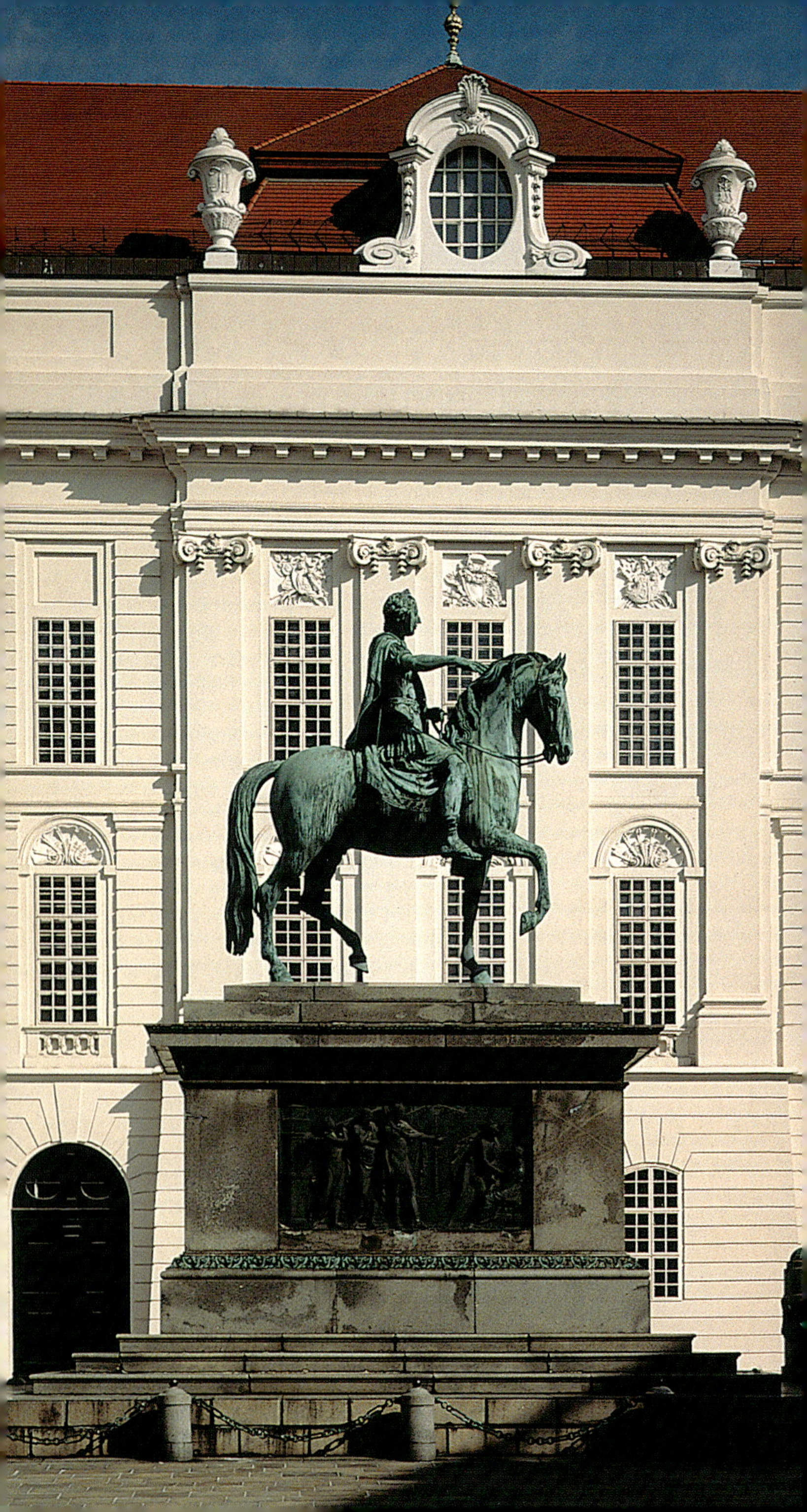

Die Josephinische Dekade und der Vormärz

Die Josephinische «Katharsis»

Maria Theresias Sohn Erzherzog Joseph, nach dem Tod seines Vaters, Franz I., bereits zum Kaiser gekrönt, konnte seine Ideen eines aufgeklärten Absolutismus – Toleranz gegenüber nichtkatholischen Untertanen, Reformen in Verwaltung und Gerichtsbarkeit – erst nach dem Tod seiner Mutter (1780) realisieren. Sie wurden mittels eines strengen Zentralismus und der Einführung der deutschen Sprache als Amtssprache durchgesetzt, und zwar mit derartiger Eile, als hätte Joseph II. gewußt, daß ihm nur zehn Regierungsjahre bleiben würden. Als er 1790 starb – zu den abrupt durchgeführten innenpolitischen Umwälzungen kamen außenpolitische Mißerfolge –, stürzte der Staat in eine Krise, und der Kaiser mußte viele seiner Reformen auf dem Sterbebett widerrufen. Die Toleranzpatente für die Juden allerdings wurden nicht zurückgenommen. Irreversibel waren auch die schon erfolgten Klosteraufhebungen, von denen insbesondere die kontemplativen Orden betroffen gewesen waren. Viele der infolge der Josephinischen Edikte zerstörten Bauten und Monumente sind heute nur noch aus den Beschreibungen und Darstellungen faßbar, die Marquart Herrgott in die zwischen 1750 und 1772 publizierten ‹Monumenta Augustae Domus Austriacae› aufgenommen hatte. So besitzt das vierbändige Corpuswerk des Benediktinerpaters aus St. Blasien bis heute höchsten Quellenwert.

Schon der «Traurige Schauplatz», den Joseph II. 1780 für die Exequien seiner Mutter in der Minoritenkirche hat auf-

30 Franz Anton Zauner, Reiterstandbild Josephs II., 1795. Josefsplatz, dahinter einer der an die Hofbibliothek anschließenden Flügelbauten von Nicolaus Pacassi, 1767–1773

richten lassen, war symptomatisch für die Stiltendenzen der Josephinischen Dekade: Die Leichenfeier für die barocke Herrscherin fand nota bene in einem klassizistischen Ambiente statt. Der Architekt, der als kongenialer Partner den Ideen Josephs II. im Bereich der Baukunst Gestalt geben konnte, war Isidore Canevale, der sich «Ganneval» schrieb, um seine französische Herkunft zu betonen. Er führte die Metropole in wenigen Jahren auf die Höhe ihrer Zeit. 1775 zum Hofarchitekten ernannt, hat ihn Joseph II. ab 1780 für eine Reihe von Bauvorhaben eingesetzt. 1781/82 ließ der Kaiser den Augarten (II. Bez.) für das Publikum öffnen und auf dessen Stadtseite durch Ganneval eine Portalanlage mit der programmatischen Inschrift «Allen Menschen gewidmeter Erlustigungsort von ihrem Schätzer» errichten, und außerhalb der Stadt wurden nach den Plänen des Hofarchitekten kleine Lusthäuser für den Kaiser gebaut: das «Lusthaus» am Ende der Praterhauptallee, das «Josephsstöckl» im Augarten und die «Josephsruhe» am Laaerberg im Süden Wiens (X. Bez.). Prater und Augarten hat Ganneval zudem in englischem Geschmack umgestaltet, den Park von Laxenburg gemeinsam mit dem Lothringer Pierre Lefèvre d'Archambault verändert. Die Hofburg interessierte den Kaiser wenig; ihr Ausbau ruhte. Auch Schönbrunn hat Joseph II. nicht gemocht. Zudem trat für ihn der dynastische Gedanke in den Hintergrund. Daß er das Reiterstandbild seines Vaters, das Balthasar Ferdinand Moll noch zu Lebzeiten Franz Stephans begonnen und 1781 fertiggestellt hatte, nicht ankaufte, ist dafür symptomatisch.

Die Leitung jenes Bauvorhabens, das für die Stadt die nachhaltigste Wirkung entfalten sollte, lag gleichfalls in Gannevals Händen. Angeregt durch das Hôtel-Dieu, das Joseph II. 1777 bei einem Parisbesuch besichtigt hatte, ließ der Kaiser das bestehende Armen- und Invalidenhaus auf dem Alsergrund (IX. Bez.) zu einem Zentralspital umbauen, das bereits 1784 eröffnet werden konnte. Heute bildet die Anlage, das ehemalige «Alte Allgemeine Krankenhaus», den Campus der Universität Wien, der von Instituten sowie von interuniversitären

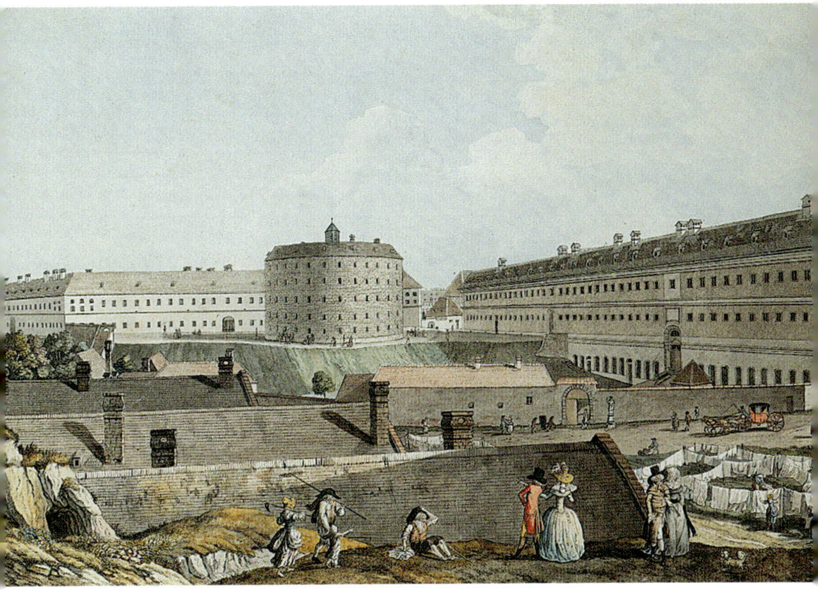

31 Isidore Gannevale, Das Allgemeine Krankenhaus, in der Mitte der sog. Narrenturm (IX. Bez.), Kupferstich, 1783. Wien, Historisches Museum der Stadt Wien

Einrichtungen genutzt wird und einen großen Bereich mit Geschäften, Restaurants etc. umfaßt.

Aus Frankreich hatte Joseph II. auch die Idee mitgebracht, dem Spital eine Abteilung für Geisteskranke anzugliedern, in der diese nicht bloß eingesperrt, sondern behandelt werden sollten. Mit dem dafür nötigen Neubau – dem «Irrenturm» – ist Ganneval 1783 der Revolutionsarchitektur Frankreichs am nächsten gekommen: ein ungegliederter Zylinder mit Mittelhof umfaßt in jedem der drei Geschosse 28 radial angeordnete Zellen (Abb. 31). Im Nordosten wurde die bestehende Anlage durch ein Garnisonsspital und 1783–1785 durch die daran anschließende Medizinische Akademie, das sog. Josephinum, erweitert. Letzteres, ein dreiflügeliger, einen Ehrenhof umschließender Komplex, setzt sich von den übrigen Werken Gannevals durch seine aufwendigere Gestaltung und seine

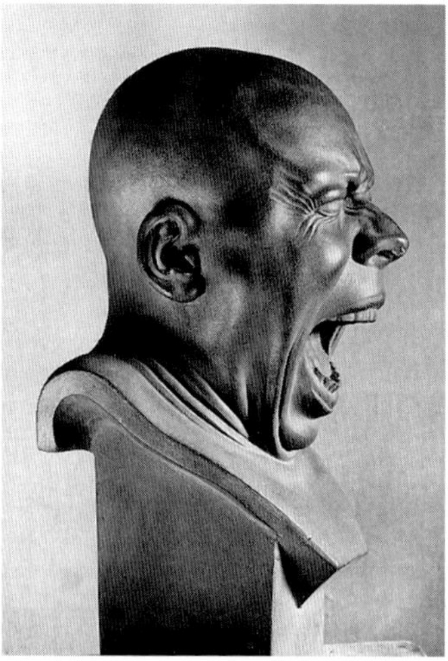 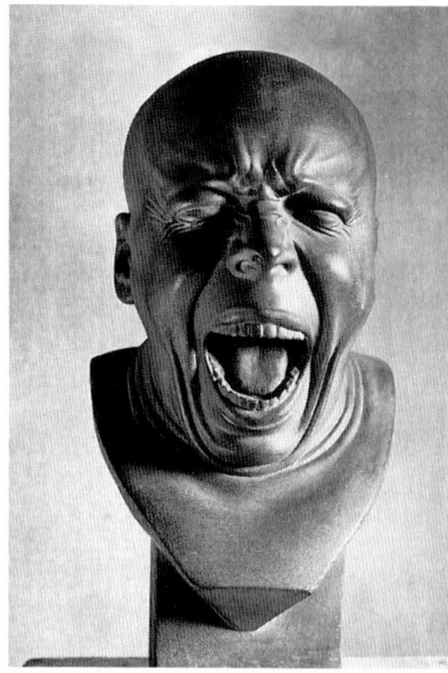

auffallende, auf den Barockklassizismus der ersten Jahrhunderthälfte verweisende Eleganz ab. Zu den größten, wenngleich wenig bekannten Schätzen Wiens zählt die im Josephinum ausgestellte, zwischen 1775 und 1785 im Auftrag des Kaisers in Florenz angefertigte Sammlung anatomischer und geburtshilflicher Präparate aus farbigem Wachs, insgesamt 1192 Einzelstücke, an denen in der Folge viele Generationen von Militärärzten ihre Kenntnisse vom menschlichen Körper vertieft haben.

Mehr als ein Jahrzehnt bevor der «Narrenturm» oder «Kaiser Josephs Guglhupf», wie Gannevals Gebäude für die Geisteskranken im Volksmund bald hieß, errichtet wurde, hatte sich der Bildhauer Franz Xaver Messerschmidt mit der menschlichen Psyche und deren physiognomischem Ausdruck zu beschäftigen begonnen. Von 1770 bis zu seinem Tod 1783 entstanden private Selbstbildnisse – im Nachlaß des Bildhauers fanden sich 69 Köpfe, von denen etliche Originale mittlerweile verlorengingen – in verschiedensten Gemütszuständen: Die berühmten Charakterköpfe (Abb. 32 a–d) sind mit höchster Perfektion ausgeführt. Während der Zürcher Pfarrer Johann Kaspar Lavater – etwa zeitgleich mit Messerschmidt –

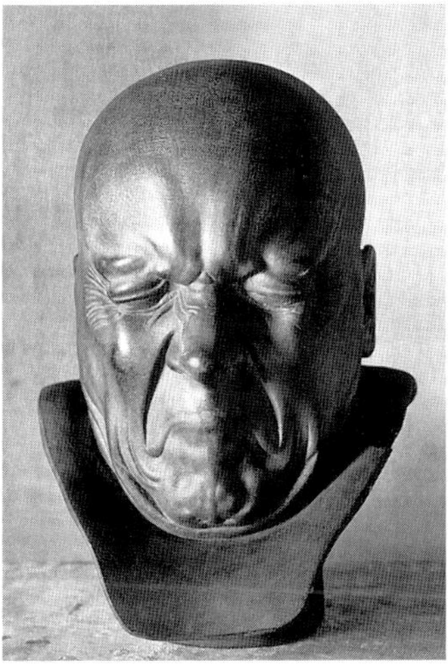

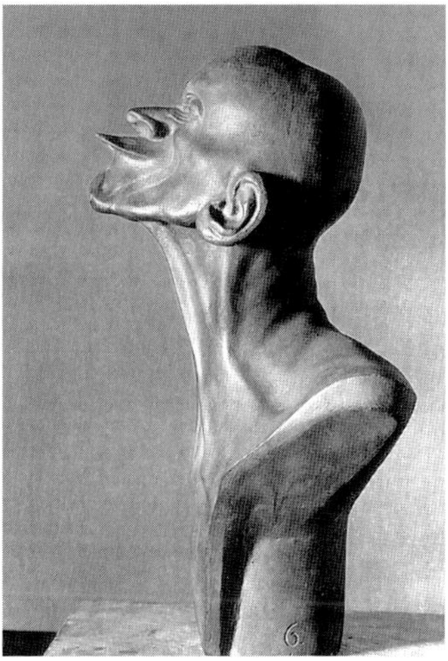

32 Franz Xaver Messerschmidt, Charakterköpfe, 1770–1781. a. Der Gähner, Profilansicht, b. Der Gähner, Frontalansicht, c. Der weinerliche Alte, d. Zweiter Schnabelkopf, Bratislava, Slowakische Nationalgalerie

Abertausende physiognomischer Zeichnungen für sein vierbändiges Werk ‹Physiognomische Fragmente zur Beförderung der Menschenkenntnis und Menschenliebe› anfertigte, um durch seine Studien den Zusammenhang des einzelnen mit dem göttlichen Weltganzen aufzuzeigen, war der Blick des in Wien tätigen Bildhauers erbarmungslos auf die Immanenz gerichtet. Die «absichtliche Verletzung des Schönheitsprinzipes» und die damit verbundene «Normenzerstörung» waren für Messerschmidt zugleich ein Mittel, sich von den «apotheotisch überhöhten Bildnisbüsten» (W. Hofmann), die er in den 1760er Jahren – unter anderem von Maria Theresia und ihrem Gemahl – geschaffen hatte, zu distanzieren. Messerschmidts Werk besaß politische Sprengkraft; 1774 wurde er wegen «geistiger Störungen» von der Akademie pensioniert.

Johann Ferdinand Hetzendorf von Hohenberg, der Verwandlungskünstler, stellte in den achtziger Jahren sein Talent abermals unter Beweis. 1783–1785 mit Renovierungen der

Minoriten- und der Augustinerkirche beschäftigt, paßte er sich dem Stil dieser Bauten an, indem er gotische Formen verwendete. In denselben Jahren, 1783/84, trat Hetzendorf auch als Klassizist hervor, nämlich bei dem Palais, das sich der Bankier Johann Fries vis-à-vis der Hofbibliothek, also am jetzigen Josefsplatz, erbauen ließ: Vom Klassizismus fermentiert sind hier das Formrepertoire, aber auch sein sparsamer Einsatz und die gesamte kubische Geschlossenheit des Baus. Damit verstieß Hohenberg gegen das *decorum* (das Schickliche). So jedenfalls hat es ein Gegner Hohenbergs empfunden, der anonym eine polemische Schrift publizierte. In den Augen des selbsternannten Anwalts des Hofes – hinter dem sich Gottlieb Nigelli verbirgt – war das Palais Fries eine Beleidigung der gegenüberliegenden Burg. Hohenberg ging tatsächlich auf die Vorwürfe ein, indem er das Portal nachträglich durch flankierende Karyatiden hervorhob.

Doch die Zeit ging über diese Quisquilien hinweg. Zur Krise, in die der Staat durch die Josephinischen Reformen geraten war, kam ein Jahr vor dem Tod des Herrschers der Ausbruch der Französischen Revolution, von der Mitglieder der kaiserlichen Familie direkt betroffen waren: Der Statthalter Herzog Albert von Sachsen-Teschen, vermählt mit einer Schwester Josephs II., mußte aus den Niederlanden nach Wien fliehen; der Versuch einer anderen Schwester des Kaisers – Marie Antoinettes, der Gemahlin Ludwigs XVI. –, 1791 aus Paris zu entkommen, mißlang.

Der Prunkstil unter Leopold II. und die Kunstpolitik Franz' II. (I.)

Unter Leopold II. und Franz II. (I.) standen die Künste unter dem Primat der imperialen Politik. Als Leopold II. 1790 seinem Bruder Joseph II. nachfolgt, leitet er eine politische Wende zurück zum Absolutismus ein. Sichtbare Gestalt gab er ihr, indem er den Ausbau der Hofburg neuerdings vorantrieb. Zwischen 1790 und 1792 lieferte Johann Ferdinand Hetzendorf von Hohenberg einen Entwurf für die Neugestaltung des Michaelertraktes, der an die barocken Entwürfe anschließt, aber klassizistisch gestrafft ist. Tatsächlich sollte der Bau erst hundert Jahre später vollendet werden. In Entsprechung zu diesem Prunkstil in der Architektur schuf Friedrich Heinrich Füger Historienbilder, etwa den ‹Tod des Germanicus›, heute in der Österreichischen Galerie, denen er wie Jean Auguste Dominique Ingres einen literarischen Vorwurf zugrunde legte, ohne den Figuren aber die skulpturale Qualität des französischen Malers zu geben.

Als Leopold II. schon zwei Jahre nach der Thronbesteigung starb, folgte ihm 1792 sein Sohn Franz nach. Er behielt den absolutistischen Kurs seines Vaters im Dienst einer autoritären Politik bei, deren primäres Anliegen der Erhalt des alten monarchischen Europa war. Bezeichnend für das neue Klima etwa ist, daß der Kaiser nach dem Tod des «Mohrenprinzen» Angelo Soliman im Jahr 1796 – der unter Joseph II. Mitglied einer Freimaurerloge hatte werden können – den Bildhauer Franz Thaler damit beauftragte, den Leichnam des schwarzen Intellektuellen auszustopfen; das Präparat wurde der naturkundlichen Sammlung des Kaiserhauses einverleibt: Josephinische Rationalität und mangelnder Respekt vor dem Fremden sind hier eine unheilige Allianz eingegangen.

Als Frankreich 1792 Österreich und Preußen den Krieg erklärte, galt es zu verteidigen, zu bewahren. Später sollte es nur noch darum gehen, den Schaden in Grenzen zu halten, von ihm – auch mittels der Kunst – abzulenken. Ein neues Geschichtsbewußtsein ging Hand in Hand mit dem Versuch, aus der Vergangenheit Legitimität abzuleiten. Franz II. begann sich geradezu leidenschaftlich «an den dynastischen Gedanken der Sonderstellung des habsburgischen Monarchen als den einzig verläßlichen Halt« (A. Wandruszka) zu klammern. Architektur und bildende Kunst sollten das Verhältnis zur Dynastie fördern, das im Laufe des 19. Jahrhunderts zum Religionsersatz wurde; die Kirche selbst hielt indes kaum Aufgaben bereit, ja zu Beginn des 19. Jahrhunderts erlebte die religiöse

Bautätigkeit in Wien wie vielerorts einen seit der Reformation nicht mehr gesehenen Niedergang. Der vaterländischen Begeisterung stand Franz II., ihren revolutionären Ursprung richtig erkennend, mißtrauisch gegenüber. Präventivmaßnahmen richteten sich deshalb auch gegen die «Basis»: So verbot der Kaiser 1795 die Ansiedlung weiterer Fabriken in den Vorstädten, da der Zuzug von Arbeitskräften aus dem ländlichen Raum die soziale «Ordnung» zu gefährden drohe.

Zeugnis der territorialen Veränderungen durch die Kriegsläufe ist in Wien ein eigenwilliges Monument: das Grabmal der Erzherzogin Maria Christina, der Gemahlin des ehemaligen Statthalters der Niederlande, die 1798 gestorben und in der Kapuzinergruft bestattet worden war. Der Witwer wollte ihr jedoch in der Augustinerkirche ein Denkmal in Form eines Grabmals setzen lassen, mit dem er Antonio Canova beauftragte. Canova war wenige Wochen nach dem Tod der Erzherzogin aus Venedig kommend in Wien eingetroffen, wo er, da Venedig im Frieden von Campo Formio Österreich zugefallen war, die ihm früher von der Serenissima zugesagte Pension durchsetzen wollte. Dem Grabmal legte Canova seine Entwürfe für das Tiziangrabmal zugrunde, dessen Ausführung in S. Maria Gloriosa dei Frari nach der Besetzung Venedigs durch die Franzosen nicht mehr zustande gekommen war. Das Konzept, das für einen bestimmten Toten entwickelt worden war, auf eine andere Person zu übertragen war ein Novum von großer Relevanz, markierte es doch den Anfang eines serienmäßig produzierten Grabmals, das nach einem Bestellkatalog geordert werden kann. Die Pyramide, das dominierende Element des Maria-Christina-Grabmals (Abb. 33), ist vom umgebenden Kirchenraum abgesetzt, die zentrale Türöffnung suggeriert Tiefenraum, die Figuren sind weit überlebensgroß und vollplastisch. Von links naht ein Leichenzug: Am Schluß gehen ein blinder, von einer jungen Frau geführter Greis und ein Kind. Vor ihnen trägt eine Frau die Urne mit der Asche der Verstorbenen. Gemeinsam mit zwei Mädchen ist sie im Begriff, die Gruft zu betreten. Rechts sitzt der Genius des Todes,

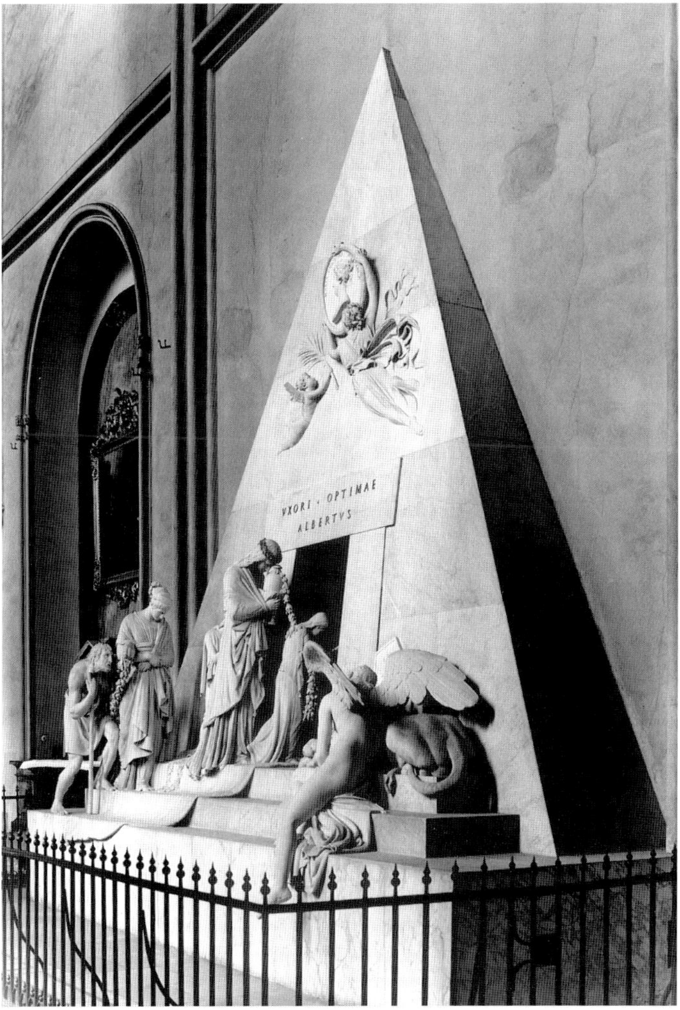

33 Antonio Canova, Grabmal der Erzherzogin Maria Christina († 1798), 1797–1805. Augustinerkirche

auf einen schlafenden Löwen gestützt. Die Verstorbene selbst ist in einem Porträtmedaillon präsent. Das Dunkel des Grabes ist unauslotbar, der Tod als Rätsel formuliert, und der dem Klassizismus verpflichtete Stil Canovas macht die Distanz zum Tod vollends unüberbrückbar. Der Betrachter ist von der Pflicht des Mitgefühls entbunden, ihm ist aber zugleich der Zugang zur reinigenden Kraft der *compassio* versperrt. Christliche Symbole gibt es keine, auch eine allegorische Ebene lehnte Canova ab. Widerstrebend mußte er allerdings das ikonographische Programm akzeptieren, das sein Auftraggeber selbst konstruierte.

Napoleons militärische Erfolge auf der «Ägyptischen Expedition» blieben auch in Wien nicht ohne Wirkung. So produzierte die Kaiserliche Porzellanmanufaktur um 1800 ein ägyptisierendes «Tête-à-tête»-Kaffeeservice mit einer Kanne in Form eines Kanopenkrugs (sic!), das sich heute im Musée des Arts Décoratifs in Straßburg befindet. Dynastisch-politisch motiviert blickte der Wiener Hof aber nach England, nach Deutschland und – auf die eigene Geschichte. So trieben Franz II. und seine zweite Gemahlin, die lebensfrohe Maria Theresia von Bourbon-Neapel, die Umgestaltung des weitläufigen Areals in Laxenburg zu einem englischen Garten weiter voran. Ein «Rittergau» mit gotischer Brücke und ein «Turnierplatz« wurden angelegt, ein Berg mit einer künstlichen Grotte aufgeschüttet. Als Zentrum der Anlage entstand 1798–1801 in Anlehnung an das «Gotische Haus» in Wörlitz und die Löwenburg bei Kassel die romantische «Franzensburg», eine unregelmäßige, um einen fünfeckigen Hof gruppierte Anlage mit Rundtürmen, zinnenbewehrten Mauern, Basteien und Ravelins. In der Burg sind geschichtsträchtige Architektur- und Ausstattungsteile verbaut, die durch die Josephinische Kirchen- und Klosteraufhebung funktionslos geworden waren. Im Park wurde zudem das durch Hohenberg entworfene, zentralbauförmige «Haus der Laune» errichtet: ein Lusthaus, dessen Einzelteile aus unterschiedlichen Epochen zu stammen vorgaben und ikonologische, die Architektur geradezu überwuchernde Scherze konstituierten. Hier entpuppte sich der Hofarchitekt also *nota bene* als Romantiker, der höchste Bildung und Humor mit leichter Hand zu verbinden wußte. Eine mit Laxenburg vergleichbare, aber wesentlich kleinere Anlage war schon 1791 im Westen Wiens bei Hütteldorf, im jetzigen «Dehnepark», durch Fürstin Antonie Paar, geborene Liechtenstein, in Angriff genommen worden.

1805 brach der Dritte Koalitionskrieg aus, und am 13. November nahm Napoleon Wien fast kampflos ein. Die Reichskleinodien, die von Nürnberg über Regensburg im Jahr 1800 nach Wien transportiert und in der kaiserlichen Schatzkammer hinterlegt worden waren – sie befinden sich heute in der Weltlichen Schatzkammer, die im Schweizertrakt der Burg untergebracht ist –, waren in dieser Zeit donauabwärts in Sicherheit. Im Friedensvertrag mußte Österreich große Gebietsverluste hinnehmen, und am 6. August 1806 legte Franz II. (I.) auf Drängen des Kaisers der Franzosen, der kurz mit dem Gedanken gespielt hatte, selbst Kaiser des Heiligen Römischen Reiches zu werden, die «Krone Karls des Großen» nieder. Österreich war damit aus der alten universalistischen Bindung herausgelöst – der Kaiser ließ das Ende des Heiligen Römischen Reiches von der Altane der Kirche Am Hof (Abb. 21) verlautbaren, schon 1804 hatte er den Titel «Kaiser von Österreich» angenommen. Zu dessen Insignien wurde die Rudolfinische Krone samt zugehörigem Reichsapfel und Zepter, die bis dahin die Hauskleinodien der Habsburger gewesen waren und heute gleichfalls in der Weltlichen Schatzkammer liegen.

Sicher nicht zufällig lieferte Hetzendorf von Hohenberg dem Kaiser für Laxenburg im selben Jahr 1806 Pläne zum Ausbau der Franzensburg: Ein repräsentativer, zwei Hallen umfassender «Vereinigungsbau» in gotischen Formen (Abb. 34) sollte die Burg mit dem Knappenhof verbinden. Mit zwei Türmen in Form der Heidentürme hätte er auf die Geschichte der Dynastie angespielt – den Ausbau von St. Stephan hatten ja insbesondere die Herzöge Albrecht I. und II. sowie «Erzherzog»

Rudolf IV. und König Friedrich IV. vorangetrieben. Das Projekt blieb unausgeführt, ebenso der Entwurf Hohenbergs von 1805–1807 für ein «Habsburgerpantheon», mit dem er dem Kaiser vorgeschlagen hatte, zur Verherrlichung des imperialen Gedankens die von den Brüdern Strudel um 1700 geschaffenen Habsburgerstatuen in Laxenburg, in der künstlichen Grotte, aufstellen zu lassen. Auf der Kuppe des Berges plante er eine künstliche Ruine, die Franz I. in Gestalt einer Nachbildung der Habsburg, des Stammsitzes der Dynastie, wünschte. Nichts wurde realisiert. Eine neue Note bekam Laxenburg einzig, indem die Kaiserin auf Anraten der Wiener Dichterin Karoline Pichler, Verfasserin zahlreicher Ritterdramen und seinerzeit vielgelesener historischer Romane, die altdeutsche Tracht für die dortigen Aufenthalte einführte.

34 Ferdinand Hetzendorf von Hohenberg, Entwurf zum sog. Vereinigungsbau für die Franzensburg in Laxenburg, 1806. Wien, Historisches Museum der Stadt Wien

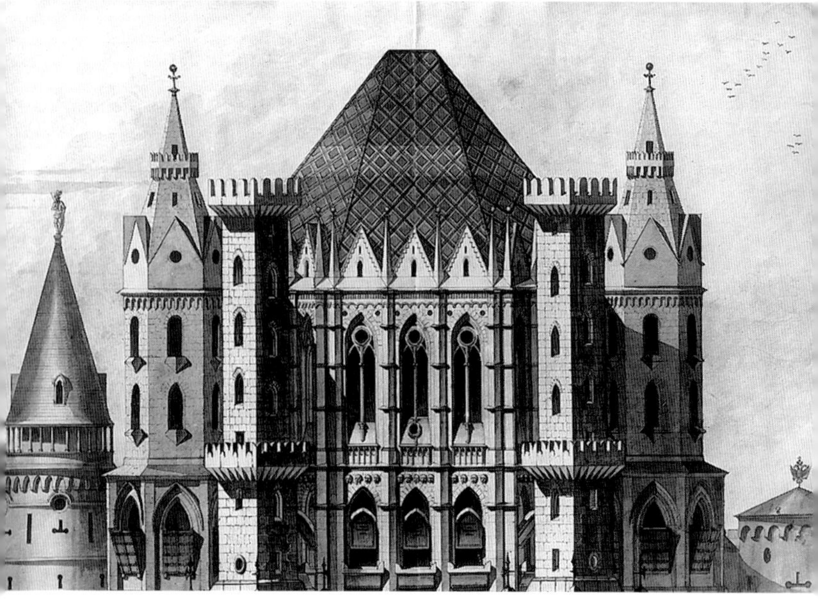

Am 10. Mai 1809 standen die französischen Truppen erneut vor den Toren Wiens. Französische Mineure sprengten wichtige Teile der Stadtbefestigung. Die schwache Lage Österreichs ausnutzend, die historische Bedeutung der Habsburgerdynastie aber richtig erkennend, forderte Napoleon die Erzherzogin Maria Luise, die Tochter Franz I. aus dessen zweiter Ehe mit Maria-Theresia von Bourbon-Neapel, zur Gattin. Die Hochzeit fand am 11. März 1810 in der Wiener Augustinerkirche statt. Napoleon ließ sich dabei durch Erzherzog Karl vertreten.

Einen weiteren künstlerischen Reflex der «Ägyptenmode» stellt das im selben Jahr fertiggestellte «Gabinetto egiziano», ein Raum des über zwanzig Räumlichkeiten umfassenden «Ludovica-Appartements» für die dritte Gattin Franz' I. im Leopoldischen Trakt der Hofburg, dar. Das Appartement, das unter anderem auch ein «Chinesisches» und ein «Türkisches Zimmer» umfaßte, ist heute nur noch mittels der von Anton Graf Harrach vorgelegten Entwurfszeichnungen, der «Harrach-Codices», sowie vereinzelt erhaltener Stücke zu rekonstruieren. Ein vergleichbarer Stilpluralismus bestimmt das sogenannte «Geymüller-Schlössel» in Pötzleinsdorf (XVIII. Bez.), das der Bankier Johann Jakob von Geymüller bald nach 1808 errichten ließ. Typologisch knüpft das kleine Gartenpalais mit seinem runden, überkuppelten Zentralraum an die barocken Lustschlösser des älteren Fischer an, stilistisch vermengt es gotische, orientalische und ägyptisierende Momente. Die Liebe zum Kleinformat machte auch vor den Herrschenden nicht halt, etwa wenn der Kaiser sich und seine Gemahlin von Moritz Michael Daffinger in Miniaturporträts, die sich damals größter Beliebtheit erfreuten, festhalten ließ.

Die Völkerschlacht bei Leipzig (14. und 16.–18. Oktober 1813) unter dem Oberkommando von Karl Fürst Schwarzenberg und Generalstabschef Johann Joseph Wenzel Graf Radetzky leitete die Entmachtung Napoleons ein. 1814 konnte der Großteil der 1809 von Napoleon nach Paris verbrachten Kunstschätze zurückgeholt werden. Während des Wiener

Kongresses, der vom 18. September 1814 bis zum 9. Juni 1815 unter dem Vorsitz Metternichs stattfand und der Neuordnung Europas dienen sollte, sah die Stadt eine glänzende Fürsten- und Diplomatenversammlung – Österreich erhielt zahlreiche Gebietserweiterungen, zu einer Erneuerung des alten *Sacrum Imperium* kam es aber nicht mehr. Franz I. war mit dem selbstgeschaffenen Titel des «Kaisers von Österreich», durch den er in den Kreis der Herrscher der Nationalstaaten eingetreten war, zufrieden. Um so überraschender ist, daß der Hof sich bemühte, am einstigen Glanz des entmachteten Korsen zu partizipieren. Franz I. kaufte die originalgroße, eben fertiggestellte Mosaik-Nachbildung des ‹Letzten Abendmahls› von Leonardo da Vinci, die Napoleon 1806 in Auftrag gegeben hatte, sowie die jüngst vollendete monumentale Gruppe ‹Theseus im Kampf mit dem Kentaurenkönig Eurythíon› von Antonio Canova, Auftragsarbeit des Königreichs Italien aus dem Jahr 1804 zur Verherrlichung von Napoleons Taten. Die Gruppe kam 1819 nach Wien. Im selben Jahr entwarf Pietro Nobile, als Nachfolger Hetzendorfs von Hohenberg zum Leiter der Abteilung für Architektur der Wiener Akademie bestellt, den dorischen Tempel für die Aufstellung des Monuments in den Gärten der Hofburg, der 1820–1823 errichtet wurde und in der Folge in kryptaartigen Räumen auch Funde aus der Römerzeit aus dem ganzen Reichsgebiet aufnahm. In Umkehr ihrer ursprünglichen Aussage gilt die Theseus-Gruppe seither als Symbol für die Niederringung Napoleons. Das späte Kolossalwerk Canovas, jetzt im Treppenhaus des Kunsthistorischen Museums, wirkt statisch – trotz seines dramatischen Sujets, die Zeitgenossen allerdings jubelten über seine dramatischen Qualitäten. Gleichzeitig mit der Aufstellung der Skulptur in der Tempelcella setzte die Rezeptionsgeschichte von Canovas anderem Wiener Werk ein: 1821 griff Georg Emanuel Op(p)i(t)z bei seinem Entwurf für ein – unausgeführt gebliebenes – Denkmal für Karl Fürst Schwarzenberg, den 1820 verstorbenen Sieger der Völkerschlacht bei Leipzig, die Idee der Pyramide aus dem Maria-Christina-Grabmal auf, und eine in Wien 1822 hergestellte Mustertafel mit Möbelverzierungen zeigt das Grabmal der Erzherzogin im Zentrum, inmitten von ägyptisierenden Motiven, wie sie sich vielfach an den Wiener Möbeln dieser Zeit finden lassen.

Die Kunst hat dazu beigetragen, das Bild Kaiser Franz' I. als das eines leutseligen Herrschers zu verbreiten. Wenn Johann Peter Krafft 1828–1832 im Mittelsaal des Reichskanzleitraktes der Hofburg den Einzug des Kaisers in Wien nach dem Pariser Frieden am 16. Juni 1814 darstellte, verband er das am Klassizismus orientierte Adventusmotiv mit einer Genreszene: Das Volk, Kinder voran, umringt «den guten Kaiser Franz». Hofburg und Karlskirche im Bild stehen für die vom Kaiser erneuerte Verbindung von Staat und Kirche. Pflichterfüllt den Staatsgeschäften gewidmet, stellte Johann Stephan Decker den Kaiser 1826 in seinem betont schlichten Arbeitszimmer dar (Metropolitan Museum of Art, New York), und Peter Fendi zeigte ihn 1834 als hingebungsvollen Familienvater.

Gleichzeitig forcierte Franz I. den dynastischen Gedanken: etwa wenn er die Hochzeit seines Sohnes Erzherzog Franz Karl mit Erzherzogin Sophie von Bayern zum Anlaß nahm, in der Wiener Porzellanmanufaktur 1821–1824 das «Habsburgerservice» herstellen zu lassen (Abb. 35). Vor Goldgrund zeigt es die österreichischen Herrscher, beginnend mit Rudolf I. und endend mit seinem Vorgänger, Leopold II. Der Kaiser beschwor hier «ein romantisches Zusammengehörigkeitsgefühl mit den Ahnen und der Tradition und Geschichte der kaiserlichen Dynastie» (I. Barta-Fliedl). Zugleich weist der gotisierende Stil des Services auf die Gründungsepoche der habsburgischen Hausmacht zurück, ja das *milieu-du-table* erinnert an Reliquienschreine und Tabernakel, so daß sich ein sakraler Zusammenhang herstellt, der «im Anklang an das christliche Meßopfer die immer wiederkehrende Erneuerung der ‹Geheiligten Dynastie› verspricht» (dies.). Bezeichnenderweise kam es in Laxenburg 1822–1836 endlich zur Errichtung des «Vereinigungsbaus». Sein nunmehriger Planer, Georg Felbinger, schuf auf Wunsch des Kaisers kleine, sich der restlichen Anlage strukturell anpassende Räume. In einer Rotunde wurden nun auch die Strudlschen Habsburgerstatuen aufgestellt (Abb. 24).

Schließlich steht auch der Auftrag Franz' I., zur Krönung seines Sohnes Ferdinand zum jüngeren König von Ungarn (1830) ein Ornat des österreichischen Kaisers angefertigen zu lassen, im Rahmen dynastischer Überlegungen. Als Entwerfer wurde der Dekorations- und Kostümdirektor beider Hoftheater, Philipp von Stubenrauch, engagiert, der als der beste Kostümkenner seiner Zeit galt. Für den Mantel des österreichischen Kaisers nahm sich Stubenrauch den Krönungsornat Napoleons zum Vorbild, wobei das «N» des Korsen durch das Monogramm Franz' I. ersetzt werden sollte. Beim ausgeführten Mantel ist an seine Stelle der Doppeladler getreten. Friedrich Amerling hat den Kaiser 1832 in vollem Ornat dargestellt (Weltliche Schatzkammer, Wien).

Der offizielle Stil

Die Bautätigkeit des Kaiserhauses in Laxenburg zeigt beispielhaft, wie mühsam sich der «Aktenbohrer» – so hat Metternich wenig schmeichelhaft Franz I. genannt – zu Entscheidungen durchgerungen hat, ein Grund für den Staatskanzler, die politischen Zügel selbst in die Hand zu nehmen. Die Zeit Kaiser Ferdinands I., der den euphemistischen Beinamen «der Gütige» erhalten hat, bot hierzu noch mehr Gelegenheit. Metternich wurde zum Architekten eines konservativen, vornehmlich auf den Polizeiapparat und die Zensur gestützten Regimes. So kann es nicht überraschen, daß der mit klassizistischen Elementen durchsetzte Stilsynchretismus bei den staatlichen Zweckbauten in den 1830er und den 1840er Jahren fortlebte, etwa bei dem am Glacis der Alservorstadt errichteten «Grauen Haus», wie der Volksmund das von Johann Fischer geplante «Kriminalgerichtsgebäude» samt Gefängnis nennt (1839), und dem von Franz von Mayern geplanten, auf dem Josephstädter Glacis erbauten «Militärgeographischen Institut» (1842).

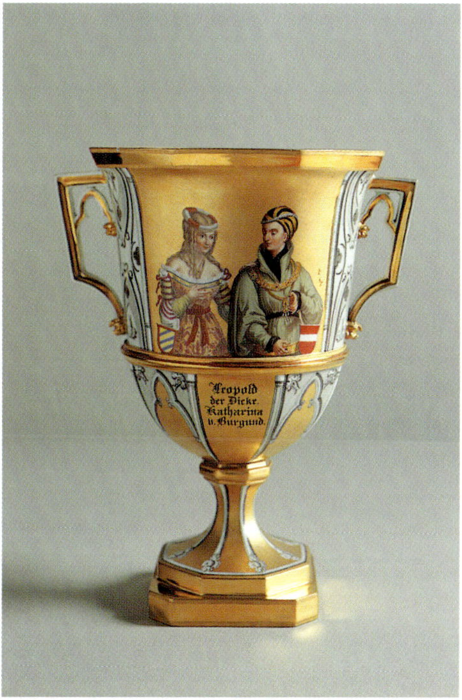

35 Henkelpokalförmiges Trinkgefäß mit der Darstellung Leopolds IV. des Dicken (1406–1411) und der Katharina von Burgund. Sog. Habsburgerservice, Wiener Porzellanmanufaktur, 1821–1824. Wien, Ehem. Hofsilber- und Tafelkammer, Museen des Mobiliendepots

Damals brach die große Zeit des ab 1842 für alle Staatsbauten verantwortlichen Paul Wilhelm Eduard Sprenger an. Auf ihn gehen Verwaltungsbauten mit funktionalen und zugleich repräsentativen Eingangsbereichen und Treppenhäusern und einem am Klassizismus orientierten Formenrepertoire zurück, nämlich das 1835–1838 errichtete Hauptmünzamt und die 1841–1847 erbaute Finanzlandesdirektion (III. Bez.), die sich nachdrücklich von der «biedermeierlichen» Architektur Wiens absetzten. Denselben hohen Anspruch wie die Architektur vertritt bei den Sprenger-Bauten auch die Skulptur, die in beiden Fällen von Joseph Klieber stammt: Venus, Diana, Apoll und Merkur auf der Attika des Hauptmünzamtes stehen für die Materialien Gold, Silber, Kupfer und Eisen, die vier Figuren im Portalbereich der ehemaligen Finanzlandesdirektion sind

Allegorien des Verkehrs, der Industrie, des Gewerbes und des Handels.

Zu den «Beamten» unter den Architekten zählten auch der Elsässer Louis de Remy und der Klosterneuburger Joseph Mauritius Stummer von Traunfels. Andere, etwa der genannte, aus dem Tessin gebürtige Pietro Nobile und der aus Laibach stammende Joseph Maria Schemerl von Leytenbach, kamen vom Festungsbau her. Die Behebung der Kriegsschäden von 1809 war jetzt vorrangig: der Wiederaufbau der Bastionen, die Anlage von Gräben und Wällen vor der Hofburg. Im Zuge dessen verlor der «Äußere Burgplatz», der jetzige Heldenplatz, seine Funktion als Korso. Die Wiener hatten den Freiraum zwischen dem zerstörten Burgtor und der Burg mittlerweile erobert. Ja, ein Kaffeepavillon, der hier stand, und die abendliche Beleuchtung des Platzes hatten eine solche Anziehungskraft entwickelt, daß die Spaziergänger stets im Kreis gehen mußten, was dem Platz die Bezeichnung «Ochsenmühle» eintrug. Der Kaffeepavillon fiel 1817 der Spitzhacke zum Opfer, 1818 begann die Errichtung eines neuen Burgtors. 1821 übernahm Nobile den Weiterbau, der der Außenseite des Tors fortifikatorischen Charakter gab, indem er steinsichtige Teile und unverputzte Ziegelflächen mit Motiven der italienischen Festungsarchitektur der Renaissance kombinierte. Dadurch war der «Rundbogenstil» in seiner Wiener Spielart geboren. Die Durchfahrt und die Innenseite des Burgtors bilden Kolonnaden aus dorischen Säulen (Abb. 36), denen eine lange Wirkungsgeschichte in der Wiener Architektur beschieden sein sollte. Die Bauarbeiten führten Soldaten durch, die feierliche Eröffnung der Anlage fand am Gedenktag der Völkerschlacht bei Leipzig, am 18. Oktober 1824, statt.

In den 1820er Jahren verzeichnet Wien auch eine Reihe gartengestalterischer Neuerungen. 1818 wurde damit begonnen, den Hof- oder Kaisergarten, den jetzigen Burggarten, anzulegen,

36 Pietro Nobile, Burgtor, Zugang zum Heldenplatz, Hofburg, 1821–1824

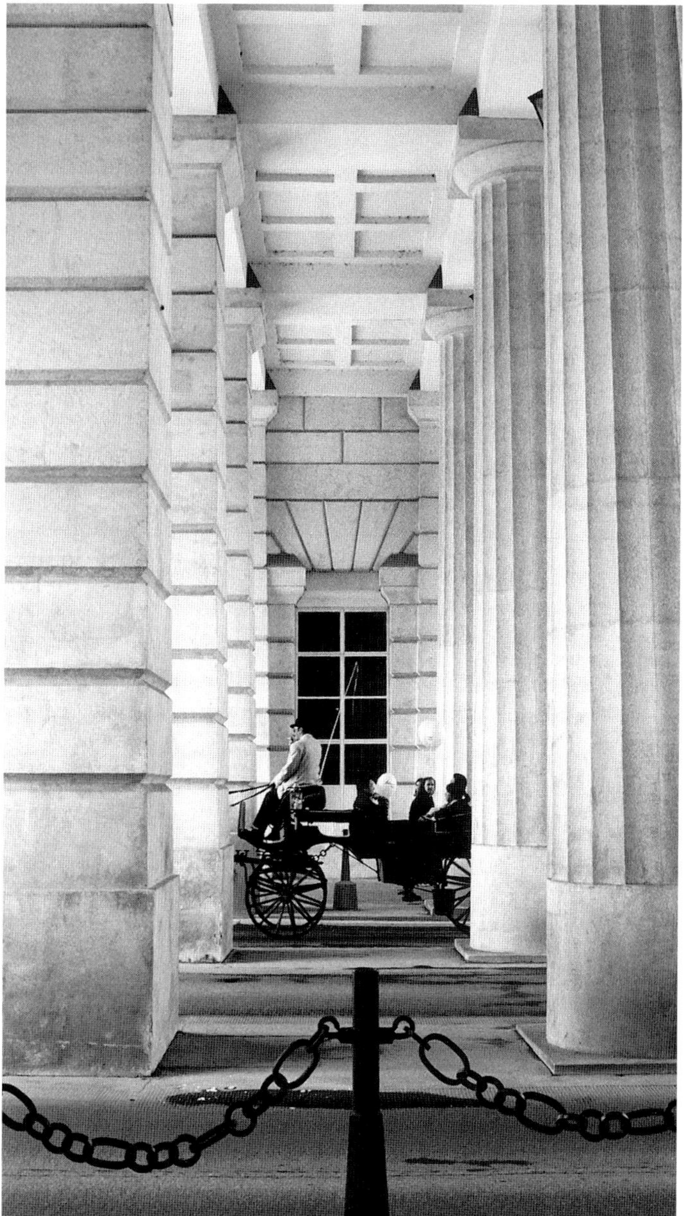

der dem Hof vorbehalten und in der Nacht dunkel war. An seiner Nordkante entstand 1823–1826 nach den Plänen Louis de Remys ein Wintergarten, an dessen Stelle sich heute der 1899–1901 errichtete Neue Wintergarten Friedrich Ohmanns befindet. 1821–1823 führte Louis de Remy die Gestaltung des allgemein zugänglichen Volksgartens aus, der sich westlich des Äußeren Burghofes hinstreckt. «Auf ausdrücklichen allerhöchsten Befehl» legte de Remy den Garten wegen der «großen Volksmenge» und der darin «möglicherweise vorkommen könnenden Unsittlichkeiten und Ungefüge» nicht als englischen Garten, sondern «regulär» an. Nachts war dieser Garten beleuchtet. 1820–1823 entstanden zwei Sommerkaffeehäuser, beide mit halbkreisförmigen Wandelhallen. Das ältere im Paradeisgarten der Burg mußte in den 1870er Jahren dem Neuen Burgtheater weichen, das jüngere, nach den Plänen Nobiles erbaute im Volksgarten ist erhalten. Diese Kaffeehäuser wurden – nicht zuletzt wegen der Musik – zur Attraktion für die Aristokratie und das Wiener Großbürgertum. Das Josephstädter Glacis wurde nach der Neugestaltung des gesamten Ärarischen Vorfeldes der Burg als Exerzier- und Paradeplatz verwendet.

Am klassizistisch gefärbten Romantischen Historismus hielt auch der Wiener Architekt Josef Georg Kornhäusel fest, wenn es um repräsentative Aufgaben ging, etwa beim Umbau des Schottenstifts (1826), beim Theater in der Josephstadt (1822, VIII. Bez.) und beim Stadttempel, dem jüdischen Gotteshaus, in der Seitenstettengasse (1825/26). Neues kündigte sich hingegen in dem 1821–1823 in der Herrengasse aufgeführten Gebäude der Österreichischen Nationalbank an, die 1816 zwecks Sanierung der katastrophalen Staatsfinanzen gegründet worden war. Die Hauptfront des von Charles de Moreau und Paul Sprenger geplanten Gebäudes ist durch einen leicht vorspringenden, mit kolossalen Pilastern gegliederten Mittelrisalit betont, während in den flankierenden Achsen das Rundbogenmotiv dominiert.

Auch die Skulptur blieb dem Klassizismus verpflichtet. Die Staatsaufträge kreisen inhaltlich bezeichnenderweise durchweg um die Habsburgerdynastie. So hatte Franz II. 1795 bei Franz Anton Zauner ein Reiterstandbild für Joseph II. in Auftrag gegeben, das im Typus jenem des Marc Aurel auf dem Kapitol in Rom folgt. 1807 wurde es vor der Hofbibliothek auf dem jetzigen Josefsplatz aufgestellt (Abb. 30). Einer der beiden allegorischen Brunnen, die Johann Martin Fischer 1812 für den Platz Am Hof geschaffen hat und die heute vor dem Historischen Museum der Stadt Wien stehen, thematisiert die Treue der österreichischen Nation gegen Kaiser und Vaterland und deren Eifer für die Wissenschaft und die Kunst. Wie Fischer verlor auch noch der fast eine Generation jüngere Zaunerschüler Johann Nepomuk Schaller den Klassizismus in seinen zahlreichen Porträts von Mitgliedern der kaiserlichen Familie in Porzellan und Marmor nicht aus den Augen. Selbst der «Erzklassizist» Berthel Thorvaldsen erhielt 1820 von Kaiser Franz I. einen Auftrag: Er sollte ein Denkmal für Feldmarschall Fürst Karl Schwarzenberg schaffen, dessen Aufstellung in der Augustiner- oder der Karlskirche vorgesehen war. Ein Modell und die Büste Schwarzenbergs, die den Heerführer in heroischer Nacktheit, aber mit zeitgenössischer Barttracht zeigt, waren schon im darauffolgenden Jahr fertig (Thorvaldsen Museum, Kopenhagen). Dann verstummen die Nachrichten über das Projekt.

Schließlich begann der Denkmalgedanke auch im bürgerlichen Milieu Platz zu greifen, wie u.a. Grabmäler, etwa jenes des Arztes Stephan Andreas Mükisch († 1827) auf dem Hietzinger Friedhof (XIII. Bez.), belegen. Seine Inschrift lautet: «Dem thaetigen Arzte. Dem edelsinnigen Manne und dem biederherzigen Freunde ein Denkmal von seinen Freunden». Das Gefühl der überlebenden Freunde ist hier also die Garantie für die Erinnerung an den Dahingegangenen. Das ist neu, und neu ist auch, daß es ein Denkmal sein will – im Unterschied zum monumentalen Maria-Christina-Denkmal, das vorgibt, ein Grabmal zu sein. Das Mükisch-Grabmal steht damit am Anfang einer langen Reihe von Denkmalgrabmälern, die auf Wiens Friedhöfen im Historismus so zahlreich werden sollten.

Wo sich in der Stadt Menschen in größeren Mengen ansammelten, etwa im «regulär» angelegten Volksgarten, war im «Metternichschen System» das wachsame Auge des Staates nicht weit. Auch das Vereins- und Gesellschaftsleben war durch die Zensurmaßnahmen und das omnipräsente Spitzeltum stark eingeschränkt. Zentren der privaten Geselligkeit für Adel und gehobenes Bürgertum bildeten die «Salons», etwa jener der vielbewunderten, aus einer jüdischen Berliner Bankiersfamilie stammenden und mit dem Bankier Nathan Adam Arnstein verheirateten Franziska (Fanny) Arnstein im gleichnamigen Palais am Hohen Markt. Den Rahmen, in dem das nach innen gewandte Leben der Familie stattfand, boten im Vormärz das mehrstöckige Stadthaus, das kleine Vorstadthaus und in der warmen Jahreszeit das Landhaus in den Vororten außerhalb des Linienwalls.

Der Wohnbau in der Stadt erfuhr durch J. G. Kornhäusel in den zwanziger Jahren des 19. Jahrhunderts einen wichtigen Impuls: Indem er die bisherige Fassadenorganisation durch Pilaster zugunsten weitgehender Gleichwertigkeit der Geschosse und Achsen aufgab, wurde die Fassade nach allen Richtungen hin beliebig erweiterbar; das zeigt etwa der «Große Seitenstettner Hof» (1826/27) in der jetzigen Seitenstettengasse. Hand in Hand mit der neuen Fassadengestaltung gewannen die Wohngeschosse und damit die Wohnungen weitgehende Gleichwertigkeit. Die bürgerlichen Vorstadthäuser folgten vielfach der von Charles de Moreau bei der Nationalbank verwendeten Fassadengliederung. Plastischer, oft figuraler Lunettenschmuck kann ihnen eine preziöse Note verleihen. Akzente setzen da und dort auch «Spione», etwa beim Haus «Zum Goldenen Strauß» (Nußdorferstraße Nr. 47, IX. Bez.) von 1822 oder beim Haus Burggasse Nr. 95 (VII. Bez.) von 1829.

37 Friedrich Amerling, Rudolf von Arthaber mit seinen Kindern, 1837. Wien, Österreichische Galerie

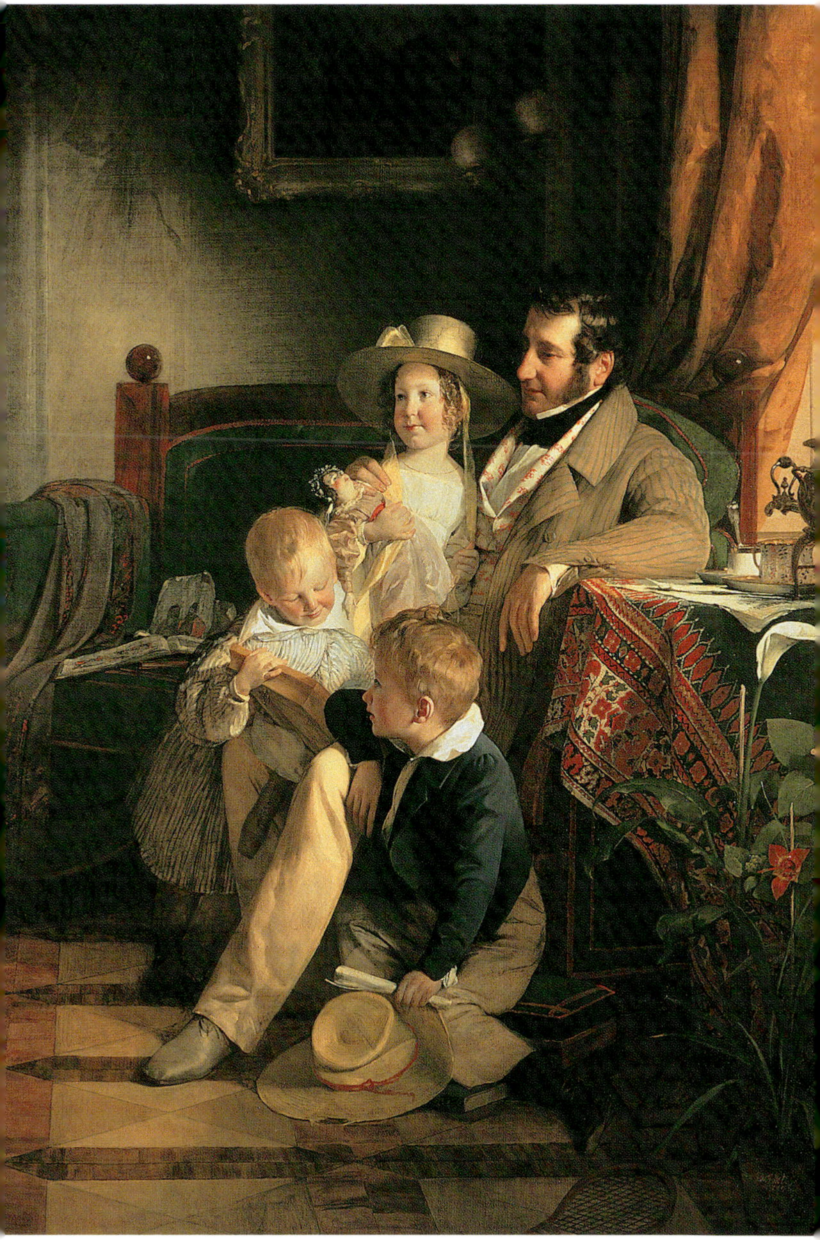

Daß der Fenstertypus des Spions aus der Maria Theresianischen Zeit im Biedermeier eine Auferstehung feierte, ist symptomatisch für das politische Klima.

Die Landhäuser außerhalb des Linienwalls wurden trotz des seinerzeit in Fülle vorhandenen Platzes direkt an die Ausfallstraßen gestellt. Ihre Fassaden sind meist schlicht, «Spione» bilden hier oft den einzigen Blickfang, wie die Häuser Osterleitengasse Nr. 6 und Billrothstraße Nr. 68 (beide XIX. Bez.) zeigen. Hinter den Landhäusern dehnten sich weitläufige, ja parkartige Gärten aus. Kleine «Saletteln» (aus Holz gezimmerte Gartenhäuschen) ermöglichten dort intimes Beisammensein

38 Josef Franz Danhauser, Die Schachpartie, 1839. Wien, Österreichische Galerie, Leihgabe der Grel Arts Foundation, Freeport, Bahamas

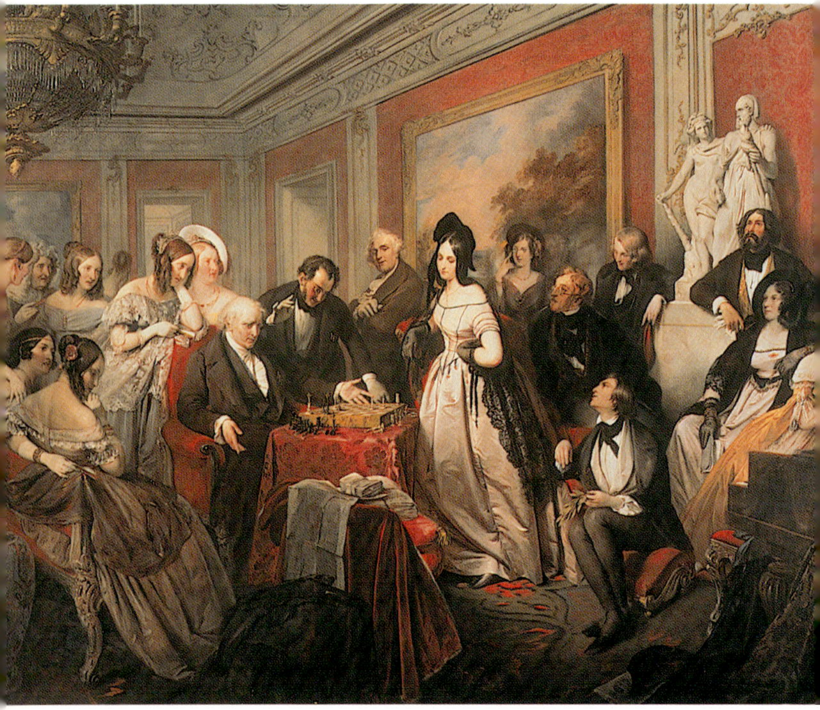

oder mußevolle Beschäftigung, ab 1830 kamen Glashäuser hinzu.

In den Innenräumen schufen die berühmten Wiener Biedermeiermöbel, Tapeten und Vorhänge mit üppigem farbigem Dekor, textile Fußbodenbespannungen, die sog. «Linzer Teppiche», Tafelsilber, Porzellan, Gläser, Bilder, Porträtminiaturen usw. eine Wohnkultur von höchster Raffinesse. Die Nachfrage nach Mobiliar etc. im Wien des Vormärz zog zahlreiche Kunsthandwerker an. Beispielhaft ist die Karriere Josef Lobmeyrs, des Gründers der bekannten Glasfirma, der 1818 aus dem oberösterreichischen Grieskirchen nach Wien gekommen war, wo er mit dreihundert ersparten und dreihundert von der Tante geliehenen Gulden ein kleines Geschäft kaufte. Allmählich avancierte es zum ersten Ausstatter der Residenzstadt, schon 1825 konnte er ein Lokal in der Stadt, in der Kärntner Straße Nr. 26, eröffnen.

Die Wiener Kunst des Vormärz ist zugleich die beste Zeugin dafür, daß die Beobachtung der Welt – auch das ein Erbe der Aufklärung – einen neuen Wert darzustellen begann. Allerdings, der Schauer vor dem Erhabenen war den Wienern der Biedermeierzeit fremd. Wenn Thomas Ender 1832 den Großglockner darstellte, tat er dies keineswegs aus einem pantheistischen Gefühl heraus, sondern er inventarisierte den höchsten Berg Österreichs als naturkundliches Objekt. Ähnlich Johann Joseph Schindler. Sein ‹Ende des Stuwerschen Feuerwerks am 7. Mai 1833› läßt zunächst an englische Bilder von Vesuvausbrüchen denken, doch rasch wird der Betrachter durch die genrehafte Einbindung des Geschehens beruhigt: Das außergewöhnlich scheinende Phänomen ist als ein kontrolliertes, die Natur als eine gezähmte vorgeführt. Auch das Blumen- und Obststilleben des 17. Jahrhunderts erlebte – etwa bei Ferdinand Georg Waldmüller – eine Renaissance, aber ohne den untergründigen Aspekt des Vergänglichen. Bürgerliche Selbstzufriedenheit ist schlechthin *das* Thema dieser Malerei, wie sich anhand der Bestände der Österreichischen Galerie, wo alle genannten Bilder zu finden sind, leicht nach-

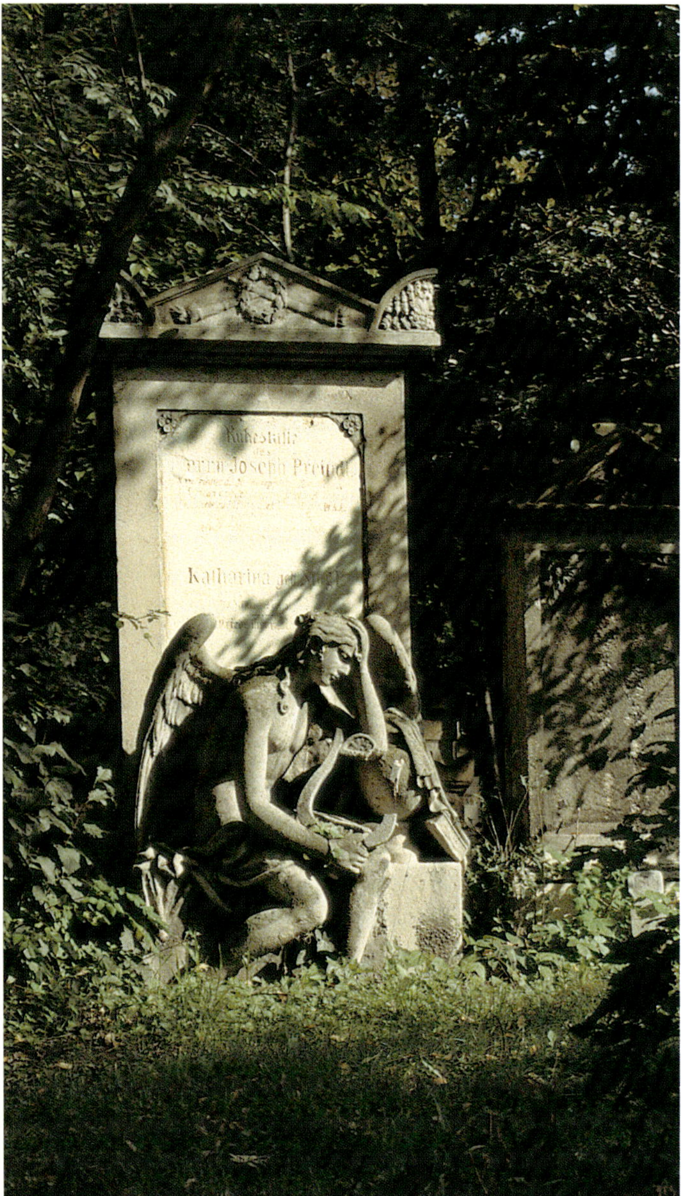
Ruhestätte
Katharina

prüfen läßt. Geradezu mit der Präzision eines Kartographen hat Rudolf von Alt die verschiedensten Wiener Straßen und Plätze festgehalten, und im Kleinformat lassen sich dergleichen Veduten auch auf den «Ranftbechern» Anton Kothgassers und Gottlob Samuel Mohns sowie auf den Tassen und Untertassen der Wiener Porzellanmanufaktur wiederfinden.

Der Nabel der Biedermeierwelt und also das zentrale Thema der bildenden Kunst aber waren das bürgerliche Individuum und sein sozialer Kontext. Bis ins letzte Detail einem nahsichtigen, an Ingres geschultem Empirismus huldigend, der sich insbesondere in der überzeugenden Wiedergabe von Oberflächenwerten auslebte, malte etwa Waldmüller seine Porträts. Bei Friedrich Amerling hingegen wirkt die an Vermeer orientierte Stofflichkeit allein auf die Entfernung, in Nahsicht zerfällt sie zum Fleck. Amerling verstand es, familiäre Intimität und gesellschaftlichen Anspruch mühelos miteinander zu verbinden, wie unser Beispiel ‹Rudolf von Arthaber mit seinen Kindern› (Abb. 37) zeigt. Was die Wiener Malerei des Vormärz nicht kannte, sind große Sujets im Sinne der französischen Kunst, ihre Bilder sind für die Betrachtung im Wohnzimmer gedacht, womit der Kreis geschlossen ist: Rezipiert wurden diese Bilder von jenen, die sie in Auftrag gegeben hatten.

Eine sozialkritische Komponente begegnet nur gelegentlich, etwa bei Hans Gasser, Peter Fendi, besonders aber bei Waldmüller sowie bei Josef Franz Danhauser, dem Sohn des Wiener Möbelfabrikanten Joseph Ulrich Danhauser, dessen am venezianischen Kolorismus geschulte Sittenbilder in der englischen Tradition William Hogarths der Gesellschaft der Zeit einen Spiegel vorhalten, etwa sein Gemälde ‹Die Schachpartie› (Abb. 38). Wiedergegeben ist der Salon im Pereira-Arnsteinschen Palais in der Weihburggasse, der berühmt wurde durch die von Heinrich Pereira, dem bedeutendsten Bankier des Vormärz, und seiner Frau Henriette, Tochter des Nathan Adam und der hochgeschätzten Fanny Arnstein, veranstalteten

39 Grab auf dem St. Marxer Friedhof (III. Bez.)

Soiréen. Das von Danhauser referierte Ereignis war Stadtgespräch und gipfelte darin, daß der jüdischen Bankier Bernhard Freiherr von Eskeles sich von einer Schönheit zweifelhaften Rufs zu einer Schachpartie um fällige Schuldscheine hatte herausfordern lassen. Wie Danhausers Bild zeigt, hat Eskeles verloren. Danhausers Spott galt hier nicht zuletzt der neuen Stellung der Frau, deutlich ablesbar an der Skulpturengruppe im Hintergrund, die Herkules als Minnesklaven zeigt: Der Held trägt Frauenkleider und hält den Spinnrocken, während Omphale seine Keule führt.

Besonders stark spürbar ist der Verlust des christlichen Weltbildes und die damit verbundene Sprachlosigkeit angesichts des Todes auf Wiens Friedhöfen. Im Vormärz existierten zahlreiche alte Ortsfriedhöfe und fünf unter Joseph II. respektive Franz II. angelegte «allgemeine Friedhöfe». Von ersteren ist u. a. ein Teil noch im (Neuen) Hietzinger Friedhof (XIII. Bez.) erhalten, von den «allgemeinen Friedhöfen» hat nur der in St. Marx (III. Bez.) überlebt. Er ist der einzige «Biedermeierfriedhof» Mitteleuropas (Abb. 39). An den kleinen, schmalen Grabstelen des frühen 19. Jahrhunderts wird man christliche Symbolik vergeblich suchen. Auch Plastik ist spärlich. Wo sie auftaucht, entstammt ihr ikonographisches Repertoire – der trauernde Todesgenius und die Urne – aus dem Maria-Christina-Grabmal (Abb. 33). Die Pyramide des Canova-Werks zitiert das kleine Grabmal für den Maler Johann Martin Schärmer († 1868) in St. Marx. Der Eingang zur Unterwelt fehlt hier allerdings, so daß auch die Rätselhaftigkeit des Todes, Canovas Hauptthema, ausgeblendet ist. Ja, über den Tod fehlt jetzt schlechterdings jede Aussage. Zudem ziehen sich die idealischen Gestalten auf den Biedermeiergrabmälern durch ihre unterlebensgroße Wiedergabe aus der Welt des Betrachters in eine eigene Sphäre zurück. Auf sich konzentriert, verbreiten sie Ruhe – eine Ruhe, die sich heute mehr und mehr ausdehnt, da es keine Angehörigen mehr gibt, welche die Gräber aus dem Vormärz pflegen würden. Gras, Efeu und Sträucher ergreifen von diesen Besitz.

Die «Zentral-Gewerbe-Produkten-Ausstellung», das Zweite Rokoko und die Neugotik

Eine erste Möglichkeit, Produkte des Wiener Gewerbes so zu präsentieren, wie dies auf den großen Messen in Leipzig und Prag längst üblich war, bot 1835 die erste Wiener «Zentral-Gewerbe-Produkten-Ausstellung», die in den von Ferdinand I. zur Verfügung gestellten Räumlichkeiten, in der Winterreitschule, den Hofwagenremisen und den Hofstallungen, stattfand. Gezeigt wurden allerdings nur Erzeugnisse der Kronländer, wie überhaupt die mangelnde Konkurrenz längst zu einem Sonderweg und in einen selbstgewählten Provinzialismus geführt hatten. Neue Stiltendenzen «importierten» eher die aristokratischen Auftraggeber wie etwa Fürst Aloys Joseph II. von Liechtenstein, der den englischen Architekten Peter Hubert Devignes ab 1837/38 mit der Erweiterung und Neuausstattung seines Stadtpalastes betraute. Devignes Suche nach brauchbaren Einrichtungsgegenständen auf der dritten «Allgemeinen Österreichischen Gewerbeprodukten-Ausstellung» (1845) gipfelte in der Klage über schlechte, altmodische und rein vom Ausland kopierte Formen, die in handwerklicher Hinsicht auf das ärmlichste ausgeführt und zudem zu teuer seien. Am schärfsten fiel Devignes Kritik an den Möbeln und Bronzen aus, woraufhin er die Einrichtung für den Liechtensteinpalast selbst – im Stil des Zweiten Rokoko – entwarf und von lokalen Handwerkern ausführen ließ (Abb. 40).

Welche anderen historischen Stile Wien während der ersten Hälfte des 19. Jahrhunderts adaptierte, wird deutlich, wenn der «gütige» Kaiser die von seinem Vater erworbene Mosaikkopie von Leonardos ‹Letztem Abendmahl›, die bis dahin in den Kellern des Schlosses Belvedere gelagert hatte, jetzt der italienischen Nationalkirche Maria Schnee, der ehemaligen Minoritenkirche, übergab, wo sie 1845–1847 in einem neogotischen Rahmen nach dem Entwurf von Friedrich August von Stache formal der umgebenden Architektur anpaßt wurde. Stache schuf damit ein frühes Beispiel für die Einbindung des Einzelkunstwerks in ein Ambiente, die im Historismus so wichtig werden sollte.

An der Akademie begann ein neuer Wind zu wehen, als 1843 der erst dreißigjährige August Sicard von Sicardsburg und 1846 der erst vierunddreißigjährige Eduard van der Nüll zu Professoren ernannt wurden, doch zeigen auch die von beiden gemeinsam geplanten Bauten einen für den Romantischen Historismus typischen Mischstil wie etwa das 1846/47 errichtete Sophienbad (III. Bez.). Besonders aufschlußreich hierfür ist das Werk jenes Architekten, bei dem Ferdinand I. die Errichtung der Johann-Nepomuk-Kirche auf der Jägerzeile in Auftrag gab: Carl Roesner entwarf eine dreischiffige Emporenkirche im «griechisch-römischen Stil», einen Zentralbau und schließlich eine neugotische Kirche. Der 1846 vollendete Bau erhielt schließlich eine turmüberhöhte Westfassade mit einer Bogenädikula, die auf lombardischen Vorbildern basiert, sowie Fassadenskulpturen, deren Monumentalität auf den Barock verweist. Innen treten klassizistische Momente stärker hervor, für die Wirkung des Raums sind aber der 1844–1846 von Joseph Führich geschaffene Kreuzweg und das 1844 von Leopold Kupelwieser malerisch gestaltete Presbyterium bestimmend. Bei Fertigstellung gratulierte van der Nüll seinem Kollegen Roesner mit den Worten: «Euer Hochwohlgeboren geniessen das schönste Bewußtsein, als der erste ein mächtiges Denkmal zur Feier der Wiedergeburt einer zeitgemäßen Architektur geschaffen zu haben.»

Noch weit problemreicher verlief 1843 die Bauplanung der Kirche «Zu den sieben Zufluchten» in der Vorstadt Altlerchenfeld (VII. Bez.). Paul Sprenger entwarf zuerst einen neugotischen Bau, dann auf Wunsch des Gemeindevorstehers einen Bau im «Jesuitenstil», das heißt in jener Stilvariante, in der klassizistische Elemente dominieren. Sprenger erhielt 1848 den Auftrag zur Ausführung des Baus im «römischen» Stil, doch schon im Frühjahr desselben Jahres wurde die Altlerchenfelderkirche im Rahmen der revolutionären Ereignisse zum Stein des Anstoßes.

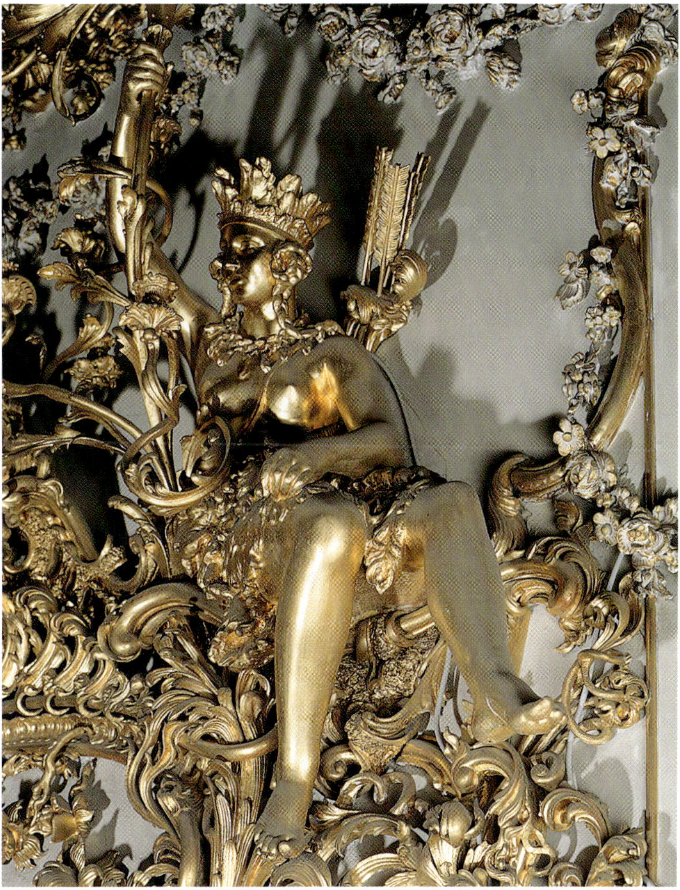

40 Peter Hubert Devignes, Indianerin als Sinnbild des Erdteils Amerika, Liechtensteinscher Stadtpalast, Erweiterung und Neuausstattung im Stil des Zweiten Rokoko. 1837/38–1847/48

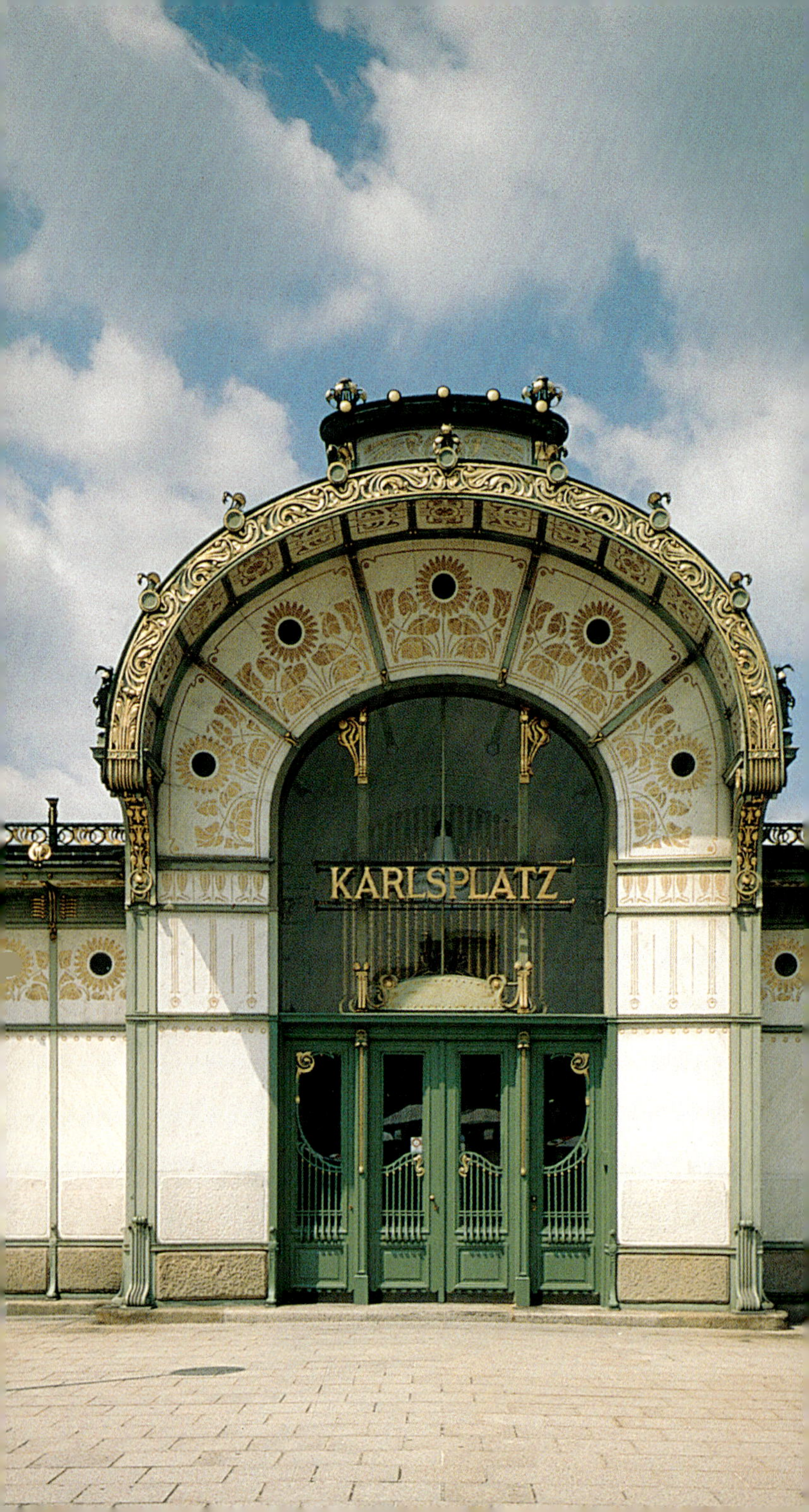
KARLSPLATZ

Die Ära Kaiser Franz Josephs I.

Nach der Märzrevolution

Der Funke der Pariser Februarrevolution sprang zuerst auf Ungarn, dann auf Wien über. Als eine Menschenmenge am 13. März 1848 gewaltsam in das Niederösterreichische Landhaus in der Herrengasse eindrang, wurde die Straße durch ein Pionierbataillon «gesäubert». Daraufhin wuchsen Barrikaden aus dem Boden, in den Vorstädten wurden Fabriken angezündet, Arbeiter plünderten die Geschäfte. Um den Volkszorn zu besänftigen, entließ der Kaiser seinen Staatskanzler und hob die Zensur auf. Die Hofkanzleien, Hofkammern etc. wurden durch Ministerien, der Staatsrat und die Staatskonferenz durch den Ministerrat ersetzt.

Diese Geschehnisse blieben auch für Architektur und bildende Kunst nicht ohne Folgen. Der Schweizer Architekt Johann Georg Müller empörte sich am 20. April in einem aufsehenerregenden Vortrag über Paul Sprengers Vorschläge zur Altlerchenfelderkirche im «Jesuitenstil» und forderte die Wiedergeburt der mittelalterlichen Kathedrale; aus dem nun ausgeschriebenen öffentlichen Wettbewerb ging Müller als Sieger hervor. Die von ihm geplante kreuzförmige Basilika mit Vierungsturm und zwei Osttürmen (die Kirche ist aufgrund der städtebaulichen Situation gewestet) wurde – auf den Sprengerschen Fundamenten – sogleich in Angriff genommen (Abb. 42). Die Architektur verquickt lombardische und toskanische Frührenaissance mit französischer Gotik zu einem Mischstil, der schon von Roesner und dem Architektenduo von Sicardsburg und van der Nüll angewandt worden war. Indem Müller die Architektur zur Dienerin der figürlichen

41 Otto Wagner, Stadtbahnstation Karlsplatz, 1898/99

Malerei machte, sollte ein Gesamtkunstwerk entstehen, dessen Ursprung in der Dichtung respektive – im Falle der religiösen Malerei – in der Heiligen Schrift liegt.

Am 15. Mai 1848 kam es in Wien als Reaktion auf die gerade verkündete, undemokratische Verfassung neuerlich zum Aufstand. Unruhen und Kämpfe erschütterten die Stadt bis in den Herbst, am 26. Oktober begann Alfred Fürst Windischgrätz, der Oberbefehlshaber der kaiserlichen Truppen in den Erbländern, mit der Beschießung Wiens. Am 31. Oktober stürmte Windischgrätz die Stadt. In der beschossenen Hofburg verbrannte der ausgestopfte «Christenmensch und Mohrenprinz» Soliman. Auch die «Festung» Universität fiel. Nach der Besetzung Wiens durch die kaiserlichen Truppen setzte die rücksichtslose Verfolgung der prominenten Anhänger der Revolution ein. Am 2. Dezember schließlich dankte der Kaiser, der schon in ruhigen Zeiten seinen Aufgaben nicht gewachsen gewesen war, ab, am selben Tag bestieg sein Neffe, der damals erst 18jährige Erzherzog Franz Joseph, den Thron.

Die Kunst, schon im Vormärz von der Politik in Dienst genommen, wurde in der folgenden neoabsolutistischen Phase, von der Auflösung des Reichstages im März 1849 bis zum Oktoberdiplom von 1860, in noch weit größerem Maße als politisches Instrument eingesetzt. Ihre Aufgabe sollte es sein, die historischen Verdienste Österreichs und dessen Funktion als Friedensgarant zu dokumentieren und der Dynastie eine geradezu sakrale Dimension zu geben. Noch im Revolutionsjahr 1848 erging der Auftrag an den Bildhauer Anton Dominik Fernkorn, ein Reiterstandbild für Erzherzog Karl, den Sieger über Napoleon in der Schlacht bei Aspern, zu schaffen. Die monumentale, auf dem Äußeren Burgplatz, dem jetzigen Heldenplatz, aufgestellte Skulptur schließt typologisch an die hochbarock-expressiven Elfenbeinstatuetten Stein(d)ls in den

42 *Johann Georg Müller, Joseph Führich, Leopold Kupelwieser u.a., Altlerchenfelder Kirche, Blick in den Innenraum (VII. Bez.), 1848–1860*

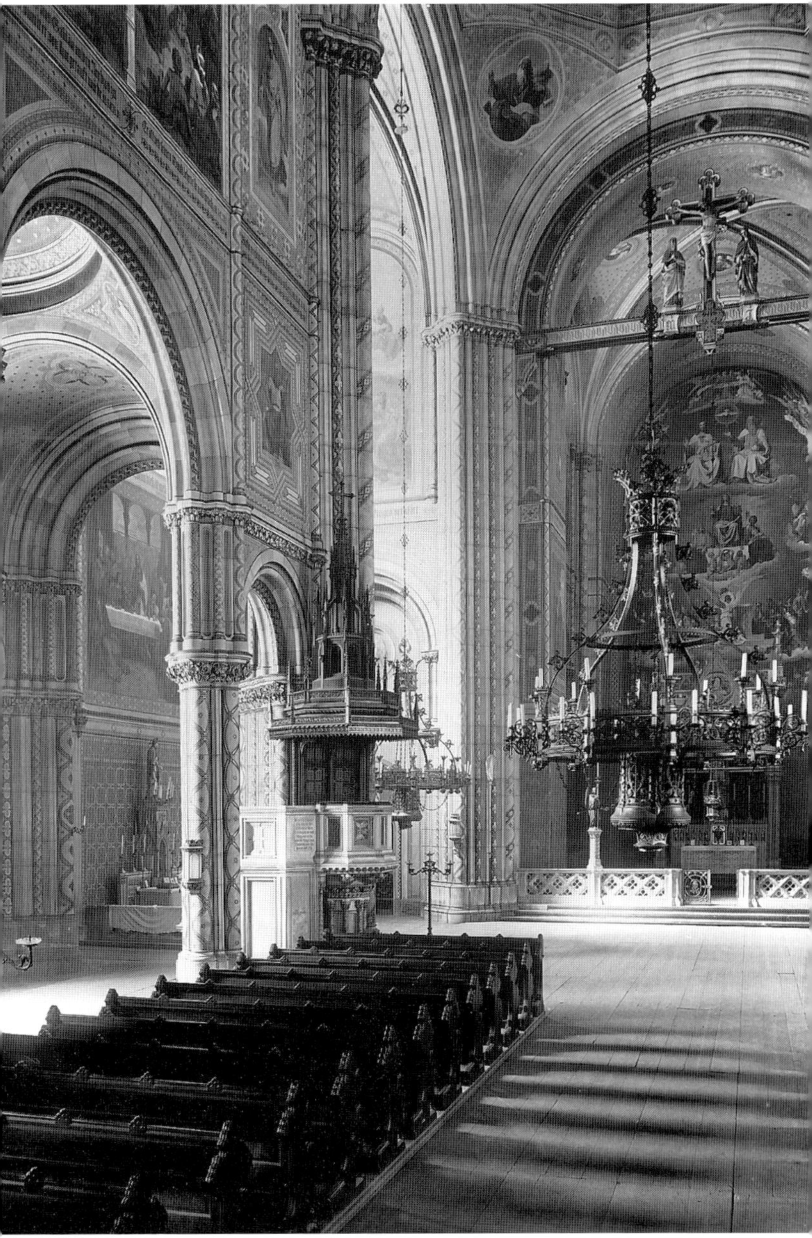

kaiserlichen Sammlungen an (Abb. 23). Kupelwieser begann im selben Jahr mit der Ausmalung des Marmorsaals der Niederösterreichischen Statthalterei in der Herrengasse, bei der er die historischen Leistungen des Hauses Österreich in den Vordergrund stellte. Die 1859–1871 von Carl Blaas ausgeführten Fresken der «Ruhmeshalle» des Arsenals (III. Bez.) setzten diese Programmatik fort. Das 1849–1856 außerhalb des Linienwalls errichtete Arsenal ist Teil eines großen, nach der Revolution beschlossenen, aber nur teilweise realisierten militärischen Gesamtprojektes, das zum Schutz der Innenstadt vor dem «Proletariat» um die Stadt auch vier «Defensionskasernen» vorsah. Demokratisch ging es dabei allenfalls im Planungswettbewerb für das Arsenal zu, an dem Roesner, Sicard von Sicardsburg und van der Nüll, Ludwig Förster und der seit 1843 in Försters Atelier tätige Däne Theophil Hansen teilnahmen. Von den vier geplanten Kasernen wurden nur zwei fertiggestellt, nämlich 1854 die Franz-Joseph- und 1857 die Rudolf-, die jetzige Roßauer Kaserne.

In sakrale Dimensionen erhob sich das Herrscherhaus durch den 1849/50 ausgeführten, neugotischen Hausaltar, den Kaiser Franz Joseph und dessen Brüder anläßlich der Silberhochzeit ihrer Eltern, Erzherzog Franz Karl und Sophie von Bayern, in Auftrag gaben. Das von Kupelwieser gemalte Retable zeigt die Madonna im Zentrum und die Namenspatrone der Empfänger auf den Flügeln. Die Predella verbindet durch die Veduten von Schönbrunn und der Augustinerstraße Staat und Kirche unter dem Aspekt der Dynastie und knüpft damit an Peter Kraffts ‹Rückkehr Franz' II. (I.) aus den Napoleonischen Kriegen› an. Der Hausaltar überträgt also den Gedanken der Legitimität auf jenen Zweig der Habsburgerfamilie, der in Wirklichkeit aufgrund der Schwäche des abgedankten Ferdinand I. an die Macht gekommen war.

Ein ausgeklügeltes Programm besitzt auch der 1853 von Josef Führich entworfene Freskenzyklus für die noch im Bau befindliche Altlerchenfelderkirche, der, anknüpfend an die Münchner Allerheiligen Hofkirche und Ludwigskirche, eine in der Vorhalle beginnende und über den gesamten Innenraum bis zur Altarwand gespannte Bildfolge von der Schöpfung bis zum Jüngsten Gericht (Abb. 42) entfaltet. Darin dominiert die biblische Typologie, aber auch dem *exemplum virtutum*, der Verherrlichung der Tugendstärke, ist im Rückgriff auf Barock und Klassizismus Raum gegeben. Damit wurden gleich zwei Ziele erreicht: die Illustration der Bibel und die Erneuerung der kirchlichen Wandmalerei. In dieser zwischen 1854–1860 ausgeführten, die gesamte Innenhaut der Kirche überziehenden Ausstattung tritt die Religion – neben der Geschichte – ihre den Historismus bestimmende Rolle an.

Der Hof behielt nach der Revolution – gleichsam an den übrigen Entwicklungen vorbeisteuernd – seinen Kurs bei: Die um 1853 innerhalb der Hofstallungen erbaute Reithalle, ein nüchterner, an die «Beamtenarchitektur» des Vormärz erinnernder Kubus, ist durch barocke Motive bereichert. Diese sind für die Entstehungszeit völlig ungewöhnlich, passen den Neubau aber dem Genius loci an, und der stilistischen Integration entspricht, daß der Bau vor der Öffentlichkeit verheimlicht wurde – in der offenbar richtigen Einschätzung, sie würde für diese Ausgaben wenig Verständnis aufbringen. Selbst die Bauakten und Rechnungen dürften vernichtet worden sein. Jedenfalls ist der Architekt unbekannt. Vielleicht hat Paul Sprenger, der mittlerweile zum Sektionsrat der General-Baudirektion avanciert war, hier noch einmal als Planer gewirkt (W. Krause).

Im Bereich der kunstgewerblichen Produktion brachte die Londoner Weltausstellung von 1852 den Wiener Möbelproduzenten, etwa Carl Leistler, höchste Auszeichnungen. Großen Anklang fanden dort neben dessen kompletten Zimmereinrichtungen im Stil des Zweiten Rokoko auch die *«Vienna bentwood chairs»* aus gebogenem, mit Messing eingelegtem Palisanderholz von Michael Thonet (Abb. 43). Sein erstes Möbel aus gebogenem Holz hatte dieser 1830 hergestellt. Wenn auch in der Folge der Londoner Weltausstellung das Österreichische Museum für Kunst und Industrie samt zugehöriger Schule, jetzt «Österreichisches Museum für angewandte Kunst» (MAK) respektive «Universität für angewandte Kunst», gegründet, die Wiener Akademie der bildenden Künste umstrukturiert und in das Akademiekollegium Kupelwieser, Führich, von Sicardsburg, van der Nüll und erstmals sogar ein Kunsthistoriker – Rudolf Eitelberger Edler von Edelberg – berufen wurden, so stagnierte das Kunstgewerbe in den fünfziger Jahren doch zusehends. Entsprechend schlecht war die Resonanz der österreichischen Produkte bei den nachfolgenden Weltausstellungen, was wenig verwundert, wenn man erfährt, daß man dort veraltete Objekte ausstellte, beispielsweise 1862 das 1849/50 geschaffene Hausaltärchen für die Eltern des Kaisers.

Ringstraße und Gründerzeit

Schon bevor sich Wien aus der Umklammerung seiner mittelalterlichen Basteien befreite und eine wahre Baueuphorie ausbrach, begannen 1856 die Arbeiten an der Votivkirche (Abb. 44). Mit ihrem Standort im Bereich des Glacis markiert sie bereits jenen Stadtbereich, in dem sich das Wiener Baugeschehen der kommenden Jahrzehnte konzentrieren sollte. Nicht von ungefähr spielt dieser Bau an der Außenkante des Grüngürtels auf den Standort jener Votivkirche an, die Karl VI. anderthalb Jahrhunderte zuvor gestiftet hatte: auf jenen der Karlskirche. Anlaß für den Bau war das – mißlungene – Attentat des Ungarn János Libényi auf den jungen Kaiser Franz Joseph I. am 18. Februar 1853. Erzherzog Ferdinand Maximilian rief zur Errichtung einer Kirche als Dank für die Errettung des Monarchen auf, wobei ihm eine nationale Gedenk- und Grabeskirche, ein gotisches Pantheon der großen Feldherren, vor Augen stand. Eine Sammelaktion wurde ins Leben gerufen, die Liste der Spender täglich in der ‹Wiener Zeitung› veröffentlicht und ein Planungswettbewerb ausgeschrieben, aus dem der junge Heinrich Ferstel als Sieger hervorging. Der Kaiser selbst bestimmte den Standort der Kirche.

An die in Köln wiederbelebte Dombauhüttentradition anknüpfend, schuf Ferstel eine «Musterkathedrale», die typologisch auf den französischen Kathedralen der Hochgotik basiert, aber auch Motive der deutschen und der lokalen Gotik aufgreift. Beispielsweise erscheint an der Stirnseite der Votivkirche der «Friedrichsgiebel», also jener Wimperg von St. Stephan, der in der Zeit Friedrichs III. vollendet wurde. Damit entstand das erste Werk des Strengen Historismus in Wien. Die bei französischen Kathedralen übliche Königsgalerie ist in Wien durch eine lange Reihe der Patrone Österreich-Ungarns ersetzt.

Die weitere Entwicklung der Sakralarchitektur Wiens haben dann aber nicht so sehr die neugotischen Kirchen bestimmt, sondern jene, die gotisches Vokabular mit der Backsteintechnik verbanden, wie dies bei der 1859–1866 errichteten Elisabethkirche von Hermann Bergmann (IV. Bez.) sowie bei

43 *Michael Thonet, Schaukelstuhl, vor 1852. Wien, Österreichisches Museum für angewandte Kunst*

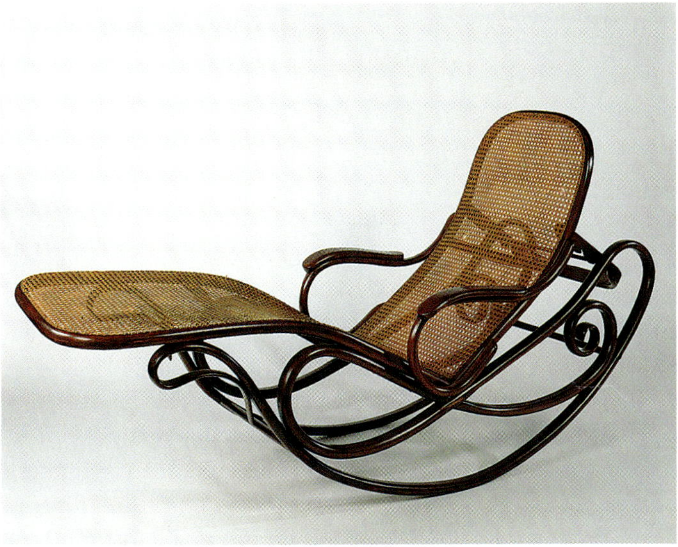

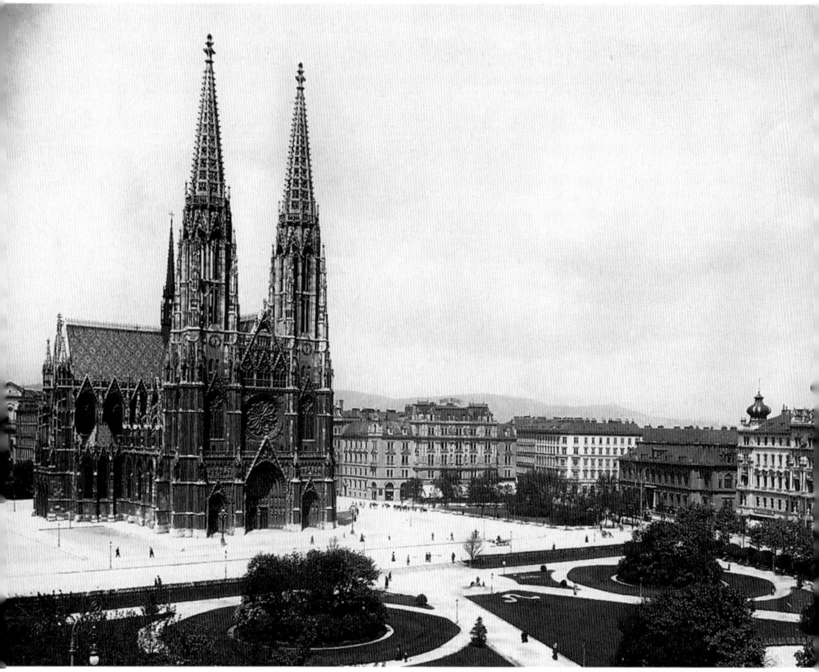

44 Heinrich von Ferstel, sog. Votivkirche, 1856–1879. Rooseveltplatz (IX. Bez.), Aufnahme um 1900

der Lazaristenkirche (VII. Bez.) und St. Othmar (III. Bez.), beide in den sechziger Jahren nach den Plänen Friedrich Schmidts erbaut, der Fall ist. Durch die schon beim Burgtor und beim Arsenal prominent eingesetzte und in der zweiten Hälfte des 19. Jahrhunderts vielfach verwendete Sichtziegelbauweise, die in Wien außerhalb des Fortifikationsbaus in Wahrheit keinerlei Tradition besaß, erhielt die Stadt nun ein geradezu hanseatisches Flair.

Am 20. Dezember 1857 verfaßte Kaiser Franz Joseph I. jenes denkwürdige Handschreiben an den Innenminister Alexander von Bach, das Wiens Antlitz tiefgreifend verändern sollte: «Es ist mein Wille, daß die Erweiterung der Inneren Stadt Wien mit Rücksicht auf eine entsprechende Verbindung derselben mit den Vorstädten ehemöglichst in Angriff genommen und hierbei auch auf die Regulierung und Verschönerung Meiner Residenz- und Reichshauptstadt Bedacht genommen werde. Zu diesem Ende bewillige Ich die Auflassung der Umwallung und Fortifikationen der Inneren Stadt, so wie der Gräben um dieselbe.» Schon 1858 begannen die Abbrucharbeiten, 1859 wurde die Boulevardtrasse fixiert: Wien bekam einen sich eng an die Innere Stadt schmiegenden, von Doppelalleen gesäumten Prachtboulevard von fast fünf Kilometern Länge. Das nunmehr unbefestigt daliegende Hofburgareal wurde durch ein viereinhalb Meter hohes, eisernes, weinrot gestrichenes Gitter mit vergoldeten Spitzen und in das Gitter integrierten Kandelabern gegen die Ringstraße abgeschirmt.

Diese entwickelte sich zur architektonischen Herausforderung des Jahrhunderts. Wien überkam eine Demolier-Euphorie, der Johann Strauß mit seiner «Demolirer-Polka» (op. 269) ein Denkmal gesetzt hat, und eine Bauwut, die weder durch schwerwiegende politische Veränderungen noch durch Kriege gebremst wurde. Im Gegenteil: «Das eben aus den Baugruben wachsende Ringstraßen-Wien konnte sich um so glanzvoller entfalten, als Österreich nun die kostspielige Verteidigung der italienischen Provinzen ebenso losgeworden war wie den Rivalitätskampf mit Preußen und die immerwährende Kraftprobe mit den radikal nationalistischen Magyaren» (K. Roschitz). Seinen glanzvollen Charakter verdankt der Ring fraglos den dort errichteten Monumentalbauten. Zwischen ihnen fanden aber auch Privatpaläste und anspruchsvolle Wohnbauten sowie zahlreiche Denkmäler Platz.

Der erste Monumentalbau an der Ringstraße war die 1861–1869 errichtete Hofoper (Abb. 45). Sie ist zugleich das Hauptwerk des Romantischen Historismus in Wien. Ihre Architekten, Eduard van der Nüll und August Sicard von Sicardsburg, die sich beim Bau des Carl-Theaters bereits einen Namen als Theaterarchitekten gemacht hatten, wandten auch beim Opernhaus einen Mischstil an, der durch die malerische und plastische Ausstattung, an der Rahl, Eduard Engerth,

Moritz von Schwind, Christian Griepenkerl, Ernst Julius Hähnel, Hans und Josef Gasser, Eduard Bitterlich u.a. mitgewirkt haben, noch zusätzliche Facetten bekam. Gerade diese – im Grund schon überholte – Stilmischung aber machte die Hofoper zum Stein des Anstoßes. Perfekt wurde das Debakel dadurch, daß man während der Arbeiten das Straßenniveau vor dem Gebäude um einen Meter hob, worauf der Bau von den Wienern schlagfertig als die «versunkene Kiste» bezeichnet wurde; auch der Kaiser fand, der Bau stecke zu sehr im Boden. Der Melancholiker van der Nüll war so getroffen, daß er sich am 3. April 1868 erhängte. Der Tbc-kranke Sicardsburg erlag im selben Jahr einem Herzschlag.

Das eleganteste unter den privaten Palästen der Ringstraße ist der 1864–1868 nach den Plänen Theophil Hansens errichtete Palast des Hoch- und Deutschmeisters Erzherzog Wilhelm am Parkring. Zu den schönsten Wohnbauten an der Ringstraße zählte der 1861/62 errichtete Heinrichhof am heutigen Opernring (Abb. 45), gleichfalls ein Hansenbau, der 1945 bombardiert und dann abgetragen wurde. Hier bahnte sich jene hierarchische Gliederung der Fassade an, die den Mietshausbau der späteren «Gründerzeit» prägen sollte: Zwischen Erdgeschoß und Beletage wurde nun das sogenannte Mezzaningeschoß oder Hochparterre eingeschoben, das von außen aufgrund der Rustika zum Erdgeschoß gehörte, von innen aber der Beletage nahezu gleichwertig war. Diese Unterschiede zwischen Außen und Innen wurden jetzt in Kauf genommen, um die Bauordnung, welche die Anzahl der Stockwerke vorschrieb, zu umgehen. Die Devise hieß: Profit. In diesem Sinne wurde auf die beiden durch die Fassadeninstrumentierung zusammengefaßten Hauptgeschoße zusätzlich noch ein Attikageschoß aufgesetzt.

Als die Ringstraße am 1. Mai 1865, also am Festtag des zweiten Namenspatrons des Kaisers, mit einer Fahrt des Monarchen in den Prater feierlich eröffnet wurde, befand sich die Hofoper noch mitten im Bau, und von den Wohnbauten waren nur einige auf dem Opern- und dem Kärtnerring fertig. Seinen repräsentativ-monumentalen Charakter erhielt der Ring erst in den siebziger Jahren, in denen das «Kaiserforum» sowie die lose Reihe aus Reichsratsgebäude, Rathaus und Universität auf der äußeren Ringseite Gestalt annahmen. Den Plan für das «Kaiserforum» legte Gottfried von Semper vor, der 1871 als Gutachter nach Wien berufen worden war (Abb. 46). Semper wollte das Riesenareal zwischen der alten Burg und den Hofstallungen Fischers von Erlach zu einer monumentalen Palastanlage zusammenfassen, den vorhandenen Festsaaltrakt der Hofburg überkuppeln, den Heldenplatz durch zwei Trakte mit halbrund einschwingenden Fassaden umgreifen und die Hemizyklen mit den Hofmuseen durch – die Ringstraße überspannende – Triumphbögen verbinden. Von den Hofstallungen aus gesehen hätte also ein Ehrenhof nach französischem Vorbild an den kuppelbekrönten Zeremoniensaaltrakt der Hofburg herangeführt. Nach der Fertigstellung des gesamten «Kaiserforums» hätte der österreichische Kaiser in einem Schloß nach dem Vorbild von Versailles residiert, als wäre ihm

45 Eduard van der Nüll und August Sicard von Sicardsburg, Hofoper, 1861–1869, links der Heinrichhof. Opernring. Aufnahme um 1900

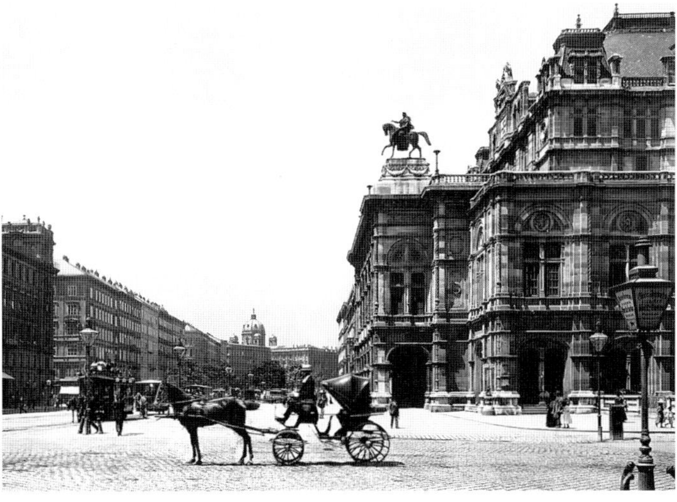

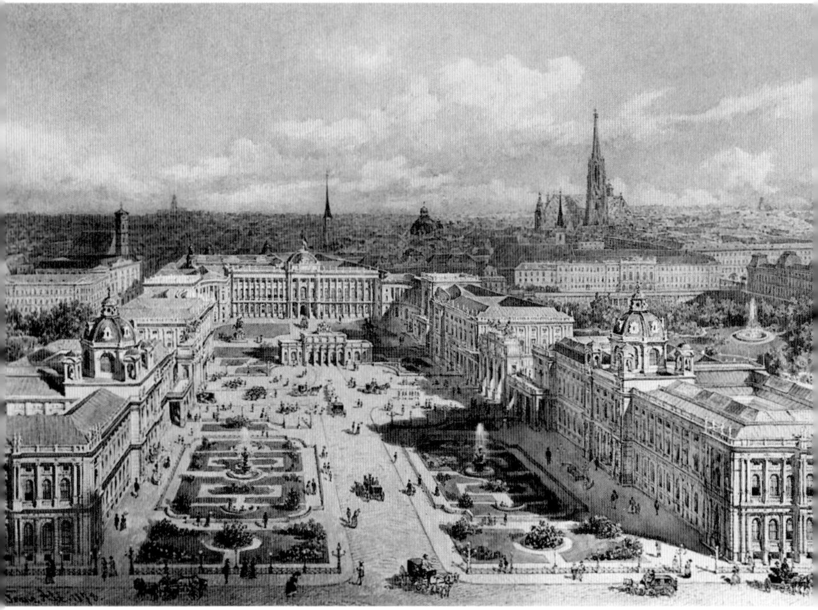

46 Gottfried von Semper, Carl von Hasenauer, Kaiserforum (Entwurf für die Erweiterung der Hofburg), 1871. Aquarell von Rudolf von Alt, 1873. Wien, Graphische Sammlung Albertina

dieses von seinen Vorfahren, den Kaisern des Heiligen Römischen Reiches, vererbt worden. Eine solche Residenz wollte Semper «nachinszenieren», da Franz Josephs Ahnen eine barocke Residenz de facto nicht hinterlassen hatten – man erinnere sich nur an die von Maria Theresia und Franz Stephan an Balthasar Neumann übersandte Schnupftabakdose, mit der die Ablehnung seines kühnen Ausbauprojekts besiegelt worden war.

Wie so oft in dieser Stadt ist auch Sempers Idealprojekt ein Torso geblieben. Verwirklicht wurden 1872–1881 die beiden Hofmuseen (heute das Kunsthistorische und das Naturhistorische Museum) und 1881–1913 das östliche Halbrund am Rande des Kaisergartens. Dabei nahmen die Spannungen zwischen Semper und Hasenauer zu, mit dem ersterer die Pläne für die Hemizyklen, die Hofmuseen und das neue K.u.k.-Hofburgtheater im Paradeisgartel gemeinsam ausgearbeitet hatte. Scheinbar ging es um künstlerische Fragen, da Semper an einem puristischeren, noch stärker an der Renaissance orientierten Stil festhielt, während der jüngere Carl von Hasenauer schon einem üppigeren, plastischeren Späthistorismus zuneigte, entscheidend dürfte aber die Rivalität der beiden Architekten gewesen sein. Es kam zum offenen Streit, und 1876 hat Semper Wien verlassen. Tatsächlich hatte auch Semper seinen puristischen Kurs schon aufgegeben, indem er Skulptur und Malerei in die Architektur zu integrieren begann. Die neue Üppigkeit war kein Selbstzweck. Der figurale Schmuck war vielmehr Träger komplexer Programme, welche die Bauten in einen geradezu kosmologischen Zusammenhang stellt: Die kunsthistorischen und naturhistorischen Sammlungen des Kaiserhauses sind Teil dieser «Kosmologie», die wandfeste Ausstattung verklammert Sammlungen und Gebäude miteinander. Die Gehäuse deuten dabei die kaiserlichen Sammlungen, also über Jahrhunderte gewachsene Organismen, zu Denkmälern des dynastischen Kulturbewußtseins um.

Die Problematik dieses Konzeptes zeigte sich rasch bei den archäologischen Sammlungen, befand sich doch die österreichische Grabungstätigkeit damals gerade in den Kinderschuhen, mit denen sie aber große Schritte machte: Als während der Erbauung des Kunsthistorischen Museums das sogenannte Heroon von Trysa, ein aus Lykien stammender Grabbezirk des beginnenden 4. vorchristlichen Jahrhunderts, erworben wurde, konnte dieser nach seiner Ankunft in Wien im Kunsthistorischen Museum nicht mehr entsprechend untergebracht werden. Vorschläge für ein eigenes Ausstellungsgebäude, das zwischen Kunsthistorischem Museum und den Hofstallungen seinen Platz hätte finden können, hat das Ministerium mit Hinweis auf die Kosten abgeschmettert. Der gesamte Fundkomplex ist bis heute (!) deponiert.

Als 1868 die Militärbehörden, die bisher darauf bestanden hatten, daß der Exerzier- und Paradeplatz unverbaut bleiben müsse, ihren Widerstand aufgaben, konnten auch das Reichsratsgebäude (Abb. 47), das Rathaus und die Universität an der Ringstraße begonnen werden. Diese Monumentalbauten treten dem habsburgischen Burgkomplex als bürgerliches Äquivalent gegenüber. Auch ihr Stil ist Programm: So wird bei dem Reichsratsgebäude die griechische Antike aufgerufen, weil die Wiege der abendländischen Demokratie in Griechenland stand. Die Adaption der spätgotischen Architektur Flanderns für das Rathaus verweist auf die erste Manifestation eines freien Stadtbürgertums, und bei der Universität ist Bezug auf die italienische Renaissance genommen in der Hoffnung, die neue Universität am Ring werde die erste Blüte des Humanismus weiterpflegen.

Der Auftrag für das 1874–1883 errichtete Reichsratsgebäude, das jetzige Parlament, ging an Theophil Hansen. Den Sitzungssaal für das Abgeordnetenhaus im Süden und jenen für das Herrenhaus im Norden verband er durch eine zentrale, glasüberdeckte Halle, die den griechischen Tempel zitiert, aber gleichsam nach innen stülpt (Abb. 47). Diesen «Prachtraum», wie das gesamte Innere bis ins letzte Detail geplant, dachte sich Hansen als «künftige österreichische Walhalla», als würdigsten Platz, um «die Standbilde der besten und verdienstvollsten Männer Österreichs aufzustellen, welche den Eintretenden mit edlem Beispiel voranleuchten». Diese Idee blieb unausgeführt. Hinsichtlich des Motivrepertoires konnte Hansen aus seiner Griechenlanderfahrung schöpfen, selbst dort, wo er funktional Notwendiges kaschierte, beispielsweise wenn er den Schornsteinen die Form antiker Säulen gab. Der gesamte Baukörper ist auf einen hohen Sockel gesetzt, wodurch Hansen «die Weihesphäre des Hauses von der Alltagsrealität der Straße geziemend distanzieren und das Denkmalhafte der Architektur unmißverständlich zum Ausdruck» bringen konnte (P. Haiko). Aus diesem Grund sind auf

47 Theophil von Hansen, Reichsratsgebäude (Parlament), Aula, 1874–1883. Dr.-Karl-Renner-Ring

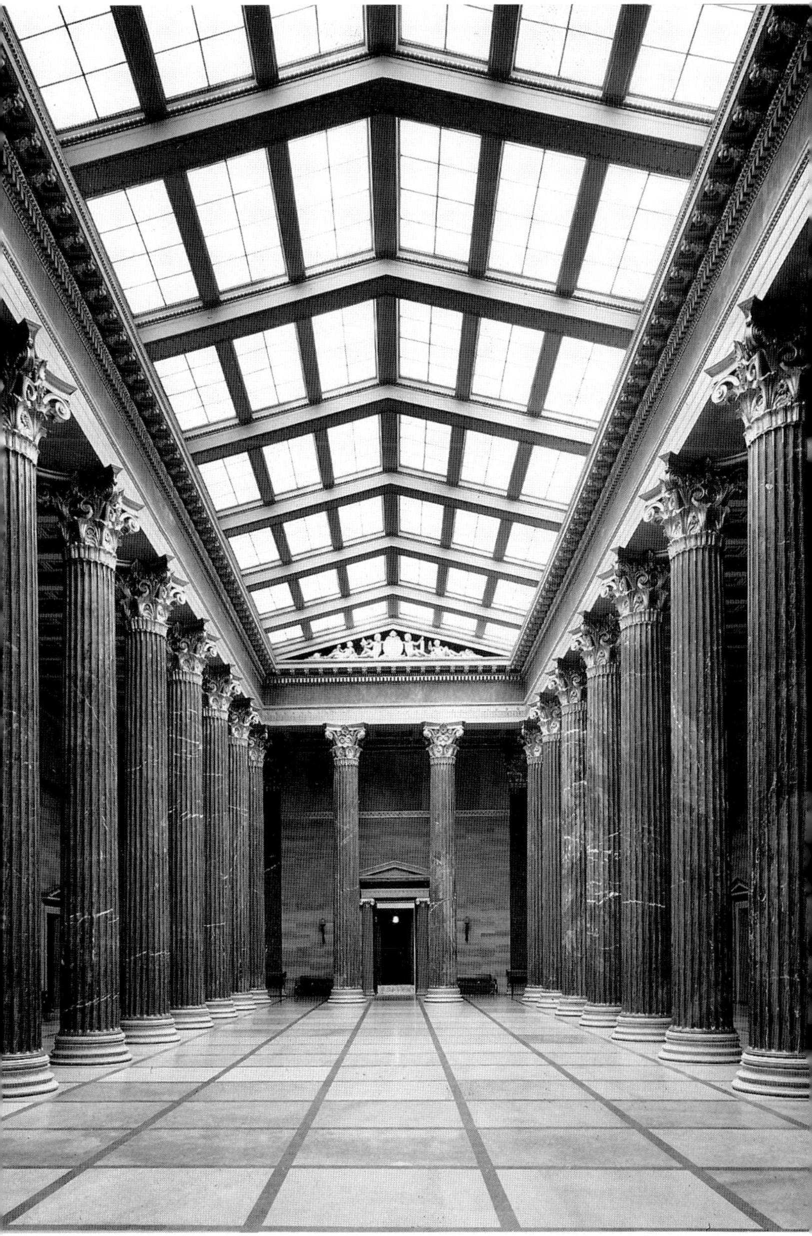

Hansens Wunsch vor dem Reichsratsgebäude auch die Alleebäume ausgesetzt.

Gewinner des Planungswettbewerbes für das von 1872–1883 errichtete Neue Rathaus war Friedrich Schmidt, seit 1859 Professor für mittelalterliche Kunst an der Akademie und seit 1862 Dombaumeister von St. Stephan. Wie Hansen hat auch Schmidt die Innenausstattung bis ins Detail geplant. Das neue, 1873–1884 nach den Plänen Heinrich von Ferstels erbaute Universitätsgebäude sollte für die bis dahin völlig unzureichend untergebrachte Universität endlich adäquate Räume schaffen. Allerdings war die Planungsgeschichte voller Hürden, bis sich der Wunsch festigte, alle vier Fakultäten, Theologie, Philosophie, Medizin und Jurisprudenz, in einem monumentalen Gebäude am Ring unterzubringen. Auch bei der Universität liegen Plastik wie Malerei ein komplexes inhaltliches Programm zugrunde: Die Attikafiguren und figuralen Medaillons an der Außenhaut thematisieren die vier Fakultäten, der Arkadengang im großen «Arkadenhof» ist ein Pantheon der österreichischen Wissenschaft. Seine Polychromierung und die der Treppenhäuser und Gänge fielen letztendlich dem Rechenstift zum Opfer. Der Planung entsprechend ausgestattet wurden allein das Rektorszimmer, die großen Sitzungsräume und die beiden Festsäle. Alle drei Monumentalbauten der Ringstraße zeigen, wie sich das Bürgertum die gesamte historische Kunst über das formale Zitat aneignete, um seinem Selbstverständnis Ausdruck zu geben, während das Herrscherhaus seine Legitimität aus der eigenen – in seinen Augen glorreichen – Vergangenheit herleitete. Wie wichtig bei den Ringstraßenbauten die Form war, geht indirekt auch aus der Tatsache hervor, daß diese verschiedentlich schon feststand, bevor der Standort des Baus fixiert war.

Den Dualismus zwischen Bürgertum und Herrscherhaus spiegeln auch die an der Ringstraße aufgestellten Denkmäler wider. So sollte der Ring mit den vom liberalen Bürgertum gesetzten Denkmälern Friedrich von Schillers und Johann Wolfgang von Goethes zu einem Pantheon der deutschen Kultur

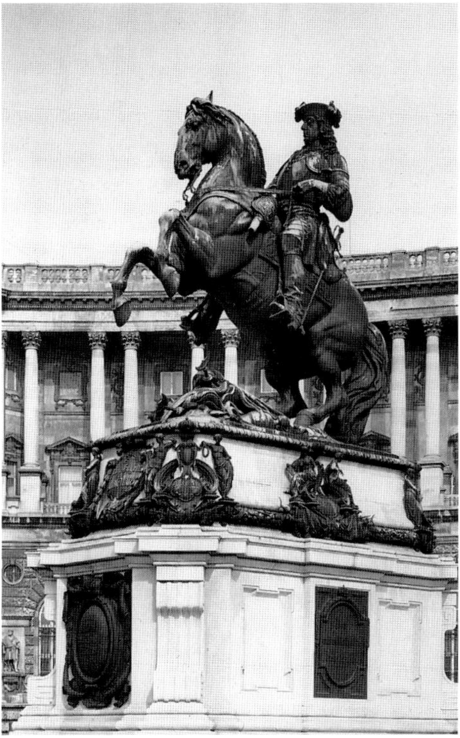

48 Anton Dominik Fernkorn, Reiterstandbild des Prinzen Eugen, 1859–1865. Heldenplatz

werden, die Denkmäler in den Parks, etwa das Schubertdenkmal im Stadtpark und das Mozartdenkmal, ursprünglich hinter der Hofoper, huldigten der «vaterländischen» Kunst. Die Dynastie hingegen suchte den Bezug zur eigenen Geschichte, den das Reiterstandbild Erzherzog Karls bereits vor dem kaiserlichen Handschreiben zur Niederlegung der Wälle hergestellt hatte, durch ebensolche weiteren Monumente zu verstärken: etwa durch jenes für den Türkensieger Prinz Eugen auf dem Äußeren Burghof (Abb. 48), für den Sieger der Völkerschlacht, Karl Fürst Schwarzenberg, auf dem Schwarzenbergplatz (1867 enthüllt), jenes für Feldmarschall Radetzky von Caspar von Zumbusch (1892) und das für den Sieger der Schlacht von Custozza, Erzherzog Albrecht, auf der Albrechtsrampe hinter der Oper (1898/99). Die Denkmäler wurden noch mehr «herumgeschoben» als die Monumentalbauten. Einige «wanderten» nach ihrer Fertigstellung jahrelang durch die Stadt. Für das Radetzky-Denkmal hatte man beispielsweise 21 Standorte in Erwägung gezogen, bevor es auf dem Platz Am Hof aufgestellt wurde (Abb. 62). Nicht viel besser erging es dem Denkmal für Admiral Tegetthoff, das schließlich auf dem Praterstern (II. Bez.) landete. Eine als besonders ruhmreich empfundene Epoche Österreichs feiert das 1888 enthüllte Maria-Theresien-Denkmal auf dem Platz zwischen den Hofmuseen. Zumbusch zeigt die thronende Herrscherin dort auf einem hohen, von Hasenauer entworfenen Sockel, umgeben «von den besten Männern ihrer Zeit» (A. von Arneth). Weitere für den Ring projektierte Denkmäler, etwa für Rudolf I. von Habsburg und Franz Joseph I., gelangten nicht mehr zur Ausführung.

Es ist für Wien bezeichnend, daß man die Anlage der Ringstraße wiederum nicht nutzte, um Plätze zu schaffen. Die einzige Ausnahme: der Schwarzenbergplatz, der sich schlank zwischen dem Ring und dem Palais Schwarzenberg hinzieht. Auf dem Maria-Theresien-Platz und dem jetzigen Rooseveltplatz vor der Votivkirche nehmen die Grünanlagen, die von Anfang an dort vorgesehen waren, diesen Plätzen den Platzcharakter. Sie sind zugleich jene Orte, an denen man die ehemalige Ausdehnung des Glacis noch wahrnehmen kann. Dieser von den Wienern vor dem kaiserlichen Handschreiben gern genutzte Erholungsraum schrumpfte durch die Ringstraßenverbauung auf ein Minimum. Was übrigblieb, wurde mit Nachdruck als Natur inszeniert: Der Park vor dem Rathaus und der Stadtpark auf dem Areal des ehemaligen Wasserglacis sind überwiegend als englische Landschaftsgärten angelegt.

Den mit modernen Mitteln bewältigten Verkehr verbannte man in der «Gründerzeit» aus dem Bereich des Rings. Die Linien der Fernbahnen wurden außerhalb des Linienwalls in Kopfbahnhöfen abgefangen, und am Ende des Jahrhunderts wurde die Stadtbahn dort, wo sie sich der Inneren Stadt nähert, unter dem Straßenniveau geführt. Nichts Profanes sollte dem um die Reichs- und Residenzstadt gelegten «Diadem des Kaiserstaates» (K. Roschitz) seinen Glanz nehmen. Vielmehr wurde die Ringstraße schon in ihrer Entstehungszeit zur Bühne großer Festzüge, wie man sie seit dem Barock nicht mehr gesehen hatte, und der Teil zwischen «Sirkecke», der stadtseitigen Ecke von Kärtnerstraße und Opernring, und Schwarzenbergplatz entwickelte sich zu einem neuen Korso. Daß man nun entlang einer Straße promenierte, läßt den Mangel an Plätzen, die zum Flanieren einladen, erneut deutlich werden.

Daß bei den großen Bauvorhaben am Ring auch die Planung der Einrichtung und Gebrauchsgegenstände in der Hand der Architekten lag, konnte nicht ohne Folgen für das Kunsthandwerk bleiben. Es wandelte sich zur Kunstindustrie, die sich den Anforderungen des Architekten anzupassen und zahlreiche Objekte in kurzer Zeit zu liefern hatte. Die Produkte sollten technisch vollkommen sein, d. h., sie mußten «von den Unvollkommenheiten der Handarbeit» befreit werden. Zugleich sollten neue Verfahrensweisen die schöpferischen Möglichkeiten der Entwerfer erweitern (K. Eggert). Tatsächlich erwies sich die 1863 per kaiserliche Anordnung eingerichtete Sammlung von Objekten des Kunsthandwerks samt einer angeschlossenen, von der Akademie unabhängigen Schule nach englischem Vorbild als die einzige Möglichkeit, diesen Forderungen nachzukommen und die österreichische Kunstindustrie international wieder konkurrenzfähig zu machen. 1871 wurde das von Heinrich von Ferstel entworfene «Österreichische Museum für Kunst und Industrie» unter seinem Direktor Eitelberger von Edelberg als erstes Kunstgewerbemuseum auf dem Kontinent eröffnet. Die Schule war vorerst provisorisch im Museum untergebracht, dann entstand auf dem Grundstück nördlich davon ein eigenes Schulgebäude. In den Jahren 1872–1876 erhielt auch die Akademie der bildenden Künste auf dem jetzigen Schillerplatz ein neues, von Theophil Hansen im Stil der Renaissance geplantes Gebäude. Das Äußere bestimmen die für den Dänen typischen Ecktürme sowie die durch Polychromie und Skulpturen bereicherte Oberfläche. Für die Ausstattung seiner Bauten zog Hansen unter anderem Anselm von Feuerbach heran, der das Deckenbild der Akademieaula schuf, von August Eisenmenger d. Ä. stammen die Deckenbilder des – für seine Schönheit wie für seine Akustik gleichermaßen weltberühmten – Goldenen Saals des 1867–1869 errichteten neuen Musikvereinsgebäudes. Dieses Zeichen bürgerlicher Kultur, gleichfalls ein Werk Hansens, steht nicht am Ring, sondern ist mit der Seitenflanke auf die «Lastenstraße» hin orientiert. Dieser zweite, 1862 um die Stadt gelegte Ring, den heute die Hintere Zollamts- und die Invalidenstraße, die Straße «Am Heumarkt», der Karlsplatz, der Getreidemarkt sowie die Museums-, Auersperg- und Landesgerichtsstraße bilden, sollte den Schwerverkehr, dem die Durchfahrt durch die Innere Stadt verwehrt war, aufnehmen. Die schon vorhandenen Monumentalbauten – Zollamt, Polytechnikum, Militärgeographisches Institut, Kriminalgerichtsgebäude – wurden in diese zweite «Ringstraße» integriert, überwiegend ist sie aber von Wohnbauten gesäumt. Ab 1865 wurde dann als dritter Ring um die Stadt die «Gürtelstraße» («Gürtel») entlang des ab 1873 abgetragenen Linienwalls angelegt. Damit entstand an der Nahtstelle zwischen den – 1850 eingemeindeten – Vorstädten und den noch zu Niederösterreich gehörenden Vororten ein noch längerer, aber noch weniger prächtiger, mit Alleen besetzter Boulevard. Seine meist viergeschossigen und stilistisch oft an der Neorenaissance Hansens orientierten Wohnbauten sind additiv aneinandergereiht, Monumentalbauten bilden die Ausnahme. Zu ihnen zählte das 1869–1872 errichtete und nach dem Zweiten Weltkrieg abgerissene «Spital der Israelitischen Kultusgemeinde, Anselm Freiherr von Rothschild-Stiftung» (XVIII. Bez.) nach den Plänen von Wilhelm Stiaßny. Akzente setzen weiterhin die 1868–1875 in Sichtziegelbauweise aufgeführten Kirchen Maria vom Siege am Mariahilfer Gürtel von Friedrich von Schmidt und die 1893–1898 errichtete Breitenfelder Pfarrkirche von Alexander Augustin von Wielemans. Die «Siegeskirche» nimmt mit ihrem Patrozinium auf die Schlacht am Weißen Berg (1620) Bezug, zudem erinnert sie typologisch an den Hohenbergschen Entwurf für den Laxenburger «Vereinigungsbau» vom Anfang des 19. Jahrhunderts. Wielemans Pfarrkirche schließt an die vor einem halben Jahrhundert errichtete Altlerchenfelder Pfarrkirche Müllers (Abb. 42) an.

Die Wiener Weltausstellung

Als Wien sich 1873 anschickte, die Weltausstellung auszurichten, trat die Reichshaupt- und Residenzstadt selbstbewußt in eine Reihe mit den bisherigen Weltausstellungsstädten London und Paris. Für dieses Großereignis gestaltete Carl von Hasenauer einen Teil des Praters als riesenhaftes Ausstellungsareal um, von dem nur Reste, unter anderem zwei Pavillons in der Krieau, erhalten sind. Sein Herzstück bildete eine 1871–1873 errichtete kolossale Rotunde, auf deren Dach sich wohl in Anspielung auf die barocke, stromaufwärts am anderen Donauufer liegende Klosterresidenz Klosterneuburg eine vier Tonnen schwere Kaiserkrone aus vergoldetem Schmiedeeisen erhob. War beim Klosterneuburger «Escorial» die Einheit des Heiligen Römischen Reiches und der katholischen Kirche beschworen worden, galt es nun, die Dynastie als Garanten des säkularen Pantheons herauszustellen.

Die Weltausstellung konnte von jedermann gegen geringe Eintrittsgebühr bestaunt werden. Ihr wahrer Adressat aber war das mittlerweile zu Reichtum, politischem Einfluß und gesellschaftlichem Glanz gelangte Bürgertum. Daß Okzident, Orient, der Ferne Osten und die Neue Welt in diesem «Welttheater» ihre Waren ausbreiteten, blieb nicht ohne Einfluß auf die Wiener Kunst. Islamische und «islamisierende» Musterbauten im Prater wie die Sultansfontäne oder der orientalische Bierpavillon der in Schwechat ansässigen Brauerei Dreher wurden zum Vorlagenfundus. Gleichzeitig gewannen die altägyptische Kunst sowie der «altdeutsche Stil» an Popularität. Gerade letzteres überrascht, da «Altdeutsch» durchaus politisch verstanden werden konnte, diente es im Wilhelminischen Deutschland seit 1870 doch explizit der eigenen Identitätsstiftung.

Eine Hauptrolle in der Inszenierung der Wiener Weltausstellung spielte die Kunstindustrie. Hierbei lieferte nicht nur das Ausland, sondern auch Österreich ein beachtliches und beachtetes Angebot. Dies war weitgehend die Frucht der jüngsten Kunstgewerbereform. Erfolg hatten unter anderem die einheimische Eisenverarbeitung und Möbelkunst, die Wiener Juweliere sowie die Glasindustrie. Begeisterte Aufnahme fanden speziell die Produkte der Firma Lobmeyr, die im Hinblick auf das Wiener Ereignis bedeutende Entwerfer, unter ihnen auch Theophil Hansen und August Eisenmenger d. Ä., herangezogen hatte. Daß man die Produkte der Kunstindustrie durchweg historistisch überformte, kann sozialgeschichtlich mit der noch wenig entwickelten Urteilsfähigkeit des rasch wachsenden Bürgertums erklärt werden, gab der Rekurs auf die Kunst vergangener Epochen und damit auf traditionell Akzeptiertes Auftraggebern und Käufern kunstindustrieller Produkte doch das Gefühl, sich geschmacklich auf sicherem Grund zu bewegen. Die Umstände freilich waren dem am 1. Mai 1873 glanzvoll eröffneten Schauspiel nicht hold: Das Wetter war schlecht, die Cholera brach aus, und schon am 9. Mai 1873, am «schwarzen Freitag», wurde die Wirtschaftswelt durch den Zusammenbruch der Wiener Börse erschüttert. Die Börse wurde polizeilich gesperrt, zahlreiche Industrieunternehmen, Banken und Versicherungsunternehmen gingen in Konkurs, Hunderte von Spekulanten begingen Selbstmord.

Das Zeitalter Makarts

Theophil Hansen hatte die Ringstraße in den sechziger Jahren zum Corso gemacht. Leben eingehaucht hat ihm in der darauffolgenden Dekade der «Zauberer»: Hans Makart. Der Salzburger hatte bei Karl von Piloty in München studiert, 1869 wurde er Professor an der Wiener Akademie. Im Jahr darauf begann er mit der Ausgestaltung seines «Malerfürstensitzes«, einem Nebengebäude des ehemaligen Gußhauses, in dem die Heldendenkmäler Anton Dominik Fernkorns gegossen worden waren (Abb. 48), in der jetzigen Gußhausstraße (IV. Bez.). Makart verwandelte die Räume seines Hauses durch Teppiche, Gobelins, Wandbespannungen, Möbel der Renaissance und aus dem Orient, durch Skulpturen, Ritterrüstungen und luxuriösen Hausrat in ein «Atelier-Arkadien»; Rudolf von Alt hat es 1885 in einem Aquarell, heute im Historischen Museum der Stadt Wien, für die Nachwelt festgehalten. Makarts Interieurs konnten täglich zwischen vier und fünf Uhr nachmittags gegen Eintrittsgebühr besichtigt werden. Illustre Besucher wie Richard Wagner, Gottfried Semper und Franz von Lenbach sind hier zusammengetroffen, zahlreiche legendäre Atelierfeste, bei denen Gastgeber und Gäste in historischen Gewändern erschienen, fanden hier statt, etwa jenes 1873 im Stil der venezianischen Renaissance anläßlich der Fertigstellung des – für die Wiener Weltausstellung gemalten – Monumentalgemäldes ‹Venedig huldigt Catarina Cornaro› (Österreichische Galerie, Abb. 49) veranstaltete. Makarts Gattin trug dabei das Kostüm der zypriotischen Königin.

Makarts Malerei wurde als Befreiung aus der «Stilknechtschaft» empfunden – der Salzburger entthronte Dürer und hob Tizian und Rubens auf den Schild. Der venezianische Kolorismus und Pinselduktus, das heißt: der offene Strich, seine Verbreiterung zum Fleck und der pastose Farbauftrag sowie die niederländische Sinnlich- und Stofflichkeit, die sich in der Wiedergabe von nackter Haut, Textilien, Wasser, Früchten, Blumen etc. äußert, wurden in Makarts Monumentalgemälden zu einem neuen Ganzen, einem ganz Neuen. Kritik blieb nicht aus. So reagierte Makarts Vorgänger an der Akademie, Anselm Feuerbach, mit Abscheu und sprach von einem «diarhöeartigen Produzieren in seiner asiatischen Trödelbude». Daß Makart 1884 nur vierundvierzigjährig an Syphilis starb, war Wasser auf die Mühlen jener, die seine Kunst ekelhaft fanden.

Doch mit Makarts Malerei zog auch inhaltlich Neues ein: Für ihn war jedes Ereignis darstellungswürdig, wenn es die Anwendung seiner malerischen Mittel zuließ. Nicht das Thema mache die Kunst, sondern die Malerei. Sie nobilitiere jedes Sujet. Von einem auf den Spätbarock zurückgehenden Ansatz her war er imstande, große Figurenmassen auf Riesenleinwänden zu arrangieren und historische Ereignisse wiederzugeben, indem er die Geschichte atmosphärisch vermittelte, nicht durch die «gleichsam archäologisch getreue ‹Rekonstruktion› der Requisiten» (W. Telesko), wie dies noch sein Lehrer Karl von Piloty getan hatte. Zu Recht sagte Ludwig Hevesi, der Chronist des Wiener Fin de siècle, über Hans Makart: «Seine Kunst war nicht Gedanke, sondern Gefühl». Beispielhaft ist Makarts Gemälde ‹Moderne Amoretten› von 1868 (Österreichische Galerie), das sich von der traditionellen, auf die Vermittlung des Inhalts stets mit Akkuratesse bedachten gleichzeitigen Historienmalerei absetzte, indem es auf eine fixierbare literarische Vorlage verzichtet.

Makart konfrontierte sein Publikum mit Ungewohntem auch dann, wenn er in seinem ‹Einzug Karls V. in Antwerpen› von 1878 (Kunsthalle Hamburg) Damen der Wiener Gesellschaft, die es sich zur Ehre angerechnet hatten, dem «Malerfürsten» Modell stehen zu dürfen, in dürftiger Bekleidung zeigte. Ungeachtet heftiger moralischer Appelle oder gerade deshalb erfaßte das Makartsche Lebensgefühl die ganze Stadt: Makart-Rosen wurden gezüchtet, Kleider aus leuchtend «makart-rotem» Samt und riesengroße Makartfederhüte ließen die Damen aussehen, als seien sie eben den Gemälden des Meisters entstiegen. Zugleich stellten Industrielle und Politiker in ihren Beletagewohnungen Makarts Atelier nach oder ließen den Künstler solche Ausstattungen auch selbst inszenieren, so etwa im Arbeitszimmer des Industriellen, Politikers und Kunstmäzens Nikolaus Dumba am Parkring.

Da bei Makart alles Inszenierung war, führte er auch Regie bei dem größten öffentlichen Ereignis, welches das «Ringstraßen-Wien» je erlebt hat, bei dem anläßlich der Silbernen

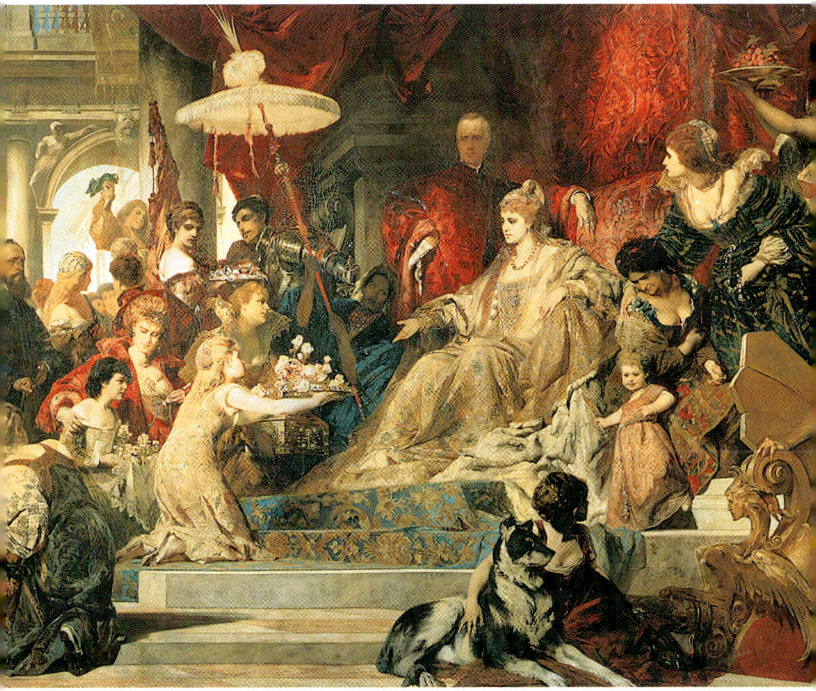

49 Hans Makart, Venedig huldigt der Catarina Cornaro (Ausschnitt), 1872/73. Wien, Österreichische Galerie

Hochzeit des Kaiserpaares am 27. April 1879 veranstalteten Festzug, der als «Makartfestzug» in die Geschichte eingegangen ist. Makart hatte die Kostüme und Wagen sowie die «Choreographie» der einzelnen Gruppen entworfen. Seine 35 Festzugsskizzen wurden publiziert. Typologisch schloß er an den barocken *trionfo* an. Zugleich war es ein historischer Festzug, der zur österreichischen Identitätsfindung dienen und das kulturelle Selbstverständnis der Monarchie fördern sollte – beides war seit der Niederlegung der Krone des Heiligen Römischen Reichs und der Gründung des Zweiten Deutschen Kaiserreiches 1871 ein Desiderat. An die 400 000 Zaungäste drängten sich hinter einem Spalier aus Soldaten, 130 000 Fremde waren angereist, den Festzug selbst bildeten 14 000 Personen, kostümiert im Stil der deutschen Renaissance, 27 dekorierte Festwagen und Hunderte von Pferden. Die zweite der fünf Abteilungen des Zuges bildete hinsichtlich Prachtentfaltung und Teilnehmern den Mittelpunkt. Unter Mitführung zahlreicher prunkvoller Festwagen präsentierten sich hier Vertreter des Gewerbes in geradezu enzyklopädischer Aufreihung und die neuesten Errungenschaften in Industrie und Technik, so etwa war der «Eisenbahn» ein eigener Prunkwagen gewidmet. Von den Kostümen abgesehen, war die historische Dimension des Festzugs gering. Der österreichischen Geschichte waren zwar sechs *tableaux vivants* gewidmet, die aber nur 23 handverlesenen Zuschauern, allesamt Mitglieder des Kaiserhauses, vorgeführt wurden. Sie zeigten große Momente der Habsburgergeschichte: ‹König Rudolf I. belehnt seine Söhne (1282)›, ‹Herzog Albrecht II. erläßt eine Hausordnung (1355)›, ‹Maximilian I. begegnet Maria von Burgund (1477)›, ‹Karl V. überläßt seinem Bruder die österreichischen Länder (1521)›, ‹Herzog Karl von Lothringen überbringt Kaiser Leopold I. die Nachricht von der Eroberung Ofens (1686)› und ‹Kaiserin Maria Theresia begrüßt die Braut ihres Sohnes Joseph, die Infantin Isabella von Parma (1760)›.

Das in diesem Festzug zur Schau gestellte Selbstbewußtsein des Bürgertums äußerte sich auch in der Ausstattungsgeschichte der – ja durch private Spendengelder finanzierten – Votivkirche. So stiftete die Stadt Wien 1875 das «Kaiserfenster» von Eduard von Steinle, das den Kampf des Erzengels Michael mit dem Drachen als Typus für die abgewendete Bedrohung durch das Attentat auf Franz Joseph I. zeigt. Das politische Ereignis des Mordanschlags ist damit zu einem sakralen Geschehen uminterpretiert. Und das Bürgertum leistete auch den einzigen Beitrag dazu, der Votivkirche die Dimension eines gotischen Pantheons der großen Feldherren zu geben: Im Festzugsjahr sorgte der – 1853 gegründete – Wiener Altertumsverein dafür, daß die Tumba des erfolgreichen Verteidigers der Stadt gegen die Türken, Niklas Graf Salm, die im Zuge der Josephinischen Klosteraufhebungen aus der Dorotheerkirche entfernt worden war, in der Votivkirche aufgestellt wurde.

Der «Makartfestzug» von 1879 bildete zudem die Initialzündung, daß die «Neurenaissance» zum klassischen Modus des Bürgertums wurde. Altdeutsches und Motive der italienischen Hochrenaissance wurden nun einem atmosphäregetränkten Gesamtkunstwerk Makartscher Prägung einverleibt. Einer der wichtigsten Lieferanten für den stimmungsvollen Wohnstil war Bernhard Ludwig sen., der sich vom zugewanderten Tischlergesellen zum führenden Innenausstatter des Historismus hochgearbeitet hat. Zu seinen Kunden zählten der Hof, die Stadt, die hiesige Aristokratie und das Bürgertum, aber auch der rumänische Königshof. In Wien-Gumpendorf (VI. Bez.) schuf Bernhard Ludwig einen «Mikrokosmos» für sich und seine Familie. Seine weiträumige, 1891 fertiggestellte Wohnung oberhalb der eigenen Geschäftsräume stattete er – Künstler, Kunsttischler, Innendekorateur und Bildhauer in einer Person – in verschiedenen Stilen aus, die gemeinsam ein – auf Repräsentation ausgerichtetes – «milieu» schufen: Unternehmer wie Ludwig führten, an die Salons des Vormärz anknüpfend, ein großes offenes Haus. Auch der Junggeselle Ludwig Lobmeyr, der seit 1864 in der Beletage über seinem Geschäftslokal in der Kärntner Straße wohnte, gab zwischen etwa 1870 und 1910 zahllose Einladungen. Anders als im Vormärz wurden die Gästelisten nun aber nach einzelnen Gesellschaftskreisen beziehungsweise Themen zusammengestellt. Wie die Homogenität der Geladenen war auch jene des Rahmens zwingend: Der späthistoristische Wohnraum, mittlerweile zu einer «selbständigen Wesenheit» geworden, drohte die Menschen auszuschließen, die sich nicht selbst zum Kunstwerk und damit zu einem Teil des Gesamtkunstwerkes machten (K. Eggert). Bernhard Ludwig und seine Familie waren für diese Entwicklung gerüstet: Ludwig trug ein Richard-Wagner-Barett und taxierte mit strengem Blick die Garderobe seiner Lieben. Harmonierte diese bei einer Ausfahrt nicht, wurde die Familie zum Umkleiden zurückgeschickt.

Indirekt reich geworden durch den neuen Wohnstil und die Makart-Mode ist der Industrielle Johann Zacherl, der in seiner Fabrik in Wien-Döbling (XIX. Bez.) Insektenpulver produzierte. Keinesfalls unbeabsichtigt spielt das Äußere des 1888–1892 nach Plänen Karl Mayreders errichteten Fabrikgebäudes auf die Herkunft des Rohstoffs, der aus Persien importierten Weißen Chrysantheme, an: Die «Zacherlfabrik» gleicht mit ihrer Kuppel und den Minaretten, der Verwendung von Backstein und glasierter, von der Wienerberger Ziegelfabrik eigens hergestellter Keramik einer Moschee. Mit derart leichter Hand ist freilich nicht nur mit fremden Kulturen umgegangen worden. Auch im christlichen Bereich fand die «Entwertung der Symbole» (S. Giedion) statt. So erhielt im Historismus die farbige Glasmalerei, einst Markenzeichen des mittelalterlichen Kirchenbaus, im privaten Umfeld eine Hauptrolle, weil sie «in der Mauer das grelle, gähnende Loch ... zwischen Decoration und Decoration» (J. von Falke) schließt; Bewohner und Gäste blieben, sofern das private Sanktuarium lückenlos geschlossen war, von der Wirklichkeit verschont – einer Wirklichkeit, zu deren unerfreulichem Charakter die Unternehmer freilich selbst ihren Beitrag geleistet haben.

Erlösung durch Mitleid

Um seine Gemahlin Elisabeth – die monatelang rastlos auf Reisen war – wieder stärker an Wien zu binden, gab der Kaiser 1882 den Auftrag, im Lainzer Tiergarten ein Jagdhaus zu errichten. Vier Jahre später, 1886, war die von Carl von Hasenauer geplante «Hermesvilla», wie das Ensemble seit der Aufstellung der Hermesstatue des Berliner Bildhauers Ernst Herter im Garten vor der Villa heißt, fertig. Die einzelnen Räume zeigen unterschiedlichen Charakter. Im zentral gele-

50 Hans Makart, Hugo Charlemont, Julius Victor von Berger u.a., Schlafzimmer der Kaiserin Elisabeth in der Hermesvilla, um 1884/1886. Lainzer Tiergarten (XIII. Bez.)

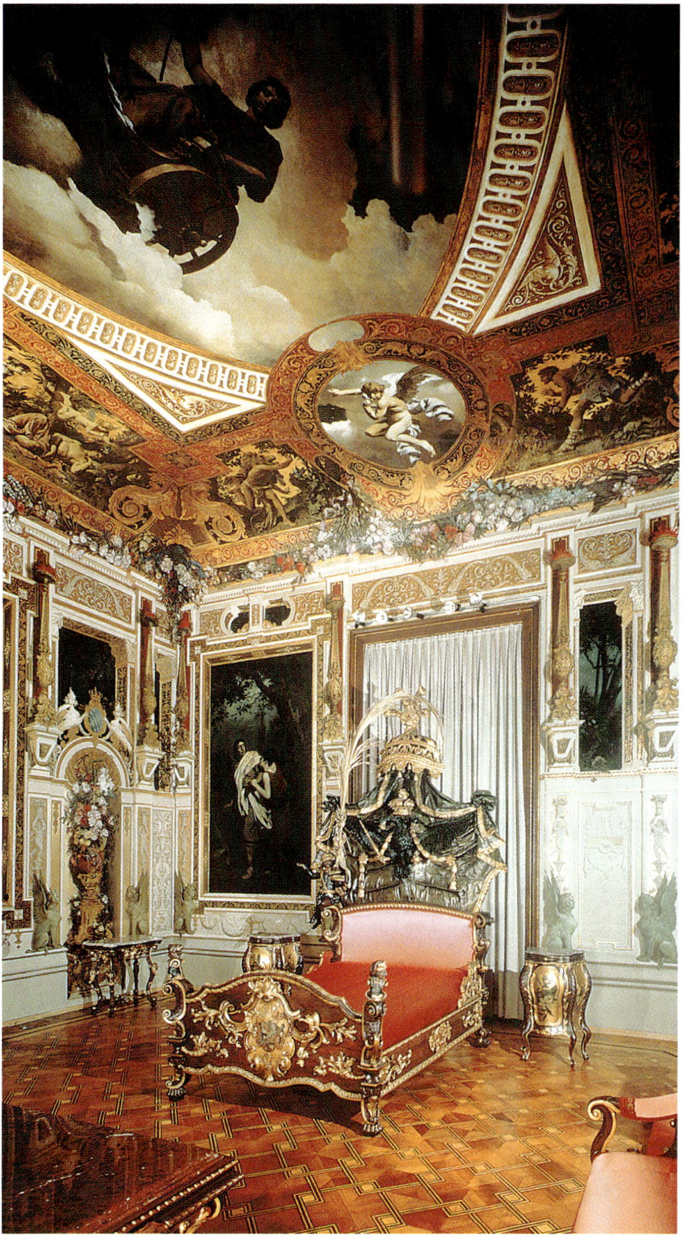

genen Speisesaal der kaiserlichen Familie im Parterre dominieren beiger und brauner Marmor sowie der in weißem Stuck ausgeführte Deckenspiegel mit der ‹Aurora› Victor Tilgners, zwei Brunnen rekurrieren auf manieristische Grotten. Das Turnzimmer der Kaiserin im ersten Stock mit mythologischen Szenen im pompejanischen Stil läßt indes an die Antike denken. Höhepunkt der Hermesvilla ist jedoch das von Makart konzipierte Schlafzimmer der Kaiserin (Abb. 50). Das um Shakespeares ‹Sommernachtstraum› kreisende Programm dürfte Elisabeth persönlich bestimmt haben, sah sie sich doch selbst gerne als Titania. Die literarische Vorlage unterstützt Makarts

51 Heinrich Natter, Grabmal Zang, 1888. Wien, Zentralfriedhof (XI. Bez.)

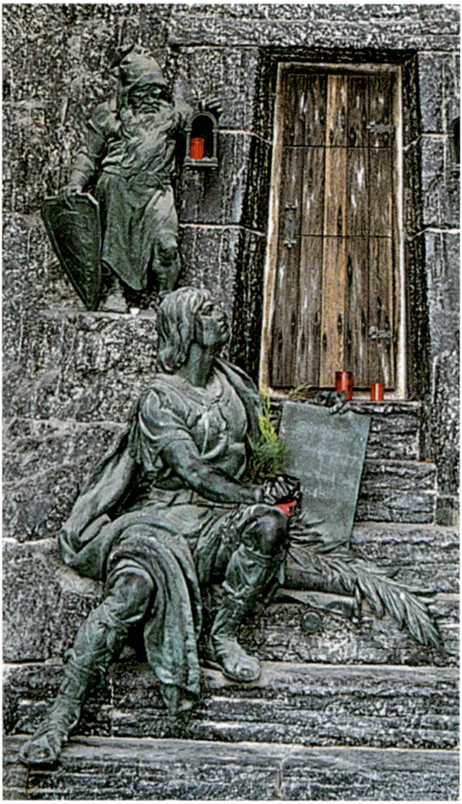

Absicht, durch Kunst die Grenzen zwischen Wirklichem und Imaginiertem zu verwischen und in einer umfassenden Harmonie aufgehen zu lassen. Nach Makarts Tod 1884 haben Hugo Charlemont, Julius Victor von Berger, Rudolf Carl Huber und Pietro Isella die Malereien des Schlafzimmers – das Makartkonzept stark verändernd – ausgeführt. Im Salon haben außerdem Franz Matsch sowie Gustav und Georg Klimt gearbeitet.

Befreiung vom Bann der Vereinzelung durch Mitleid verspricht auch die Grabskulptur dieser Zeit. Mitleid kommt aber nur auf, wo Geschehen ist. Also wurden die Grabmäler des Historismus szenisch. Genien, Engel, Personifikationen etc. agieren – in voller Lebensgröße dargestellt – im Betrachterraum, und in diesem grenzt Grabmal an Grabmal, und jedes ist eine Bühne für ein anderes Stück, dessen Protagonisten einander beim Versuch, die Hinterbliebenen zum befreienden Mit-Leiden hinzureißen, zu übertreffen suchen. Da es auch um das Überlebenwollen im Ruhm, also in der Wertschätzung der Nachwelt, geht, lebt die Sepulkralrhetorik der «Gründerzeit» generell vom Zitat.

Auf den Wiener Friedhöfen tauchen die Pyramide, das Türmotiv und der Todesgenius aus dem Maria-Christina-Grabmal wieder auf, beispielsweise beim Grabmal für Vater und Sohn Zang, der eine der Gründer der Zeitung ‹Die Presse› († 1858), der andere Grubenbesitzer († 1888; Abb. 51). Heinrich Natter hat hier Motive aus Canovas Maria-Christina-Grab mit spätromantischen, barocken und antiken Momenten verquickt. Das ägyptische, nach oben verjüngte Tor ist dabei in einen pyramidalen Felsen eingeschnitten. Zwerge mit Grubenlampen für «richtige» Kerzen flankieren den Eingang, der nicht in die Unterwelt, sondern – in Anspielung auf den Beruf des jüngeren Zang – in einen Stollen zu führen vorgibt. Canovas Todesgenius ist durch einen jungen Mann, das Sinnbild der Freiheit und zugleich der personifizierte «Völkerfrühling» (H. Pemmer), ersetzt, der mit der rechten Hand gesprengte Ketten umklammert und zugleich eine Tafel mit der

Aufschrift «Die Presse/Motto: Gleiches Recht für Alle/ Gegründet von August Zang 1848» festhält. Vater und Sohn sind in einem Doppelmedaillon oberhalb des Grubeneingangs dargestellt, über ihnen mit dem Siegeskranz Jupiter, der sich als Bergadler auf der Klippe eingefunden hat. Kein Zweifel: Wiens Friedhöfe sind jener Ort, an dem die für den Historismus typische «Entwertung der Symbole» am schnellsten vor sich ging.

Wie die Grabarchitektur und -skulptur der Gründerzeit bediente sich auch der Begräbniskult dieser Epoche großzügig des sakralen und imperialen Fundus. Als Makart 1884 starb, wurde er wie ein Fürst zu Grabe getragen. Mehr als zweihundert Künstler mit brennenden Fackeln gaben ihm das Geleit. Und das Leichenbegängnis von Friedrich von Schmidt zum Zentralfriedhof im Jahr 1891 dauerte sieben Stunden, weil es an sämtlichen Bauten des Dahingegangenen vorbeiführte. Die Reliquienprozession des Hochmittelalters und der Makartfestzug für das Kaiserpaar von 1879 gingen hier in einem hypertrophen Schauspiel zu Ehren des Rathausarchitekten auf.

«Apotheose des Leichtsinns»

Auf dem «Ringstraßen-Korso» trafen sich die Flaneure aller Gesellschaftsschichten, «ganze Prozessionen von zweibeinigen Bibern und Zobeln drücken sich aneinander vorbei», schrieb Ludwig Hevesi 1892. Treffpunkte und Informationsquelle der Wiener waren (und sind) auch die Kaffeehäuser, etwa das Café Central im Ferstelbau in der Herrengasse, einem 1855–1859 errichteten, «multifunktionalen» Gebäudekomplex für die Österreichische Nationalbank und die Wiener Börse, oder das Café Sperl in der Gumpendorfer Straße (VI. Bez.).

In der «Gründerzeit» wurde Wien auch um ein gutes Dutzend Theater reicher. Dabei ist Ferdinand Fellner und Hermann Helmer, den wichtigsten Theaterarchitekten der Monarchie, eine strukturelle Neuerung gelungen. Waren Hofoper und Hofburgtheater noch Logentheater, in denen die Zuschauer hierarchisch gegliedert und ganze Bereiche für den

Hof reserviert waren, so ist bei dem 1887–1889 erbauten Deutschen Volkstheater an der Lastenstraße (VII. Bez.) diese Form aufgegeben. Die wenigen noch vorhandenen Logenplätze wurden nun an ungünstige Stellen verlegt, während der Balkon und die Galerie dem Volk zur Verfügung standen. Sowohl die demokratische Grundform der von Fellner und Helmer geplanten Theater als auch die Normalbestuhlung durch die Firma Thonet machten in ganz Europa Schule.

Die Sucht nach einem leichtsinnigeren Leben bescherte am Jahrhundertende auch dem – von Joseph II. allgemein zugänglich gemachten – Prater neue Attraktionen, so etwa das 1895 nach den Plänen Oskar Marmoreks errichtete, von Kanälen durchzogene «Venedig in Wien» aus Holzgerippen mit stukkierten und bemalten Holzplatten. Dabei hatte Marmorek nicht die Absicht, einen bestimmten Platz oder ein bestimmtes Ensemble zu kopieren, vielmehr beabsichtigte er – ganz spätromantisch empfindend –, auf kleinem Raum den «Charakter, die Stimmung der ‹Königin der Meere› vorzuführen» (O. Marmorek). Der Haupteingang zum «Venedig in Wien» war am Praterstern, das «Arsenaltor» grenzte an den sog. Wurstelprater. Durch die Stehbierhalle der Schwechater Brauerei am «Campo dei Mori» konnte man mit der Gondel fahren, dann erblickte man das «Panorama von Venedig». 1896/97 wurde eine der venezianischen Attraktionen durch eine neue ersetzt: das über 64 Meter hohe Riesenrad, für dessen Planung der englische Konstrukteur Walter B. Basset of Watermouth engagiert worden war.

Der Wunsch nach Amüsement und Maskerade fand auch bei den Künstlern, die sich 1861 in der neugegründeten «Vereinigung bildender Künstler (Künstlerhaus)» zusammengeschlossen hatten, lebhaften Widerhall, erfaßte aber ebenso die Kunstfreunde, die den Bau des neuen, von August Weber geplanten und 1865–1868 errichteten «Künstlerhauses» finanziert hatten. Das Gebäude am Karlsplatz diente von Anfang an nicht allein als Ausstellungsgebäude der Künstlergenossenschaft, sondern auch als Ort für Theateraufführungen, Konzerte und das seit 1870 regelmäßig abgehaltene Künstlerfest und den Gschnasball im Fasching. Die Festivitäten wurden in mehrwöchiger Arbeit vorbereitet, Theatermaler statteten die Räume illusionistisch aus, ephemere Bauten, Pflanzen, Girlanden und Gschnaskunstwerke schufen die entsprechende Atmosphäre, Scherzpublikationen wie «wissenschaftliche» Abhandlungen und Kataloge zu den Gschnaskunstwerkausstellungen dokumentierten den «künstlerisch verfeinerten Nonsens» (A. Winkelbauer).

Die «Zukunft des Barockstils»

Mit der 1880 unter dem Pseudonym «Bernini der Jüngere» vom Wiener Kunsthistoriker Albert Ilg herausgegebenen Schrift über die ‹Zukunft des Barockstils› erhielt der stilistische Umschwung von der Neorenaissance zum Neobarock, der sich in den siebziger Jahren vollzogen hatte, seine theoretische Grundlage: Der Barock wurde zum österreichischen «Nationalstil». Folglich war es auch jenseits der Diskussion, daß die Fertigstellung und Erweiterung der Hofburg im neubarocken Stil zu erfolgen hatten. 1889 wurde die Fertigstellung des Michaelertraktes in Angriff genommen. 1893 war er mit seiner konkav einschwingenden Fassade, dem Michaelertor und der bekrönenden «Michaelerkuppel» fertig. Der Späthistorismus der ausgehenden 1880er Jahre wurde in den Händen des Hofes zum «Mittel des Beharrens, der Verteidigung und Restaurierung alter Zustände, ‹legitimer› Herrschaftsverhältnisse» (P. Feist). Die Wiener neobarocke Spielart des Historismus ist also «Kontinuismus», da die Kunst hier bewußt «ein von Raum und Zeit unveränderbares, absolutes, ideales Sein» imaginiert (K. Eggert). Die Zeit ist in diesem Konzept ein ignorierbares Akzidenz.

Diesem Beharren setzte das Bürgertum, das Ende der 1870er Jahre durch Rückgriff auf das 16. Jahrhundert seinen Machtanspruch angemeldet hatte, in den letzten beiden Jahrzehnten des 19. Jahrhunderts vielfach nichts Eigenes mehr entgegen. Devise war vielmehr: Orientierung an dem vom Kaiserhaus und der Aristokratie Vorgegebenen. Für jene bürgerlichen Schichten waren die Mietpalais maßgeschneidert, die in unmittelbarer Nachbarschaft zur Hofburg hochwuchsen, etwa der 1883/84 erbaute und 1945 bombardierte «Philipp-Hof». Sein Architekt, der am Polytechnikum lehrende Karl König, hat die «Michaelerkuppel» geradezu wörtlich zitiert. Auch das 1897 erbaute «Palais Herberstein» der Königschüler Oskar Laske und Franz (František) Fiala, der Hofburg direkt benachbart, spricht geläufig in der Sprache des Michaelertrakts.

Im Zuge dieses – als Anpassung kaschierten – Wetteiferns der bürgerlichen Zinshäuser mit der kaiserlichen Architektur wurde die neobarocke Architektur Wiens im Laufe der 1880er und 1890er Jahre immer größer, plastischer und immer häufiger durch typologische Rückgriffe bestimmt. Beispielsweise verschanzen sich die 1883 erbauten, von Alois Wurm-Arnkreuz geplanten Zinshäuser auf der Prinz-Eugen-Straße hinter einer gigantischen Schloßfassade, die mit nicht weniger als drei Atlantenportalen à la Fischer von Erlach und Lukas von Hildebrandt bestückt ist. Diese Architektur soll beeindrucken. Und sie will ausschließen: alle, die nicht arriviert sind. Die Mittel dazu sind Balkone und Erker, die dem Passanten Lebensraum nehmen, bossierte Sockelzonen, muskelstrotzende Atlanten und barbusige Karyatiden im Riesenformat, die dem Nahenden das Gefühl der Kleinheit geben. Von jenen, die zum System gehörten, ließen sich die bauplastischen Wucherungen freilich auch anders lesen: die Atlanten als Träger der neuen bürgerlichen Welt, die Karyatiden «als Boten aus dem fernen, demokratischen Griechenland», die Rossebändiger (nämlich jene vor dem Parlament) als diejenigen, die «die Urgewalt in geordnete Bahnen» lenken, und die zahllosen Niken als Künderinnen des Siegs der neuen herrschenden Klasse (H. Giese).

Indem Anton Romako die Ereignisse ins Überzeitliche erhob und zugleich auf eine allegorische Ebene transformiert, hat er dem Ereignisbild der Epoche eine neue Dimension gegeben. Sein Gemälde ‹Tegetthoff in der Schlacht bei Lissa› von 1888 in der Österreichischen Galerie zeigt jenen Augenblick am Vormittag des 20. Juli 1866, in dem das österreichische Flaggschiff ‹Erzherzog Ferdinand Max› das italienische Panzerschiff ‹Ré d'Italia› rammt. Das von mehreren Personen gleichzeitig besetzte Steuerrad fungiert als Symbol für das wechselhafte Geschehen im Krieg. «Allegorie und Ereignisbild begegnen sich hier auf höchstem künstlerischem Niveau und formulieren gleichsam eine Synthese der Geschichtsinterpretation des Historismus» (W. Telesko). Venedig war Österreich trotz der gewonnenen Seeschlacht verlorengegangen; die Entscheidung fiel im Norden: in der Schlacht von Königgrätz.

Der wichtigste Maler der neobarocken Richtung war Hans Canon, ein *pictor doctus*, der – auf Rottmayr und Rubens gestützt – ganz im Makartschen Sinn auf keine konkreten mythologischen Quellen mehr zurückgriff. So thematisiert sein 1885 vollendetes Fresko im Treppenhaus des Naturhistorischen Museums den Kreislauf des Lebens schlechthin. Den Barock als nach wie vor lebendig suggerieren auch die in der Stadt omnipräsenten Putti, deren Population im Fin de siècle noch deutlich wuchs. Kinderengel umkränzen etwa die Figur Mozarts bei dem 1896 von Victor Tilgner geschaffenen Denkmal des Komponisten, heute ein Glanzpunkt des Burggartens – ja, sie finden sich in Wien praktisch überall und in jeder Technik ausgeführt: an Fassaden, im Attikabereich, vor und in den Gebäuden, vollplastisch, in Relief, gemalt. Und sie sind mit allem und jedem beschäftigt. Auf einem Stuckrelief im Café Sperl spielen sie Billard, und auf einem Bild Hans Canons (Österreichische Galerie, um 1876) bauen sie die Eisenbahn. Bourgeoiser Müßiggang und technischer Fortschritt wurden gleichermaßen allegorisch überhöht. Auch die Typologie und die Rhetorik barocker Festdekorationen und Trauergerüste kamen ab den 1880er Jahren wieder in Gebrauch, etwa bei der 1881 von Otto Wagner anläßlich der Vermählung des Kronprinzen Rudolf mit Prinzessin Stephanie von Belgien entworfenen Festarchitektur und beim Grabmal für den 1894 verstorbenen Wiener Bürgermeister Dr. Johann Nepomuk Prix auf dem Zentralfriedhof.

Der Glaube an den Fortschritt

Zwischen den 1870er Jahren und dem Ausbruch des Ersten Weltkriegs durchlief die Stadt eine rasche Entwicklung, vorerst getragen von den liberalen Kreisen des Bürgertums, allen voran den Bürgermeistern Cajetan von Felder, Julius von Newald, Eduard Uhl und Johann Nepomuk Prix. Zu den Meilensteinen der Entwicklung gehört die zweite Stadterweiterung der Neuzeit: die Eingemeindung der Vororte in den Jahren 1890/92. Wien hatte nunmehr 19 Bezirke.

Gebaut wurde in den Vororten in einem Rastersystem, das an den alten Ausfallstraßen und am Verlauf von Ring und Gürtel orientiert ist, während man das Landschaftsprofil, das aus dem Wienerwald in Richtung Donaukanal fließende Bäche und lange, sich dazwischen hinstreckende Bergrücken prägen, ignorierte. Die Bäche wurden durch Hauptstraßen überbaut. Die Gelegenheit, im Zuge der Stadterweiterung wie in Paris, London und Berlin großzügige Plätze, Parks und Alleen zu schaffen, wurde in Wien fast durchweg vertan. In den Außenbezirken gibt es fast nur «Beserlparks»: kleine, meist etwas schäbige Parkanlagen, die in erster Linie dazu dienen, den Hund «äußerln» zu führen. Heftige Kritik an der geistlosen Verbauungsstruktur der Stadt in der Gründerzeit hat schon Camillo Sitte in seiner 1889 in Wien erschienenen Schrift ‹Der Städtebau nach seinen künstlerischen Grundsätzen› geübt, in der er eine Stadtplanung nach topographischen und sozialen Gesetzmäßigkeiten forderte, ohne in Wien Gehör zu finden.

Eine positive Ausnahme in der urbanistischen Gesamtsituation bilden die beiden Wiener «Cottages» auf der «Türkenschanze» (XVIII./XIX. Bez.) und in Hietzing (XIII. Bez.). Ihre Initiatoren, zu denen auch von Ferstel und Eitelberger von

Edelberg zählten, beabsichtigten, das britische Einfamilienhaus nach Wien zu verpflanzen. Tatsächlich aber weisen die Häuser in den hiesigen «Cottages» – der Begriff bezeichnet in Wien kein Einfamilienhaus, sondern das ganze Areal – meist zwei oder drei übereinanderliegende Wohnungen auf, die traditionellen, also in den großen Mietshäusern üblichen Grundrissen folgen. Erreicht wurde in diesen Stadtteilen aber zumindest eine lockerere urbanistische Situation, welcher der XIII., der XVIII. und der XIX. Bezirk bis heute ihren exklusiven Charakter und die hohen Mietpreise verdanken.

Eingemeindung und Bautätigkeit gingen in Wien mit einer Bevölkerungsexplosion Hand in Hand – bei Ausbruch des Ersten Weltkriegs zählte die Stadt nahezu 2,4 Millionen Einwohner. Versorgungs- und Nutzbauten wurden aufgeführt, die das Wiener Stadtbild bis heute prägen: Imponierend sind die vier mächtigen, jetzt im Umbau befindlichen Gasometer in Simmering (XI. Bez.) von 1893–1899 (Abb. 52). In Angriff genommen wurden auch die Verkehrsverbindungen zwischen den Kopfbahnhöfen, die radial um die Stadt in ihrer Ausdehnung von 1850 angeordnet worden waren. Dem Bau der «Vorortelinie» ab 1893 von Penzing (XIV. Bez.) nach Heiligenstadt (XIX. Bez.) folgte von 1895–1901 die Errichtung der Stadtbahn. Wegen des geologischen Profils der Stadt und verkehrsplanerischer Überlegungen sind die Stadtbahn und die Vorortelinie, seinerzeit mit Dampf betrieben, nicht grundsätzlich unter die Erde gelegt, sondern teils als Hochbahnen geführt.

Als 1897 nach mehreren dramatischen Wahlgängen der christlich-soziale Bürgermeister Karl Lueger, der mit seinem ökonomisch orientierten und zugleich antisemitischen Standpunkt das Kleinbürgertum für sich gewonnen hatte, sein Amt antrat, erreichte die Stadtentwicklung ihren Höhepunkt. Unter Lueger wurden nicht nur die Energie- und Wasserversorgung der Stadt verbessert, sondern auch mehr als hundert Schulen, Kinderheime und -hospize, Volksbäder, Markthallen und anderes mehr errichtet. Zudem ist unter Karl Lueger das am linken Donauufer liegende Floridsdorf, der jetzige

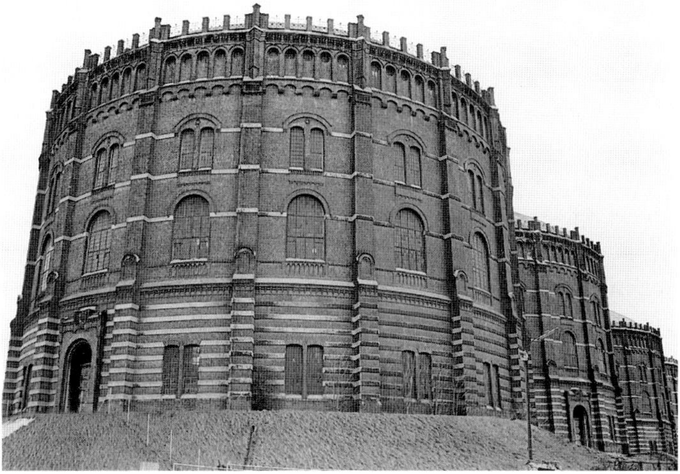

52 Union Baugesellschaft, Die vier ehem. Gasometer, derzeit im Umbau, 1893–1899. Eyzinggasse 12 (XI. Bez.)

XXI. Bezirk, eingemeindet und das Verbauungsverbot innerhalb des Wald- und Wiesengürtels, der die Stadt im Norden und Westen als «Wienerwald» umgibt, beschlossen worden.

Auch während der Amtszeit Luegers wurde das vom katholischen Herrscherhaus getragene System nicht in Frage gestellt. Im Gegenteil: Als die Stadt am rechten Donauufer, auf dem heutigen Mexikoplatz, eine riesige Kirche im neuromanischen Stil errichten ließ, wurde die Grundsteinlegung mit dem fünfzigsten Regierungsjubiläum des Kaisers im Jahr 1898 verbunden und ihr Patrozinium im Hinblick auf den ersten Taufnamen des Kaisers gewählt. Das Skulpturenprogramm im Presbyterium stellt mit den hll. Franz v. Assisi und Joseph sogar den Bezug zu beiden Taufnamen des Monarchen her. Ja, die Bindung zwischen Thron und Altar wurde nachträglich sogar noch vertieft, als man zwischen das Nordquerhaus und das Presbyterium eine Kaiserin-Elisabeth-Gedächtniskapelle in Erinnerung an die 1898 in Genf ermordete, vom Volk so geliebte «Sisi» einstellte. Dieser Zentralbau paraphrasiert sowohl die Aachener Pfalzkapelle als auch die ravennatischen

Baptisterien, so daß dem Haus Österreich hier – anders als in den bisherigen legitimistischen Konzepten des 19. Jahrhunderts – eine Genealogie untergeschoben wurde, die von den Karolingern über die Ostgoten bis in die Spätzeit des weströmischen Reichs zurückreicht. Die indirekte Folge dieser politischen Absicht war eine nochmalige Erweiterung des formalen Spektrums der späthistoristischen Wiener Architektur.

1894, ein Jahr nachdem Otto Wagner aus dem Wettbewerb für eine Generalregulierung und umfassende Stadtplanung als Sieger hervorgegangen war, wurde er mit der Gestaltung der neuen Verkehrsbauwerke betraut. Das Kennwort seines Projekts: *«Artis sola domina necessitas»* (Die Kunst kennt nur einen Herrn – das Bedürfnis) wurde zur Devise für Wagners gesamtes künstlerisches Schaffen. Entsprechend sind seine Substruktionen der Hochbahnen in Backstein ausgeführt, die hellgrün gestrichenen Eisenträger unverhüllt gezeigt, die nach außen geschlossenen, meist in zwei Geschosse unterteilten Stadtbahnbögen für Handwerksbetriebe, Geschäfte und Lokale bestimmt. Die mit weiß verputztem Mauerwerk aufgeführten Stationsgebäude haben breite, relativ flache Treppen und weitläufige, stets überdachte Perrons. Erinnerungen an die einstigen Tore des Linienwalls und ihre Mautstellen leben in den Eingangsbereichen der Stationen mit ihrem an Palladio orientierten Vokabular fort; ja, eine der spätbarocken Johann-Nepomuk-Kapellen, die einst bei den Walltoren standen, bekam – am jetzigen Währingergürtel – durch eine von Wagner geplante Kapelle eine direkte Nachfolgerin.

Die Wagner übertragenen Aufgaben beschleunigten seine Katharsis: Er überwand jetzt endgültig seinen früheren, noch stärker vom Historismus geprägten Stil, wie er beispielsweise bei seiner ersten Villa von 1886–1888 auf der Hüttelbergstraße (XIV. Bez.) zu finden ist. Als er 1894 zum Nachfolger Hasenauers als Professor und Leiter der Spezialschule für Architektur an die Akademie berufen wurde, hat er sein Postulat, daß die Konstruktion die «Urzelle der Baukunst» zu bilden habe, in seiner Antrittsvorlesung klar formuliert.

Wagner hatte dieses architektonische Credo vor allem in seiner kritischen Auseinandersetzung mit der zeitgenössischen Architektur, insbesondere mit dem Wohnhausbau der «Gründerzeit», gewonnen: «Das Scheinhafte, von Lügen strotzende, an Potemkinsche Dörfer erinnernde ... kann nicht genug getadelt werden. Keine Kunstepoche als die unsere hat solche Undinge aufzuweisen», schrieb er 1895. Von der modernen Kunst forderte er, daß sie «uns Moderne, unser Können, unser Thun und Lassen durch von uns geschaffene Formen» repräsentieren müsse.

Zu Wagners ersten Schülern gehörten der Slowene Josef Plečnik sowie Josef Hoffmann, Hubert Gessner und Leopold Bauer, die alle aus Mähren stammten. Hoffmann und der Hasenauerschüler Josef Maria Olbrich arbeiteten bis 1899 in Wagners Atelier, bevor Hoffmann 1899 Professor der Fachklasse für Architektur an der Kunstgewerbeschule, Olbrich im selben Jahr vom Großherzog Ernst Ludwig von Hessen nach Darmstadt berufen wurde. Über die Vermittlung Olbrichs war auch der Königschüler Max Fabiani von 1894–1896 Wagners Mitarbeiter. Das Verhältnis zwischen Wagner und seinen Schülern und Mitarbeitern war ein offenes, das Klima ein fruchtbares: Wagner verband die Vermittlung seiner Werte mit einer liberalen Grundhaltung gegenüber der Individualität des einzelnen, was sich auch darin äußert, daß er von den Jüngeren – allen voran Olbrich – selbst gelernt, seine Schüler in eigene Arbeiten involviert und ihnen auch Aufträge überlassen hat.

«Kohlrabiapostel», Ästheten, Utopisten

Weitere Reformbewegungen unterschiedlichster Art sollten in den kommenden Jahren in Wien ihre Spuren hinterlassen. So erweckte der aus Hessen gebürtige und vorher in München tätige Maler Karl Wilhelm Diefenbach, Vegetarier und ein den Prinzipien «Wald, Luft, Licht, Sonne» huldigender Anhänger der Nacktkultur, bei seiner Ausstellung im Österreichischen

Kunstverein in den Tuchlauben 1892 Aufsehen, da dieser «Kohlrabiapostel», wie die Münchener den Exzentriker getauft hatten, samt seinen drei nach Wien mitgebrachten Kindern barfuß in der Stadt herumlief. Die Empörung war groß, Diefenbachs Ausstellung aber war ein immenser Erfolg, so daß er Aufträge erhielt, bei deren Ausführung er sich von Studenten der Akademie, unter ihnen František Kupka, zur Hand gehen ließ.

Das «Künstlerhaus» blieb in diesen Tagen eine Festung des Historismus. Hier war man mit anderen Neuerungen beschäftigt. So wurde 1895 zusätzlich zum Schützenverein und zum Kegelclub ein Radfahrclub gegründet, dessen Mitglieder bei schlechtem Wetter durch die Ausstellungsräume radelten. 1896 lehnte sich eine Gruppe junger Künstler gegen die überkommenen Prinzipien auf und forderte dem modernen Leben adäquate Ausdrucksformen. Der Widerstand seitens der Genossenschaftsmitglieder war vorprogrammiert, so daß es im März 1897 zur Gründung der «Vereinigung bildender Künstler Österreichs – Wiener Sezession» nach dem Modell der

53 Joseph Maria Olbrich, Gebäude der Sezession, 1898/99. Friedrichsstraße (IV. Bez.)

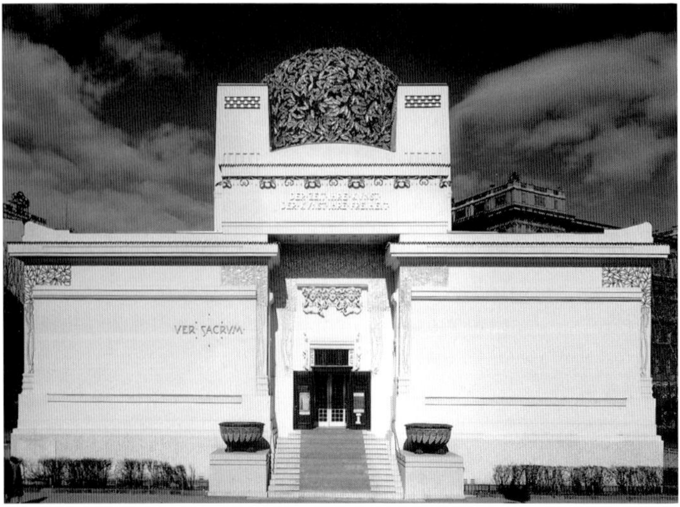

Münchener «Sezession» kam. 19 Künstler, unter ihnen Gustav Klimt, Josef Anton Engelhart, Carl Moll, Josef Maria Olbrich und Koloman (Kolo) Moser, dann auch Maximilian (Max) Kurzweil und Otto Wagner (1899), traten aus dem «Künstlerhaus» aus. Dreihundert blieben.

Noch im Gründungsjahr der Sezession überließ der Wiener Stadtrat der neuen Künstlervereinigung einen Bauplatz für die Errichtung eines eigenen Ausstellungsgebäudes. Klimt, Hoffmann und Moll wurden mit der Verantwortung für die Ausstellungen betraut, Klimt zum Wortführer und ersten Präsidenten der Vereinigung gewählt, die Herausgabe einer eigenen Zeitung mit dem programmatischen Titel ‹Ver sacrum› in Angriff genommen. Enthusiastisch schrieb Ludwig Hevesi über diesen Wiener Kunstfrühling: «Es ist damit ein Zauberwort ausgesprochen, das Fesseln sprengen wird und Tote beleben soll. Eine Stadterweiterung auf dem Gebiete der bildenden Künste steht in Aussicht; die Kunststadt Wien, diese ungeheure Kleinstadt, soll endlich ein Groß-Wien, ein wirkliches Neu-Wien werden.» Die Sezessionisten strebten danach, «die darniederliegende österreichische (nicht bloß Wiener) Kunst auf die internationale Stufe von heute zu heben», Wien habe längst auf einem «Isolierschemel» gestanden. Dementsprechend positiv sei nun das internationale Echo: «Das junge Ausland jubelt ihnen seinen Gruß zu. Neu-München, Neu-Berlin stehen wie ein Mann zu Neu-Wien.»

Hevesi beeilte sich aber zu betonen, daß die Gründer der Sezession «keinen Guerillakrieg führen gegen Akademie und Künstlerhaus», sondern vielmehr «Patrioten» seien. Tatsächlich lag es nicht in der Absicht der Sezessionisten, diese Institutionen, geschweige denn die soziale Ordnung generell in Frage zu stellen. Bezeichnenderweise machten sie den greisen Rudolf von Alt zum Ehrenpräsidenten. Und symptomatisch ist auch, daß das 1897/98 nach Plänen Josef Maria Olbrichs errichtete Ausstellungsgebäude der Sezession (Abb. 53), ein kubischer, fensterloser Oberlichtbau mit weißen Wänden, bei aller Modernität nicht auf das alte Hoheitsmotiv der Kuppel verzichtet – wie es auf dem Karlsplatz, schräg gegenüber, bei der Karlskirche ja schon paradigmatisch vorgekommen war –, es aber in verkleinertem Format und aus goldenen Blättern gebildet präsentiert, so daß das «Krauthappel», wie die Blätterkuppel im Volksmund heißt, transparent, leicht und organisch wirkt. Über dem Eingang der ‹Sezession› steht deutlich sichtbar das von Hevesi formulierte Motto: «Der Zeit ihre Kunst – der Kunst ihre Freiheit».

Die jüngeren Architekten unter den Sezessionisten, Josef Hoffmann und Josef Maria Olbrich, griffen in ihren frühen Versuchen, den Eklektizismus zu überwinden, auf biomorphe Formen des westeuropäischen Art Nouveau zurück. Die in dieser Frühphase des Wiener Jugendstils realisierten Werke sind nicht erhalten, ihre Grundtendenzen aber in einer 1898 im ersten Heft des ‹Ver Sacrum› veröffentlichten Studie Hoffmanns zu einem Hauseingang faßbar. Hier ist alles außer Kraft gesetzt, was traditionelle Architektur bestimmt hatte – alles ist lebendig, alles wird von Lebendigem berührt: Seitlich des Tors löst sich das Sockelband von der Mauer, um frei in den Raum zu greifen, sich um zwei fingerförmige Pfeiler zu schmiegen und wieder in die Ausgangsebene zurückzukehren. Schmale Streifen, die aus dem Sockelband wachsen, entfalten sich über dem Portal zu einem Dach wie ein geblähtes Segel. Im beigefügten Kommentar stellte Hoffmann seine «modernen» Ideen vor den Hintergrund der traditionellen Architektur, deren Vertreter «... neuen Aufgaben ... in bezug auf die Formensprache, zunächst mit compilatorischen Absichten gegenüber» getreten seien. Seine eigene Lösung bezeichnete Hoffmann als das Ergebnis einer «primären baulichen Empfindung». Das von ihm als genuin postulierte Formgefühl war freilich durch Victor Hortas Brüsseler Bauten bestimmt, doch ging Hoffmann über das Rezipierte hinaus, indem er die Grammatik des Baus grundsätzlich erneuerte.

Wo Hoffmann und Olbrich vegetabile Formen tatsächlich anwandten, Hoffmann etwa 1898 bei der Einrichtung der Kanzlei des Advokaten Dr. Walter Brix in der Walfischgasse,

Olbrich 1899 bei der Einrichtung der Stadtwohnung von David Berl im «Sühnhaus» am Schottenring, verliert sich das Raumgreifende. Die vegetabilen Formen sind nun wie Schablonen aus Brettern herausgesägt, im rechten Winkel miteinander verleimt und mit Latten kombiniert. Kommentierend schrieb Ludwig Hevesi 1900 zum Wiener «Brettelstil»: «In einer ersten Phase der Entwicklung war der Respect vor dem Brett und der Latte das regierende Moment. Also die Achtung vor dem Wesen des Rohstoffs und jener ersten ‹Urform›, die ihm die Menschenhand gibt.» Der Respekt vor dem Rohstoff führte folgerichtig zur Verfestigung der floralen Formen.

Auch Otto Wagners Stil erfährt in den Jahren 1898/99 einen Umbruch. Sowohl bei seinen Stadtbahnstationen von 1898/99 auf dem Karlsplatz (Abb. 41) als auch bei seinem 1899 erbauten «Majolikahaus» auf der Linken Wienzeile – die Wienzeile mit dem regulierten Wienfluß und der Stadtbahn sowie dem «Naschmarkt» war in Wagners Augen dazu prädestiniert, eine den Ansprüchen seiner Zeit Rechnung tragende Prachtstraße zu werden – sind die Fläche und die zum Ornament verfestigten floralen Elemente Hauptthemen. Die – jetzt in wenig befriedigender Form wiederverwendeten – Stationsgebäude haben einen gänzlich anderen Charakter als alle anderen Stadtbahnstationen: Die Zugänge zu den beiden Perrons waren auf dem Karlsplatz, und nur hier, auf zwei getrennte Gebäude aufgeteilt, die, gleichfalls ungewöhnlich, aus einem zart proportionierten und mit weißen Marmorplatten «ausgefachten» Eisenskelett bestehen. Goldene, von Olbrich entworfene Sonnenblumen unter der Traufe verstärken noch den Eindruck der Dünnwandigkeit (Abb. 41). So wirken die Pavillons wie leichte Hüllen um das funktional Nötigste, die sich eher dem «Resselpark» anpassen, als mit den Monumentalbauten des Karlsplatzes in Konkurrenz zu treten.

Das «Majolikahaus» steht mit seinen sechs Geschossen und elf Achsen den angrenzenden historistischen Gebäuden zwar größenmäßig nicht nach, sein Ton ist aber bei aller Bestimmtheit leiser. Der mittlere Fassadenteil weicht bei Wagner aus der

Flucht der Nachbarhäuser in eine zweite Ebene, die äußersten beiden Achsen treten sogar in eine dritte Ebene zurück, und diese sind, durch ihre Verkleidung mit Majolikafliesen und die – wie nachträglich eingeschnittenen – rahmen- und giebellosen Fenster nachdrücklich als Flächen definiert. Die kühne Wahl der pflegeleichten Fliesen als Verkleidungsmaterial war möglich, weil Wagner beim Majolikahaus und den benachbarten Häusern auch als Unternehmer auftrat, der den Baugrund erworben hatte und die Wohnungen nach Fertigstellung verkaufte. Der Dekor aus Blättern und Blüten verdichtet sich beim Majolikahaus unterhalb der Traufe, als sei der Blütenteppich wie ein Vorhang am Dach fixiert. Damit widersprach Wagner wie Hoffmann dem traditionellen statischen Empfinden. Zugleich setzte er die Geschoßhierarchie, die in der «Gründerzeit» so wichtig gewesen war, außer Kraft.

Einen direkten Dialog mit der späthistoristischen Architektur hat Wagner aufgenommen, als er dem Mietpalais des Leon Ritter von Wernburg an der Ecke Linke Wienzeile/Köstlergasse von 1896–1897 mit einem Haus an der gegenüberliegenden Ecke 1898/99 entgegentrat. Während das von Franz von Neumann geplante neobarocke Mietshaus zugleich barockes Stadtpalais und ländliches Lustschloß sein will und den kommerziellen Bereich in den beiden rustizierten Untergeschossen schamhaft versteckt, hat Wagner die unterste Etage klar als Geschäftszone definiert, die Wohngeschosse gleichwertig gestaltet und das oberste Geschoß des abgerundeten Eckelements loggiaartig aufgebrochen: Von dort oben – und nicht von den Beletage-Balkons des Wernbergpalais – hat man einen atemberaubenden Blick auf die Innere Stadt.

Die Sezessionisten zeigten ab 1898 in ihrem lichtdurchfluteten Ausstellungsgebäude eigene Werke und zeitgenössische Kunst aus dem Ausland, und sie stellten selbst mit Erfolg im Ausland aus, etwa 1900 auf der Pariser Weltausstellung. Im Zentrum der XIV. Sezessionsausstellung von 1902 stand Max Klinger, dessen Beethoven-Skulptur, heute im Museum der bildenden Künste in Leipzig, wie eine Götterfigur in der Mitte des Gebäudes stand, flankiert von den Gemälden ‹Sinkende Nacht› von Alfred Roller und ‹Werdender Tag› von Adolf Böhm. Für einen der Längsräume hatte Gustav Klimt den berühmten ‹Beethovenfries› gemalt, der heute in einem eigens dafür geschaffenen Kellerraum der Sezession zu sehen ist. Fehlende Tiefensuggestion, die das Sich-Verlieren in die Illusion unterbindet, und die aufgehellte Palette sind hier die bestimmenden Momente. Klingers Plastik wurde von der Presse hymnisch bejubelt, Klimts Fries stieß indes auf Unverständnis.

Der künstlerische Konflikt war unausweichlich. Im Zuge der malerischen Ausgestaltung des großen Festsaales der Universität am Ring brach er in voller Härte aus. Das mehr als konservative Gesamtprogramm sah ein zentrales Gemälde – die Weisheit als Siegerin über die Unwissenheit – vor, in barocker Manier umgeben von vier großen, die vier Fakultäten repräsentierenden Bildern. Der Auftrag für drei der vier Fakultätsbilder war 1894 an Klimt, jener für die ‹Theologie› und die ‹Weisheit› an Franz Matsch gegangen. Das Vorhaben endete in einem der bekanntesten Skandale des Wiener Kunstlebens. Der Entwurf zu Klimts ‹Medizin› von 1898 setzte eine Nuditätsdiskussion in Gang, in deren Verlauf Klimts Arbeiten als unmoralisch verdammt wurden. Die Nuditätsvorwürfe bildeten freilich nur einen Vorwand. In Wirklichkeit ging es um die unorthodoxe Darstellung der Wissenschaft, die bei Klimt nicht mehr in einer optimistisch-apotheotischen Glorie erschien, sondern durch das innerbildliche *incantesimo*, die Auflösung der Figuren im Unbestimmten, in ihrem Wahrheitsanspruch hinterfragt wird. Die Attacken massierten sich, der Unterrichtsminister trat zurück, und im Zuge der Auseinandersetzungen zerbrach auch die Freundschaft zwischen Klimt und Matsch. Zwar hat Klimt die Arbeit an den Fakultätsbildern noch bis 1906 fortgesetzt, doch wurde nur Matschs ‹Weisheit›, ein ziemlich schwaches Bild, am Deckenspiegel des Festsaals montiert. Matschs ‹Theologie› hängt in den Räumen der Theologischen Fakultät, die Fakultätsbilder von Klimt sind 1945 im Schloß Immendorf verbrannt.

Die Wiener Künstlerschaft war in dieser Zeit des Skandals schon in verschiedene Fraktionen gespalten: 1899 hatte sich eine zweite Gruppe vom Künstlerhaus gelöst und unter der Leitung von Heinrich Lefler zum ‹Hagenbund› zusammengeschlossen. Darin waren Künstler verschiedenster Richtungen vereint, Radikalismus war allen fremd.

Vor Radikalität nicht zurückgeschreckt ist in dieser Zeit hingegen einer: Adolf Loos. Sein analytischer Verstand und sein durch eine Amerikareise geschärfter Blick machten den *selfmade*-Architekten ohne Architektendiplom oder Baumeisterkonzession zum kritischen Beobachter der Kunst- und Architekturentwicklung – er schrieb regelmäßig für ‹Die Neue Freie Presse› – und zum Pionier der modernen Architektur in Wien.

Zunächst kamen die Arbeiten Otto Wagners seinen Vorstellungen am nächsten. Auch an Wagners Kritik, wonach Wiens historistische Architektur an Potemkinsche Dörfer erinnere, knüpfte Loos an, wenn er monierte: «Wenn ich den Ring entlangschlendere, so ist mir immer, als habe ein moderner Potemkin die Aufgabe erfüllen wollen, jemanden den Glauben beizubringen, als würde er in eine Stadt von lauter Nobili versetzt.» Die Sucht des Wieners, des Parvenüs «nach feudaler Pracht und Herrengröße» sei schuld daran, daß der Kapitalist, der Häuserspekulant, «der Vermietbarkeit wegen» gezwungen ist, Ornamente, Baudekor an die Fassade «anzunageln ... Jawohl, anzunageln! Denn diese Renaissance- und Barockpaläste sind nicht einmal aus dem Material, aus dem sie hergestellt erscheinen ... ihre ornamentalen Details, ihre Consolen, Fruchtkränze, Cartouchen und Zahnschnitte sind angenagelter Cementguss.» Loos wollte eine Architektur ohne Verlogenheit, und als er mit der Einrichtungsplanung für das ‹Café Museum› Ecke Operngasse/Friedrichstraße beauftragt wurde, hatte er 1899 die Chance, seine Doktrin umzusetzen. Nach eigener Aussage versuchte er hier, an die Wiener Architektur der Zeit um 1830 anzuschließen, an eine Zeit also, in der es noch keine «Stilmeierei» (Loos) gegeben habe. Loos ließ die Wände und die Decke weitgehend glatt und verwendete eine einfache Bestuhlung der Firma Thonet. Für die Spötter war es, wie Hevesi referiert, das «Café Nihilismus». Freilich: Auch Loos bewegte sich – als Journalist und als Architekt – innerhalb des politischen Systems. Seine Auftraggeberschicht war in erster Linie das Bürgertum, und er hätte auch gerne für die Krone gebaut, hätte diese seine Entwürfe goutiert.

Sowohl Loos als auch der Architekt des «Venedig in Wien», Oskar Marmorek, setzten sich mit dem zionistischen Gedankengut Theodor Herzls auseinander, das in Wien sehr unterschiedlich aufgenommen wurde. Loos mißfiel vor allem, wenn sich assimilierte Juden die sezessionistische Sonderwelt zu eigen machten. In seinem wohl im Jahr 1900 verfaßten Artikel ‹Die Emanzipation des Judentums› schrieb er bitter: «Juden, die den Kaftan schon längst abgelegt hatten, sind glücklich, wieder in einen solchen hineinschlüpfen zu können. Denn die sezessionistischen Wohnungseinrichtungen sind doch nur verkappte Kaftans.» Auf diese Weise begäben sich die Juden nur in ein «neues Ghetto». Im selben Jahr fertigte Loos Skizzen zu einer Zionistischen Siedlung, einer Gartenstadt westlich von Wien, in Hütteldorf-Hacking, an. Marmorek, in Herzls 1902 in Wien erschienenem utopischem Roman ‹Altneuland› unter dem Namen «Steineck» verewigt, suchte Herzls Erbe nach dessen Tod 1904 weiterzutragen, wobei er bezeichnenderweise Wert darauf legte, daß der Zionismus keinesfalls unpatriotisch sei. Er folgte damit einer verbreiteten Stimmung, akzeptierte in Österreich doch selbst die Arbeiterbewegung auf weiten Strecken die Monarchie. Viktor Adler sah in der Emanzipation der Arbeiterschaft sogar die einzige Überlebenschance des Habsburgerstaates.

Der Heimatstil

Die in der Ringstraßenzeit allgegenwärtige Frage nach dem richtigen Stil für die jeweilige Aufgabe hatte sich im letzten Jahrhundertdrittel auch für die Architektur im ländlichen Raum gestellt: Landhäuser, Villen und Hotels im Wiener

Umland zeigen allerorts Fachwerk, Laubsägearbeit, Giebelvordächer, verzierte Sparrenköpfe, Büge, Knaggen und Fensterläden. Als der originäre Baustoff des ländlichen Bauens galt Holz. Dies zu Recht. Die Konstruktionsmethoden waren indes vielfach importiert, Fachwerk zum Beispiel aus der englischen Landhausarchitektur; in Österreich hat es, wenn man von vereinzelten Beispielen in Vorarlberg absieht, keine durchgehende Tradition. Besonderer Beliebtheit erfreuten sich Balkone und Veranden, waren sie doch ideale Bühnen, auf denen der Wiener «Ausflügler» oder «Sommerfrischler» seine Naturbegeisterung ausleben und von wo er – geschützt – die Erhabenheit der Landschaft genießen konnte.

In Wien wandte Otto Wagner den Heimatstil in den Jahren 1895–1897 für jene Stationen der Vorortelinie und der Stadtbahn an, die nahe dem Wienerwald liegen. Bei den Stationen «Penzing» und «Hütteldorf» (XIV. Bez.) etwa sind einzelne Gebäude und Perronüberdachungen aus Holz und grün-weiß gestrichen. Ländliche Atmosphäre verbreitete auch der Oskar Reinhart zuschreibbare, 1994 abgerissene «Sommerpavillon» der Schwarzenbergschen Meierei in Dornbach: eine 1909 in unmittelbarer Nachbarschaft zu einem seinerzeit dort befindlichen Kuhstall errichtete, ganz aus Holz gezimmerte Veranda, die Tanzveranstaltungen diente und in der Mitte der Längsfront eine erkerartige Ausbuchtung für die Musiker besaß (Abb. 54). Konjunktur hatte der Heimatstil darüber hinaus in den beiden Wiener Cottages. Josef Hoffmann sorgte für sein Fortleben auf der Hohen Warte (XIX. Bez.), wo zwischen 1900 und 1902 ein kleines privates Cottage entstand: Die vom «Kohlrabiapostel» Diefenbach wohl nicht unbeeinflußten Sezessionisten hatte schon länger der Wunsch beseelt, gemeinsam in den «Höhlen des Bisambergs» (XXI. Bez./NÖ) zu hausen, so daß der Maler und Kunsthändler Carl Moll und der vielseitig begabte Kolo Moser zu dem Entschluß kamen, eine Künstlerkolonie zu gründen. Ihr haben sich der Kunstfreund Dr. Friedrich Victor Spitzer und der Kunstphotograph Dr. Hugo Henneberg angeschlossen. Als Baugrund bot sich die

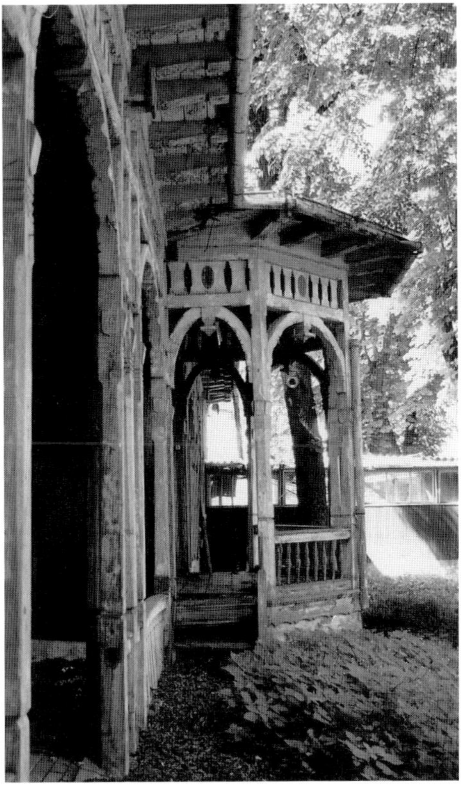

54 Oskar Reinhart (?), Sommerpavillon der Schwarzenbergschen Meierei in Dornbach (XVII. Bez.), 1909 (1994 abgerissen)

soeben parzellierte Hohe Warte an. Mit der Planung war zunächst Olbrich betraut worden, später ging der Auftrag an Hoffmann. Die vier von diesem geplanten Einfamilienhäuser bieten neue Grundrißlösungen, ihre additive äußere Struktur und die Heimatstilmotive wurzeln aber tief in der Spätromantik.

Eine neue Leiblichkeit

Ab 1900 traten jene Architekten, die in den späten 1890er Jahren bei Otto Wagner studiert hatten, erstmals in Wien mit selbständigen Bauten hervor. Sie hatten in der Regel nur etwa zwei Jahre in Wagners Klasse an der Akademie verbracht;

Oskar Laske und Franz Fiala etwa absolvierten hier das Studienjahr 1899/1900, nachdem sie bereits das späthistoristische «Palais Herberstein» am Michaelerplatz gebaut hatten. Die Bauten der Wagnerschüler sind bis heute Fremdkörper in Wiens Straßen geblieben – Fremdkörper aufgrund ihrer Qualität und Eigenständigkeit, nicht aufgrund ihrer Größe und Exzentrizität.

Max Fabiani ist eines der modernsten Bauwerke Wiens zu verdanken: das im Jahr 1900 errichtete Haus Portois & Fix in der Ungargasse (III. Bez.). Wie die Wagnerhäuser auf der Linken Wienzeile verbindet es eine Geschäftszone mit gleichwertigen Wohngeschossen. Neu sind das zurückgesetzte, zur Straße hin als Halbtonne ausgebildete Dach und die puristische Fassade, die auf floralen Schmuck – Adolf Loos hatte das

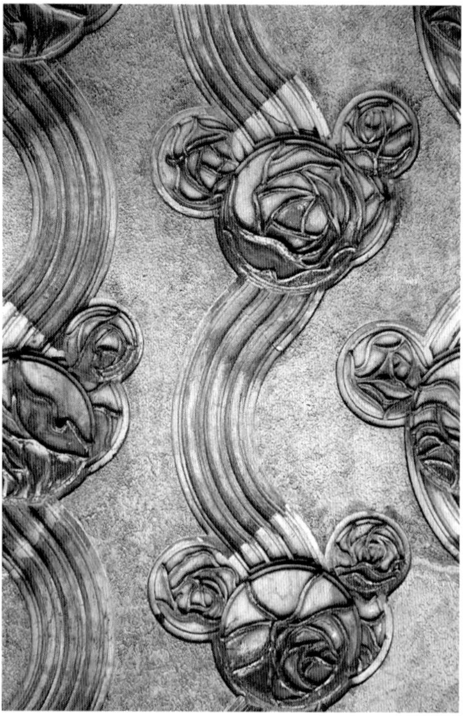

55 Josef Plečnik, Haus Langer, Detail aus dem Fassadendekor, 1900/01. Beckgasse (XIII. Bez.)

Wagnersche Majolikahaus sarkastisch als das «tätowierte Haus» bezeichnet – gänzlich verzichtet. Anders Josef Plečnik: Als dieser den Auftrag erhielt, ein vom Bauherrn, dem Baumeister Karl Langer, selbst entworfenes und bereits im Bau befindliches Einfamilienhaus im Hietzinger Cottage mit einer Fassade zu versehen, überzog er es 1900/01 mit floralem Dekor, den er in Relief ausführen und auch über die leicht vorgewölbte Fensterachse weiterlaufen ließ. Das Haus Langer wirkt dadurch wie ein mit grobem Stoff bezogenes Möbel (Abb. 55). Neu in der Wiener Jugendstilarchitektur sind auch die hier erstmals verwendeten *baywindows* – Erkerfenster nach englischem Vorbild –, die an die alten «Spione» erinnern.

Dem erst zweiundzwanzigjährigen Otto Schönthal, der von 1898/99 bis 1900/01 Student bei Wagner war, gelang 1901 bei dem Wohnhaus für Dr. Ladislaus Vojcsik in Hütteldorf die Verbindung von Ideen seines Lehrers mit Motiven des belgischen Art Nouveau, während der Wagnerschüler Hubert Gessner die Fassade des Majolikahauses offenbar als so sehr dem Fortschritt verpflichtet empfand, daß er sie für das «Arbeiterheim Favoriten» in der Laxenburger Straße (X. Bez.) kopierte. Das 1902 eröffnete Arbeiterheim, das sich rasch zum Zentrum der Wiener Arbeiterbewegung entwickelte, war ein multifunktionaler Bau, in dem vierzig Kleinstwohnungen für Arbeiter, eines der ersten Lebensmittelgeschäfte des «Consum Vereins Vorwärts», ein Restaurant, ein Büro der Krankenkasse und eine Bücherei sowie ein kleiner und ein großer Veranstaltungsraum für 3000 Personen Platz fanden. Innen waren die konstruktiven Teile rot gestrichen, die bunten Glasfenster am Treppenaufgang zum Veranstaltungssaal zeigten die Symbole der Sozialdemokratie: rote Nelken und die brüderlich verschränkten Hände. Hubert Gessner hat gemeinsam mit seinem jüngeren Bruder Franz Gessner, ebenfalls ein Schüler Wagners, in der Folge mehrfach für die Sozialdemokratische Partei gebaut.

Eine bemerkenswerte Verbindung von Einflüssen zeigt das von Max Fabiani 1902 für die alteingesessene Kunsthändler-

und Verlegerdynastie Artaria am Kohlmarkt errichtete Haus. Von Wagner übernahm Fabiani das weit auskragende Dach, auf Kenntnis des spanischen Jugendstils, vor allem der Bauten Antoni Gaudís, deutet der in Wien voraussetzungslose Grundriß – unregelmäßige Räume umgeben ein ovales Treppenhaus – hin. Bemerkenswert ist auch das schmalbrüstige Haus «Zum Weißen Engel» in der Bognergasse von Oskar Laske (1901/02) – nicht nur aufgrund seiner freskierten Fassade, sondern auch durch die dort mitsamt der Originaleinrichtung erhaltene «Engelapotheke».

Der bedeutendste Bau eines Wagnerschülers ist aber wohl Josef Plečniks 1903–1905 errichtetes «Zacherl-Haus», ein Stadthaus mit Geschäften und Wohnungen, auf der Brandstätte. Da der Bauplatz groß, aber unregelmäßig war, gruppierte Plečnik die Räume wie Fabiani um ein ovales Treppenhaus, schob dieses aber an die Feuermauer heran. Die verbliebene Fläche strukturierte er durch drei Reihen von Eisenbetonstützen, die er auf die Schnittpunkte eines annähernd quadratischen Rasters setzte und so eine flexible Grundrißgestaltung ermöglichte. Auch die Haut des Gebäudes ist revolutionär. Für den Unternehmer Zacherl schuf Plečnik hier eine riesenhafte Maschine: Die einzelnen Gebäudezonen scheinen sich wie Förderbänder in verschiedenen Geschwindigkeiten über die walzenartige Rundung des Baukörpers zu bewegen. Dieser ist vollständig mit Granitplatten verkleidet, die von Rundstableisten gehalten werden. Schmale und breite Platten wechseln sich ab, dementsprechend alternieren die Abstände zwischen den Stäben. Dieses rhythmisierte Liniengerüst wird – auch das ein Novum – durch die Fenster fortgeführt. Im Geschoß unterhalb des Kranzgesimses ist das Tempo verdoppelt: Die Fenster sind hier konvex, die Pfeiler zwischen ihnen durch die Atlantenreliefs von Franz Metzner betont. Das mit Kupfer verkleidete Dachgeschoß oberhalb des mächtigen Gesimses nimmt den langsamen Rhythmus wieder auf. Einen Kontrapunkt setzt die monumentale, asymmetrisch angebrachte Engelsfigur von Ferdinand Andri. Der Wiener «Kaffeehausliterat» Peter

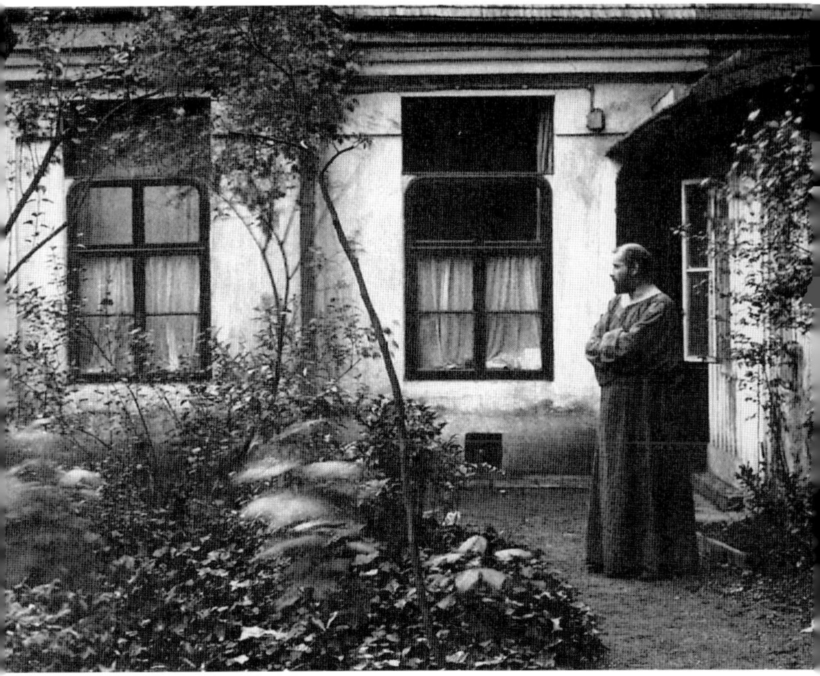

56 Gustav Klimt im Garten seines Ateliers in der Josephstädterstraße 21 (VIII. Bez.). Aufnahme 1910

Altenberg schwärmte: «Unbeschreiblich war der Eindruck dieser edlen einfachen und doch mysteriösen Götter-Burg, moderner bewohnbarer Walhall, inmitten der tausend Pappendeckel-Zinshäuser. Wie Basalt-Felsen gegliedert, und schroffe Wände. Wie eine tragisch grandiose Dichtung wirkte es auf mich.» Das von Altenberg apostrophierte «Mysteriöse» bestimmt vor allem das Innere des Gebäudes. Ein langgestrecktes Entree mit Oberlicht, durch mächtige Rundpfeiler aus Granit zu einer Säulenhalle uminterpretiert, führt zum Treppenhaus, dessen Wände mit Holz belegt sind. Um rüsselförmige Bronzekandelaber, die an ebenjene Insekten denken lassen, die das von Zacherl produzierte Gift vernichten soll, windet sich das Treppengeländer elliptisch in die Höhe.

Diese Architektur rechnete mit einem neuen Selbstverständnis, ja mit einem neuen Körpergefühl des Menschen, dem sowohl das im Klimtkreis entwickelte «Reformkleid» (vgl. Abb. 56) als auch ein entsprechend gestalteter Freiraum Rechnung tragen sollte. In diesem Sinne kämpfte vor allem Wagners Kollege an der Akademie, Friedrich Ohmann, gegen die traditionelle Wiener Platz-Losigkeit. Er und Joseph Hackhofer schufen zwischen 1903 und 1906 eine ganze Bühne aus Toren und steinernen Pavillons, sanft abwärts führenden Treppen, Uferpromenaden, Halbkreisnischen und Ruheplätzen am Westeingang des Stadtparks, an jener Stelle, wo der Wienfluß aus seiner Überbauung heraustritt. Bassins, Springbrunnen und Steinfiguren, die in weitem Bogen speien, waren Teil des Konzepts, das aber wie so vieles ein Torso geblieben ist. Gleichsam ein Destillat aus der Ohmannschen und Hackhoferschen Anlage ist die 1910 zur Benutzung freigegebene, von Theodor Jaeger geplante Strudlhofstiege im IX. Bezirk, die dort die Strudlhofgasse mit der tiefer gelegenen Pasteurgasse und der Liechtensteinstraße verbindet. Daß die *de facto* wenig begangene Treppe sich geradezu anbietet, Schnittpunkt verschiedener Lebenswege zu sein, hat auch der Wiener Schriftsteller Heimito von Doderer empfunden. In seinem nach dem Bauwerk benannten, 1951 publizierten Roman ‹Die Strudlhofstiege› führt er seine Protagonisten mehrfach dorthin. Einer von Doderers Hauptfiguren, René von Stangeler, stößt unerwartet auf die Treppe, und zwar auf ihr oberes Ende an der Strudlhofgasse, und «hier schien ihm eine der Bühnen des Lebens aufgeschlagen, auf welchen er eine Rolle nach seinem Geschmack zu spielen sich sehnte, und während er die Treppen und Rampen hinabsah, erlebte er schnell und zuinnerst schon einen Auftritt, der sich hier vollziehen könnte, einen entscheidenden natürlich, ein Hinab- und Heraufsteigen und Begegnen in der Mitte, durchaus opernhaft.»

Auch die Projektphase des Denkmals für Kaiserin Elisabeth im Volksgarten zeigt die Entwicklung hin zu einer Architektur, die sich erst im Begehen vollendet. Nachdem der Kaiser selbst den Volksgarten als Aufstellungsort des Elisabethmonuments ausgewählt hatte und die Ernte eines für alle Bildhauer der Monarchie ausgeschriebenen Wettbewerbes 67 Projekte im neobarocken Stil war, griff Ohmann ein: Er forderte, daß auch das Ambiente des Denkmals architektonisch gestaltet werden müsse, und legte einen entsprechenden Entwurf vor. Die 1907 enthüllte Anlage zeigt den Grundriß einer Kirche, was ihr eine sakrale Aura gibt. Eine lange Allee mit einem versenkten Blumenparterre – dunkle Thujen spielen auf das tragische Schicksal der Kaiserin an – führt zum Denkmal hin. Ein im «Querschiff» liegendes Wasserbecken schafft zugleich Distanz zu der von Hans Bitterlich geschaffenen, von einer niedrigen, apsidenartigen Kulisse hinterfangenen Sitzfigur der Kaiserin.

57 Kolo Moser, Selbstbildnis mit Quelle, um 1910. Wien Privatbesitz

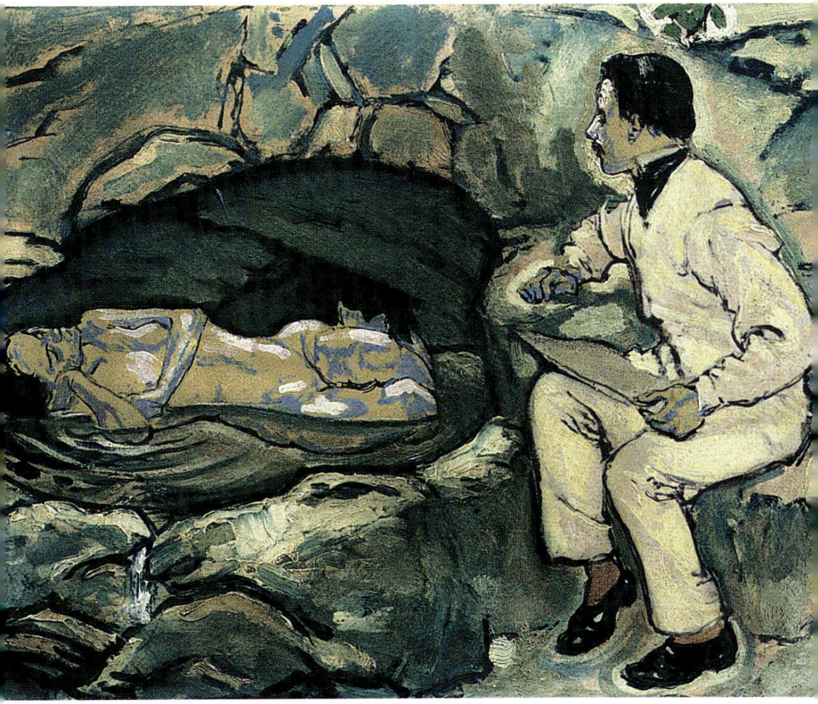

Mit dieser «Raumkunst im Freien» wußte man in Wien nicht viel anzufangen. Es sei denn in der Malerei: Aufgehen in der Natur, ja Einswerden mit ihr, war das Thema von Kolo Moser, dessen Bilder hinsichtlich Farbgebung und malerischem Duktus, aber auch thematisch von den Arbeiten des Schweizers Ferdinand Hodler beeinflußt sind, etwa sein ‹Selbstbildnis mit Quelle› von etwa 1910 (Abb. 57).

Für die wenigen, die das hier Angebotene verstanden haben, waren das neue Körpergefühl und das aktive Erleben des Umraums auch Ingredienzien eines Religionsersatzes, der die Heilung der beim Gedanken an den Tod sich auftuenden Wunde versprach, welche die Aufklärung gerissen und die emphatische Trauer im Historismus keineswegs geheilt hatte. Auf Wiens Friedhöfen läßt sich diese Beobachtung leicht nachvollziehen. So greift Hella Ungers 1909 enthülltes Grabmal für den 1907 verstorbenen Wiener Genre- und Orientmaler Charles Wilda auf dem Zentralfriedhof auf das Türmotiv in Canovas Maria-Christina-Grabmal zurück, interpretierte es aber zur ägyptischen Scheintür um. Vor dieser erscheint ein Jüngling als vollplastische Bronzefigur, der angesichts der aufgehenden Sonne seine Glieder dehnt. Der mit einem Fellschurz bekleidete «Urmensch» repräsentiert hier das «Ka»: nach dem Glauben der Ägypter der geistige Doppelgänger, der am Leben bleibt, solange der Körper existiert (H. Pemmer). Eine etwas elegischere Stimmung umgibt das Grabmal des 1900 verstorbenen Nikolaus Dumba – dessen Palais am Ring zu den Inkunabeln der Makart-Ära gezählt hatte –, ebenfalls auf dem Zentralfriedhof. Ein nackter junger Mann, wie der «Urmensch» vollplastisch in Bronze gegeben, schreitet hier wie ein Schlafwandler auf einem stereometrischen Sockel dahin: Er ist von der Welt in die Ewigkeit unterwegs, worauf der Pfau, das Attribut Heras, ebenso verweist wie eine sich wie am Maria-Christina-Grabmal in den Schwanz beißende Schlange, beide gleichfalls vollplastisch aus Bronze. Das Selbstbewußtsein dieses Jünglings läßt die Frage nach der Beschaffenheit dieser Ewigkeit freilich nicht aufkommen.

Von der Fläche zum Kubus zum Raum

Mit dem Bekenntnis der Wiener Jugendstilarchitektur zur Fläche in den Jahren 1898/99 war der Weg bereits wieder frei für eine Gegenbewegung. Konstituierend sind Kuben etwa für die Supraportenreliefs, die Hoffmann 1902 für die XIV. Sezessionsausstellung entworfen hat. Sie scheinen die ersten abstrakten Reliefs der Moderne zu sein, tatsächlich aber sind sie aus dem Ornament entwickelt, wobei Hoffmann durch das wie zufällige Vor- und Hintereinanderschichten der einzelnen Körper das Ornament des 19. Jahrhunderts rückwirkend als die Addition starrer, also lebloser Einzelelemente definierte. Der «Protokubist» schlechthin war aber Franz Metzner während seiner Wiener Zeit. Sein 1904 in der Zeitschrift ‹Der Architekt› publizierter Entwurf für einen Brunnen besteht aus vollkommen glatten, stereometrischen, in ein Stufenpodest respektive ineinander geschobenen Blöcken.

Im Jahr der XIV. Sezessionsausstellung 1902 tat Kolo Moser den nächsten Schritt: jenen von der Fläche zum Raum. Bei seinem Armlehnstuhl «Purkersdorf», von dem sich ein Exemplar in der Galerie Metropol in New York befindet, ist der Fläche in der Sitzflächenbespannung – weiße und schwarze Gurten ergeben ein Schachbrettmuster – Tribut gezollt. Zugleich aber fangen die drei völlig gleichförmigen, lattenrostförmigen Lehnen Raum ein, der auch von außen an das Möbel herandrängt, worauf die Stärke der Sitzfläche reagiert, indem sie zwischen den Senkrechtleisten konkav zurückweicht. Anders als im Historismus wird der Raum hier nicht mehr vom Körper verdrängt, vielmehr sind Körper und Raum zwei einander bedingende Momente.

Beim Sanatorium Purkersdorf, westlich von Wien, unmittelbar jenseits der Stadtgrenze, brachte Hoffmann 1904 Fläche, Körper und Raum in ein subtiles Gleichgewicht. Dieses Vorgehen war progressiv. Gleichwohl war Hoffmann noch dem Historismus verpflichtet, wenn er mit den genannten Mitteln ein Gesamtkunstwerk im Sinne des «*milieus*» schuf,

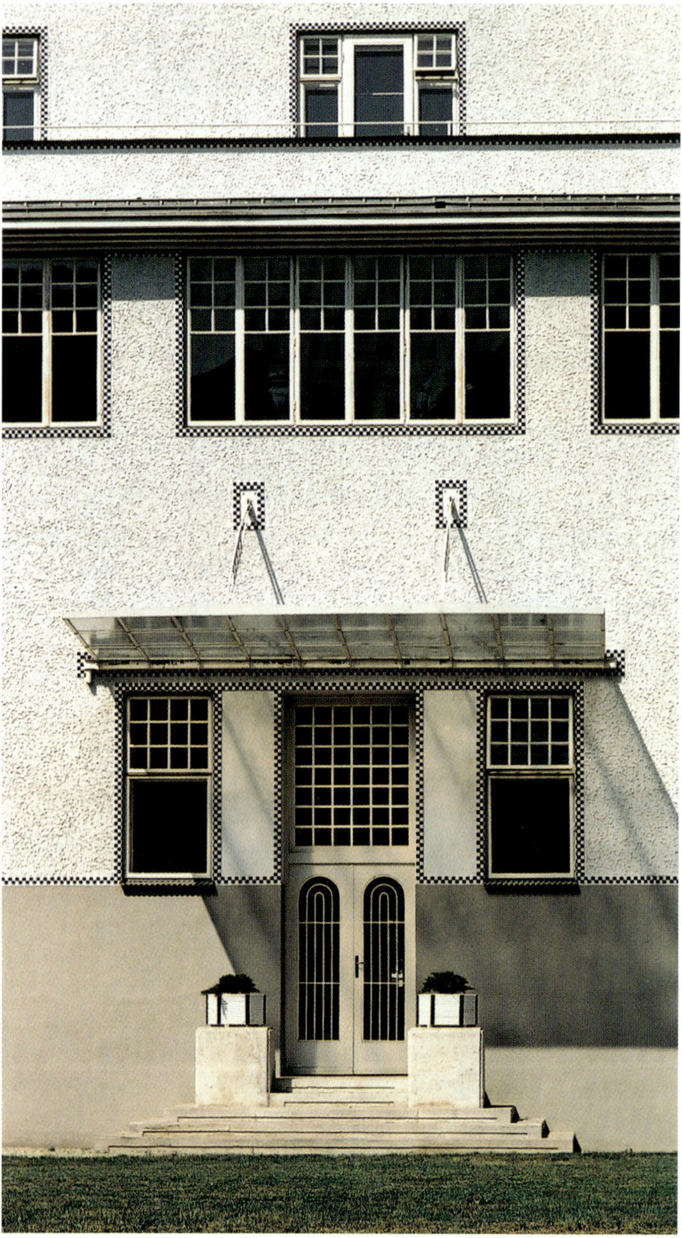

das mit einer Klientel rechnet, die sich in dieses integriert. Außen ist das Gebäude «protokubistisch» als Körper begriffen, zugleich sind aber dessen Flächen durch weißen Rauhputz und – damit kontrastierende – glatte, die Kanten von Baukörper und Fensterleibungen nachzeichnende Bänder aus weißen und blauen Fliesen betont (Abb. 58). Fläche, Körper, Raum und Materialwirkung sind auch im Inneren bestimmend: Im Foyer und im Treppenhaus spannen die freiliegenden Betonträger und der Fußboden, dessen Fliesenmuster die kassettenartige Struktur der Decke aufnimmt, den Raum gleichsam von oben und unten ein. Die Wände sind plan, im unteren Teil durch einen Fliesenbelag – Hygiene demonstrierend – sogar spiegelglatt. Hoffmann hat alle Baudetails und die gesamte Einrichtung bis hin zu den Möbelbezügen selbst entworfen, nur ausnahmsweise verwendete er Produkte anderer wie den obengenannten Stuhl Kolo Mosers von 1902, der hieraus seinen Beinamen erhielt.

Fläche und Raum sind auch bei Otto Wagners Postsparkasse von 1904–1907 Leitthemen. Der Bau, der auf dem Areal der 1900/01 abgebrochenen Kaiser-Franz-Joseph-Defensionskaserne steht, läßt durch seine flache Außenhaut den Georg-Coch-Platz, zu dem sich die Ringstraße hier weitet, als Raum empfinden, und ganz als Raum verstanden ist auch die weiträumige Kassenhalle im Inneren (Abb. 59). Wie vor ihm Hoffmann schuf hier auch Wagner ein Gesamtkunstwerk, indem er die Einrichtung, ja sogar die technischen Geräte, etwa die Warmluftbläser in der Schalterhalle, seinem formalen Konzept unterwarf. Aber bei Wagner ist die Beherrschung der Materie durch den Gestaltungswillen des Architekten ein Symbol für rationales Denken, das als Bedingung für den von Wagner bejahten Fortschritt zu verstehen ist. Gleichermaßen von Wagners rationalem Geist bestimmt ist die gleichzeitig aufgeführte Kirche am Steinhof, die typologisch auf den barocken

58 Josef Hoffmann, Sanatorium Purkersdorf (Niederösterreich), 1904. Fassade (Detail), rekonstruierter Zustand. Aufnahme 2000

Zentralbau mit Kuppel rekurriert, wie ihn die Karlskirche am ausgeprägtesten vertritt. Gleichsam eine Paraphrase dieser Wagnerbauten ist Josef Urbans Villa Redlich in Döbling, die 1907 unmittelbar neben dem Betriebsgelände des Bauherrn und daher etwas außerhalb des Döblinger Cottages entstand. Die dort in die verputzte Front des Hauses erkerartig eingesetzten drei Achsen mit ihren *baywindows* und trapezförmig geknickten Parapeten, ganz aus Glas und lackiertem Eisen, mit sichtbaren Nieten wie beim Brückenbau, spielen wohl auf den Beruf des Eigentümers an: Carl Redlich war in der ganzen Monarchie im Eisenbahn- und Wasserbau tätig, wobei er mit Neuerungen im Rampen-, Tunnel- und Brückenbau hervortrat.

Adolf Loos hat bei seinen Einfamilienhäusern für Hugo und Lilly Steiner, Helene Horner, Dr. Gustav und Helene Scheu sowie für Hilda und Karl Strasser in Hietzing, die zwischen 1910 und 1919 entstanden, erneut den Baukörper in den Vordergrund gestellt. Die «protokubistische» Grundstruktur resultiert nun aber aus dem «Raumplan» – dem konsequenten Bauen von innen nach außen, wobei die Raumanordnung den Bedürfnissen der Bewohner entspringen sollte. Die äußere Erscheinung des Baus ist also das Ergebnis eines Konzeptes, in dessen Zentrum das Individuum steht, und zwar ein selbstbewußtes, bar jeder Schwellenangst. Ein solches wird auch das Portal des von Loos geplanten Schneidersalons Knize auf dem Graben von 1910–1913 ohne Zögern durchschreiten.

Die Sezession der Sezessionisten

Um Gesamtkunstwerke wie das Sanatorium Purkersdorf schaffen zu können, hatten Josef Hoffmann und Kolo Moser 1903 mit der finanziellen Unterstützung des Industriellen Fritz Waerndorfer die «Wiener Werkstätte Produktiv Genossenschaft von Kunsthandwerkern in Wien» gegründet. Geistiger Vater dafür war Charles Rennie Mackintosh, dessen in und um Glasgow verwirklichte Bauten und Einrichtungen die Sezessionisten um 1900 zur Aufgabe der biomorphen Formen

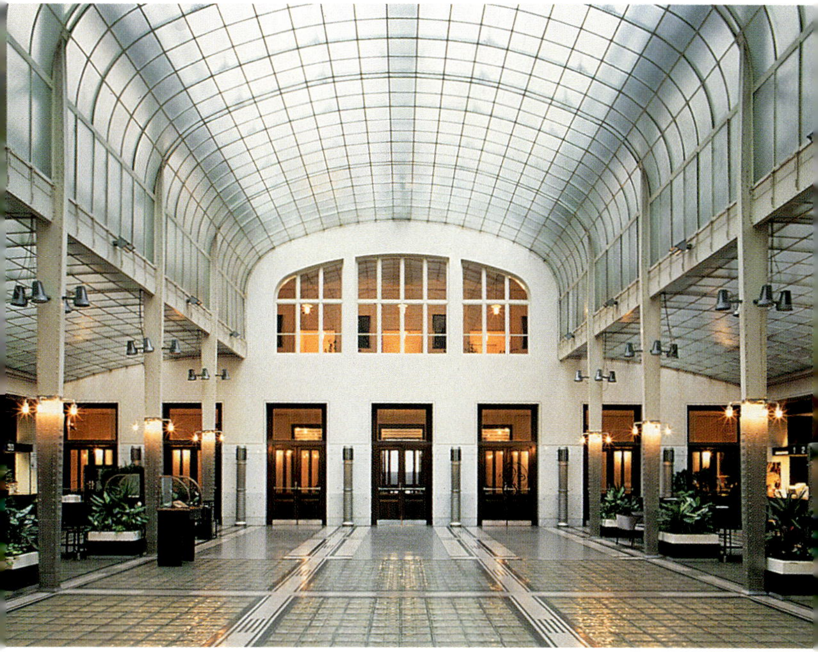

59 Otto Wagner, Postsparkasse, 1904–1907. Kassenhalle mit Warmluftbläsern. Georg-Coch-Platz

zugunsten strengerer Strukturen angeregt hatten. Mit höchstem technischem Können stellte die Wiener Werkstätte Objekte für den täglichen Gebrauch her, Einrichtungsgegenstände, Geschirr, Lederwaren, Schmuck, Textilien, aber auch Postkarten und vieles andere mehr. Als Entwerfer arbeiteten Gustav Klimt und Carl Moll, Dagobert Peche, Carl Otto Czeschka, Anton Hanak, Oskar Kokoschka, Berthold Löffler, Michael Powolny und Otto Prutscher, um nur die bekanntesten zu nennen. Gekauft wurden die Produkte vernehmlich vom gehobenen Bürgertum. Die Gründung der Wiener Werkstätte führte aber zu Spannungen innerhalb der Sezessionskünstler. Josef Engelhart und andere kritisierten den kommerziellen Aspekt der Neugründung, heftige Auseinandersetzungen im Jahr 1905 waren die Folge: Klimt, Wagner, Hoffmann, Moll und Kolo

Moser sowie Emil Orlik, die ihrerseits den «naturalistischen Flügel» um Engelhart ablehnten, verließen die Sezession, die damit vorerst ihre Bedeutung verlor.

Gustav Klimts Kunst erreichte nach diesem Bruch einen neuen künstlerischen Höhepunkt. In seinem 1906 entstandenen Porträt der Fritza Riedler in der Österreichischen Galerie ist alles Dargestellte Folie, so daß die – sezessionistische – Halbedelsteinintarsia auf der Wand hinter der Porträtierten ihren Nimbus bildet (Abb. 60). Daß Klimt den Menschen als einen Teil eines nun im sezessionistischen Sinne gestalteten Gesamtkunstwerkes begreift, ist Erbe des Historismus: Das Bild fixiert dieses Faktum und fügt sich seinerseits dank seiner innerbildlichen Ästhetik wie ein Puzzlestein in die keimfreie Sonderwelt ein. Das Porträt Klimts sanktioniert also die Distanz der Menschen zu jener Welt, die außerhalb der Kunstwelt existiert. Damit erhält das Bild eine metaphysische Funktion, und es ist nur konsequent, wenn solche Kunstwerke zelebriert wurden wie Ikonen: Klimts ‹Kuß› von 1907/08 beispielsweise wurde 1908 in der Ausstellung anläßlich des sechzigjährigen Regierungsjubiläums von Franz Joseph I. auf einer Art Altar präsentiert. Und Klimt selbst umgab, wenn er im «Reformkleid» malte, die Aura des Priesters (Abb. 56).

Schweigen inmitten der Geschwätzigkeit

1910 hatte Wien wieder einen Skandal. Ausgelöst wurde er durch das Stadthaus, das 1909/10 im Auftrag der Schneiderfirma Goldman & Salatsch nach den Plänen von Adolf Loos auf dem Michaelerplatz schräg gegenüber des Michaelertrakts der Hofburg aufgeführt wurde (Abb. 61). In der doppelgeschossigen Geschäftszone waren Geschäft und Werkstätten der Schneiderfirma untergebracht. Darüber befinden sich Wohnungen. Das Haus erregte den Magistrat, den Gemeinderat und die Öffentlichkeit. Proteste führten im September 1910 sogar zu einer temporären behördlichen Einstellung des Baus. Kritiker monierten, er passe sich nicht der Hofburg an.

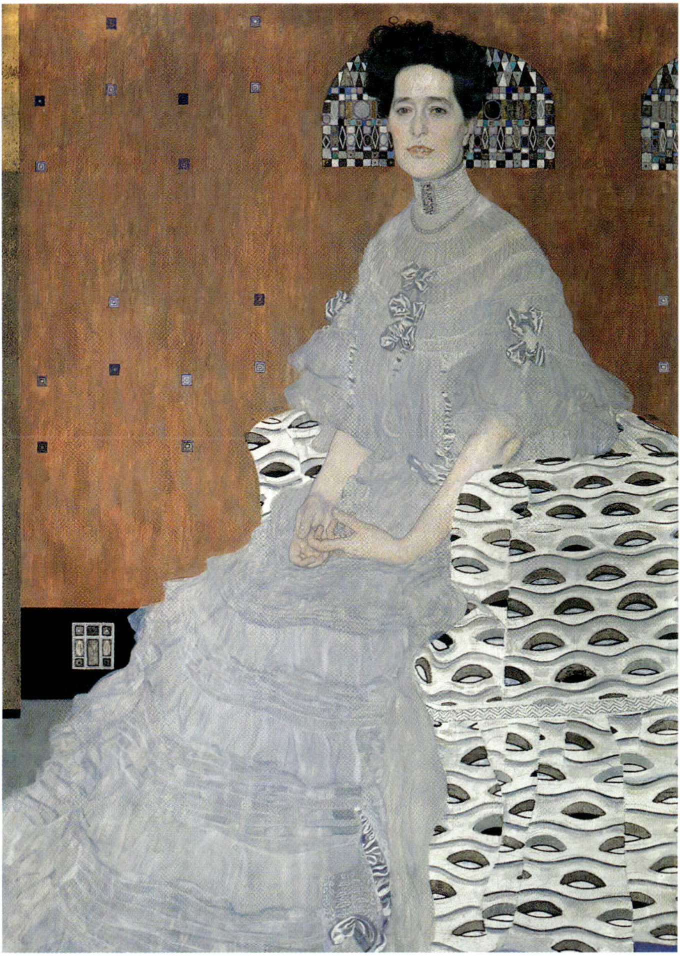

60 Gustav Klimt, Fritza Riedler, 1906. Wien, Österreichische Galerie

Provokant war, daß das Loossche Haus angesichts des lebhaften Dialogs zwischen Hofburg und Palais Herberstein stumm blieb. Da Loos die Flanke zur Herrengasse, auf den strengen Historismus zurückgreifend, mit seichten Risaliten versah, ohne darauf Ornamente «anzunageln», wirkte sein Haus für das an die Üppigkeit des Späthistorismus gewöhnte Auge zwangsläufig nackt.

Der heterogene, ja dissonante Charakter des Baus war von Loos aber kalkuliert eingesetzt. Das beweisen jene Villen im Döblinger Cottage, die Loos etwas später, 1916, umgebaut hat: das Haus Duschnitz und das Haus Anna und Erich Mandl. Loos entzog diese Häuser bewußt dem Diktat der Ästhetik – einer Ästhetik, die keine Veränderungen zuläßt. Eben die Unveränderbarkeit hat Loos an den Gesamtkunstwerken Hoffmanns in seiner Erzählung ‹von einem armen reichen manne› (1900) scharf kritisiert. Loos wollte seine Bauten auf eine von den Bewohnern bestimmbare Zukunft öffnen, indem er sie auch für die Vergangenheit durchlässig machte.

61 Adolf Loos, Haus am Michaelerplatz, 1909/10

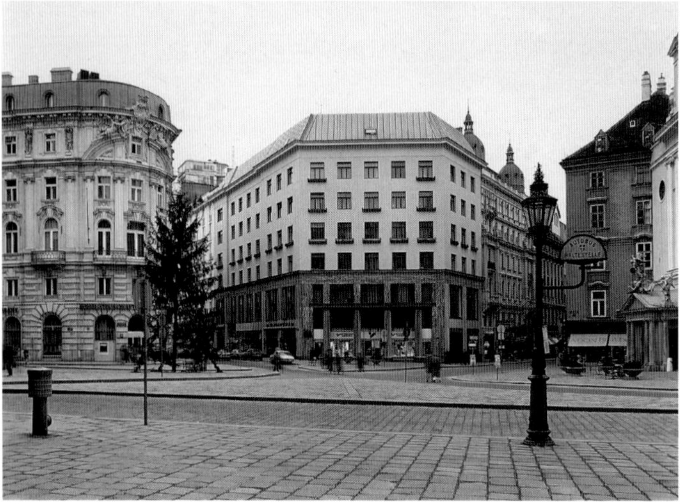

Dies tat er durch die Mitverwendung des Altbestandes und des vorhandenen Mobiliars bei Umbauten sowie durch das Zitieren älterer Motive bei Neubauten. Loos berief sich dabei auf die Interieurs um 1800, über die er begeistert schrieb: «Jedes möbel, jedes ding, jeder gegenstand erzählte eine geschichte, die geschichte der familie. Die wohnung war nie fertig.»

Auf die Anwürfe, die Loos wegen seines Hauses am Michaelerplatz erhielt – für die Wiener war es eine «marmorierte Kokskiste» –, reagierte er im Dezember 1911 mit einem Vortrag in den Sophiensälen. Als er sich dort vor über zweitausend Zuhörern auf die Architektur des Vormärz bezog, provozierte er freilich den nächsten Aufschrei, hatte der Vormärz doch in die Revolution von 1848 geführt. Zu Loos' tatkräftigsten Verteidigern zählte Karl Kraus, der in der ‹Fackel› ein Sonett publizierte, in dem er das Haus auf dem Michaelerplatz als «schön und reinlich, wie ein gutes Gewissen, wie unter Gaunern eine freie Stirn ...» pries und unter den Bauwerken Wiens als «erstes Zeichen einer neuen Zeit!» begrüßte.

Die verkleidete Gegenwart

Der Neobarock, dem nach Alfred Ilg die Zukunft gehören sollte, wurde in Wien bis zum Ausbruch des Ersten Weltkrieges am Leben erhalten. Bei Regierungsgebäuden und anderen Repräsentationsbauten bediente man sich dieses Stils, wie man sich hierorts des Amtsdeutschs im offiziellen Briefverkehr befleißigte – und befleißigt. Ungebrochen galt die Zeit des Barock zu Beginn des Jahrhunderts als eine der ruhmreichsten Epochen der Habsburgerdynastie, ihre Anrufung im architektonischen Zitat war Ausdruck des legitimistischen Denkens, und der neubarocke Stil Teil der offiziellen «verklärend-harmonisierenden Geschichtsauffassung» (W. Telesko). Der Schwanengesang am Vorabend des Untergangs der Donaumonarchie war laut: Was jetzt gebaut wurde, war monumental (oder zumindest groß), dominant, plastisch. Der wichtigste Vertreter dieses «Staatsstils» in der Architektur war Ludwig

Baumann, ein Schüler Gottfried Sempers am Polytechnikum in Zürich. Als Baumann den Auftrag erhielt, für die Weltausstellung in Paris von 1900 das österreichische «Reichs- und Repräsentationshaus» zu planen, schuf er ein pompöses neubarockes Gebilde. 1907 wurde Baumann Burgbauarchitekt, und als solcher hat er den zäh vorangehenden Ausbau der neobarocken Neuen Burg bis 1913 geleitet, wobei er manches umplante. Nach Baumanns Plänen entstand beispielsweise das monumentale, den östlichen Hemizykel beherrschende Haupttreppenhaus, das einem Kaiserpalast würdig zu sein sucht, indem es durch seine Abmessungen alle barocken Treppenanlagen dieser Stadt in den Schatten stellt.

Der Blick zurück auf die Vergangenheit bestimmte auch das Konzept des «Huldigungsfestzugs» anläßlich des 60. Regierungsjubiläums des Kaisers am 12. Juni 1908, der nun weit stärker den Charakter des «Historischen Festzuges» hatte als jener von 1879, denn die verherrlichende Erinnerung an die Großtaten und Hochzeiten der Habsburgerdynastie mußten jetzt als Wirklichkeitsersatz für eine Gegenwart dienen, die viele aufgrund der prekären politischen und gesellschaftlichen Situation immer weniger wahrzunehmen gewillt waren. Prekär war die Lage in der Tat. Nicht nur, daß das Heilige Römische Reich Deutscher Nation versunken, das Zweite Deutsche Kaiserreich gegründet und große Teile des einstigen Habsburgerreiches längst verloren waren, mittlerweile hatte auch die Zentrifugalkraft des Nationalismus eine gefährliche Dimension erreicht. Dazu kamen die sozialen Spannungen. Karl Renner und Otto Bauer, die späteren Führer der sozialdemokratischen Partei, traten mit programmatischen Schriften hervor, und 1905 waren 200 000 Menschen auf der Straße, um das allgemeine Wahlrecht einzufordern. Für jene, die ihren Einfluß schwinden sahen, war die Gegenwart nur erträglich, wenn sie mit Geschichte «verkleidet» auftrat. Die Themen des Festzuges von 1908 dokumentieren in dieser Weise den Traum von einer Wiedergeburt des supranationalen Reiches unter der Führung der Habsburger.

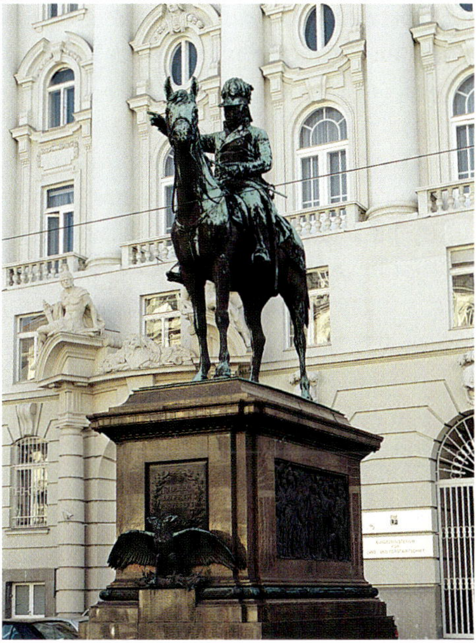

62 Ludwig Baumann, ehem. Kriegsministerium, 1908–1913. Davor Radetzky-Denkmal von Caspar von Zumbusch, 1892. Stubenring

Die Vergangenheit wurde auch bei anderen Gelegenheiten beschworen, wobei die bekannten Elemente der Habsburgischen Ikonographie zum Einsatz kamen. So zeigt die 1910 von Josef Schneider ausgeführte «Waldviertler Riesenpfeife», heute im Tabakmuseum, Rudolf I., wie dieser dem Priester sein Pferd leiht, respektive Rudolf I. an der Leiche Ottokars von Böhmen. Auch die «Ankeruhr» auf dem Hohen Markt, die Franz Matsch im Auftrag der Anker-Versicherung entworfen hat, läßt stündlich Persönlichkeiten der Geschichte und Kulturgeschichte Österreichs auftreten, unter anderem den Babenbergerherzog Leopold VI. mit seiner Gattin Theodora, König Rudolf I. von Habsburg mit seiner Gattin Anna, Meister Hans Puchsbaum, Kaiser Maximilian I., Prinz Eugen, Maria Theresia mit Kaiser Franz I. Stephan und Joseph Haydn.

Die ultimative Demonstration des universalistischen Anspruchs aber ist das 1909–1913 errichtete Kriegsministerium auf dem Stubenring (Abb. 62). 1907 – die Krise mit Serbien begann, sich zur realen Kriegsgefahr auszuweiten – wurde der Planungswettbewerb ausgeschrieben, 66 Entwürfe in den verschiedensten Stilen, darunter Gotik, Renaissance, Barock, wurden eingereicht. Auch ein – von Robert Orley und Franz Safonith konzipierter – Wolkenkratzer mit etwa zehn Stockwerken befand sich unter den Vorschlägen. Zu den modernsten Entwürfen zählte jener von Adolf Loos eingesandte: Loos wollte die architektonische Instrumentierung weitgehend zurückdrängen und auf Aufschriften sowie Embleme völlig verzichten. Die Funktion des Gebäudes sollte allein dessen Oberfläche, die auf die Staatsfarben der Monarchie anspielende Kombination von Terracottaziegeln (auf den Seitentrakten) mit schwarzem Granit (auf dem Mittelrisalit), augenfällig machen. Der Entwurf wurde ausgelacht. Der Auftrag ging auf Drängen des Thronfolgers Franz Ferdinand, der den «Maria-Theresien-Stil» favorisierte, an den Burgbauarchitekten Ludwig Baumann: Sein neubarockes Konglomerat aus Schloß, Kaserne und Amtsgebäude ist eine zu Stein gewordene Drohgebärde, die sich gleichermaßen gegen die äußeren und inneren Feinde der Donaumonarchie richtet. Das macht schließlich auch die Transferierung des monumentalen Radetzky-Reiterdenkmals 1912 von seinem ursprünglichen Aufstellungsort vor dem alten Kriegsministerium Am Hof vor den Haupteingang des neuen Kriegsministeriums auf dem Ring deutlich (Abb. 62). Radetzky hatte ja 1813 die äußeren Feinde ebenso in die Knie gezwungen wie 1848 die italienischen Nationalisten. Mit der Aufstellung dieses Denkmals und der Fertigstellung des Kriegsministeriums im Jahr darauf war die Ringstraße praktisch vollendet.

Der Neobarock blieb am Jahrhundertanfang auch für den Wohnhausbau, sowohl innerhalb des Gürtels als auch in den «Außenbezirken» im Bereich der ehemaligen Vororte, der Stil der Wahl. Beim 1904/05 erbauten Straßenhof in der Lothringerstraße Nr. 4–8 (IV. Bez.) von Julius Goldschläger ist die für den Neubarock typische Plastizität auf die Großform übertragen: Drei Wohnhäuser umgeben dort eine Art Ehrenhof. Daß gerade der schärfste Kritiker der – ihrer «fröhlichen Apokalypse» entgegentaumelnden – Donaumonarchie, Karl Kraus, in diesem Gebäudekomplex wohnte und starb, ist ein Treppenwitz der Geschichte. Verbindlicher sind jene Repräsentations- und Wohnbauten, die den Spätbarock zitieren. Etwa das von Ernst Gotthilf von Miskolczy und Alexander Neumann geplante palaisartige Haus der Kaufmannschaft auf dem Schwarzenbergplatz (IV. Bez.) von 1902–1905, das sich am nahen Schloß Belvedere orientiert, mit seiner Treppenanlage aber das Schloß Mirabell in Salzburg und in seinem Festsaalfresko das venezianische Settecento zitiert.

Neobarock für jedermann bot Nippes in Porzellan, wie sie die Wiener Keramik, die Vereinigte Wiener und Gmundner Keramik, die Firma Friedrich Goldscheider und andere in den ersten beiden Jahrzehnten des 20. Jahrhunderts in großen Mengen produzierten. Omnipräsent blieben auch weiterhin die Putti, zu deren Vermehrung insbesondere Michael Powolny beigetragen hat, der thematisch an den Hochbarock, technisch und stilistisch aber an das Florentiner Quattrocento anschloß. In Wien – im Privatdruck – verlegt wurden ferner die an der Zeit Ludwigs XV. orientierten, erotischen Mappenwerke des in München lebenden Altösterreichers Franz von Bayros. Hier knüpfte 1912 wiederum der «Paradiesvogel» unter den Vertretern des Wiener Kunstgewerbes, Dagobert Peche, an, der sein Faible für den Barock mit seiner Herkunft aus Salzburg erklärte.

Repräsentation versus Individuation

Auch eines der zahlreichen im Auftrag der Stadt Wien errichteten Gebäude tritt in neubarockem Kleid auf: die «Wiener Urania». Der repräsentative Charakter war bei diesem 1909/10 auf einem schmalen, unregelmäßigen Restgrundstück an der Gelenkstelle zwischen Ringstraße und Franz-Josephs-Kai, unweit des Kriegsministeriums, errichteten Bau offenbar wesentlich. Mit der Planung beauftragt war Max Fabiani, der in dem Mehrzweckbau zwei Vortragssäle, eine Sternwarte und anderes unterzubringen hatte. Fabiani legte die beiden großen Vortragssäle – verschränkt – übereinander, für die astronomische Beobachtungsstation entstand ein eigener Turm. Die Raumlösung war fortschrittlich, nicht aber die architektonische Hülle: «Bug» und «Heck» des Baukörpers sind mit je einem «Maria Theresianischen» Schild bedeckt und die Gebäudekanten, Fensterlaibungen und Lisenen durch bossierte, an den Fortifikationsbau gemahnende Quader betont. Mit der städtebaulich sensiblen Position des Baus allein wird man diesen formalen Rückgriff nicht erklären können. Aufgrund des unkanonischen Miteinanders der architektonischen Einzelteile mag man Fabiani als den ersten postmodernen Architekten feiern, doch der Eindruck bleibt, daß der einstige Pionier von seiner mittlerweile erreichten Position – von 1905 bis 1914 fungierte Fabiani in architektonischen und kunsthistorischen Fragen als Berater Franz Ferdinands – korrumpiert worden ist.

Fabiani stand darin nicht allein: Auch andere Avantgardisten haben um 1910 einen retrospektiven Weg eingeschlagen, indem sie antike respektive klassizistische Motive in ihre Werke integrierten: Plečnik etwa 1910–1913 bei der Hl.-Geist-Kirche auf der Schmelz (XVI. Bez.), Hoffmann bei der Villa Skywa-Primavesi in Hietzing und Loos bei der Anglo-Österreichischen Bank auf der Mariahilferstraße (VII. Bez.). Nachgerade megalomane Züge trägt Loos' patriotisch übersteigertes Projekt von 1917 für die Verbauung der Gartenbaugründe am Parkring: Auf dem letzten verfügbaren größeren Areal des Inneren Rings sollte nach Loos' Vorstellung ein Forum für den 1916 verstorbenen Kaiser Franz Joseph I. entstehen. Aber auch im privaten Bereich setzte Loos klassizistische Motive ein, etwa beim Wohnhaus Leopold Goldmans in Döbling, wo er den Eingang zur Hausherrenwohnung durch dorische Säulen in der Art der Burgtorsäulen (Abb. 36) hervorhob, oder in der Wohnung A. & J. Horowitz in der Frankgasse (IX. Bezirk), wo ein antikisierender Fries im «Kaminnischerl» auf das humanistische Interesse der Bewohner anspielt. Loos ging es auch hier wie schon bei seinem Haus am Michaelerplatz um den Bezug zum Vormärz, in dem sich das Bürgertum zunehmend emanzipiert hatte. Bei ihm ist der formale Rückgriff kein Beruhigungsmittel, sondern politischer Sprengstoff.

Auf der Suche nach Individuation waren auch einige Vertreter der bildenden Kunst: der junge Gustinus Ambrosi und die Vertreter des expressiven Realismus, Oskar Kokoschka, Egon Schiele und Richard Gerstl. Für den Bildhauer Ambrosi führte diese Suche über die Rezeption der Kunst Auguste Rodins. Die Werke der Maler Kokoschka, Schiele und Gerstl sind – wiewohl nicht ohne Anregung von außen erklärbar – das Ergebnis ihrer unmittelbaren Konfrontation mit dem Leben. Geradezu beklemmend wirken Kokoschkas vor dem Krieg entstandene Bildnisse, wo er, ausgestattet mit einer Art Röntgenblick, die psychische Disposition der Porträtierten und damit in einer gewissen Weise deren weiteres Schicksal zum Hauptthema des Bildnisses macht, etwa in seinem Bild ‹Kind mit den Händen der Eltern› von 1909 (Österreichische Galerie). Der nur wenige Monate alte, in einer Gloriole erscheinende Sohn des Schneiders Leopold Goldman verwandelt sich hier im Schutz der gutmeinenden Eltern zum Greis. Als die – in der ‹Windsbraut› (1914, Kunstmuseum Basel) gefeierte – Liebesbeziehung zwischen Kokoschka und Alma Mahler, der Gattin Gustav Mahlers, in die Brüche ging, meldete sich Kokoschka zum Militär. Schwer verwundet und von der zerbrochenen Beziehung noch immer traumatisiert, kehrte er 1915 zurück. 1917 hat Kokoschka Wien verlassen.

Egon Schieles Auseinandersetzung mit Armut, Leid, Krankheit und Sexualität schockierte noch stärker, zumal sein nerviger und ungemein kräftiger Strich die Intensität dieses Empfindens verstärkt (Abb. 63). 1912 saß Schiele aufgrund einer Verurteilung wegen des Vertreibens pornographischer Zeichnungen sogar kurze Zeit im Gefängnis. Als er 1918 an der Spanischen Grippe starb, zeigte die Sezession seine Werke in einer Retrospektive. Richard Gerstl suchte die mitleidslose

Konfrontation mit sich selbst und seiner abgründigen Emotion; sein Selbstporträt als Lachender ist nicht ohne die Vorbilder Messerschmidts denkbar, sein Stil weist auf Chaim Soutine voraus. Voller Schuldgefühle wegen seines Verhältnisses mit der Frau Arnold Schönbergs nahm er sich 1908 das Leben.

Die Kunst als Mittel der Individuation von Kindern hat Franz Cizek erkannt. Die von ihm ins Leben gerufene «Wiener Jugendkunst» – 1897, im Jahr der Sezessionsgründung, hatte er eine private Zeichen- und Malschule eröffnet – war gleichsam der Expressionismus für die Kleinen. Cizek war progressiv darin, daß er die akademische Kunst schlechthin sowie die traditionellen Gattungsunterscheidungen ablehnte und die Erweiterung des Kunstbegriffs forderte. Die Jugendkunst sah er als etwas Unverdorbenes, «aus triebhaften, ungebrochenen Energien» Kommendes an. Die Kinder kamen einmal wöchentlich ein paar Stunden zu ihm und durften in einer Atmosphäre von Geborgenheit, zum Teil bei Musik, «tun, was sie wollen, werden nicht gestört, nicht verbessert, nicht getadelt ... Alles Elementare, Unbewußte, alles Unverbrauchte wird gepflegt und behütet, denn Geschicklichkeit, Wissen und Können verdrängen und vernichten diese Eigenschaften» (L. W. Rochowanski).

Der «Bankenstil»

Kurz vor dem Ausbruch des Ersten Weltkriegs überrollte eine neoklassizistische Welle noch einmal die Wiener Architektur. Sie hatte klassizistische Momente, beispielsweise die dorischen Burgtorsäulen, aber auch historistische, durch den Jugendstil überformte Motive in sich aufgenommen. Zum Einsatz kam die neue Melange in erster Linie bei Bankgebäuden, von denen im zweiten Jahrzehnt in der Inneren Stadt gleich mehrere aus dem Boden schossen. Auf den Bankenbau spezialisiert war das Architektenduo Ernst Gotthilf von Miskolczy und Alexander Neumann, beide vom Späthistorismus geprägt. Nach ihren Plänen entstanden zwischen 1909 und 1921 die Credit-Anstalt für Handel und Gewerbe in der Schottengasse, die

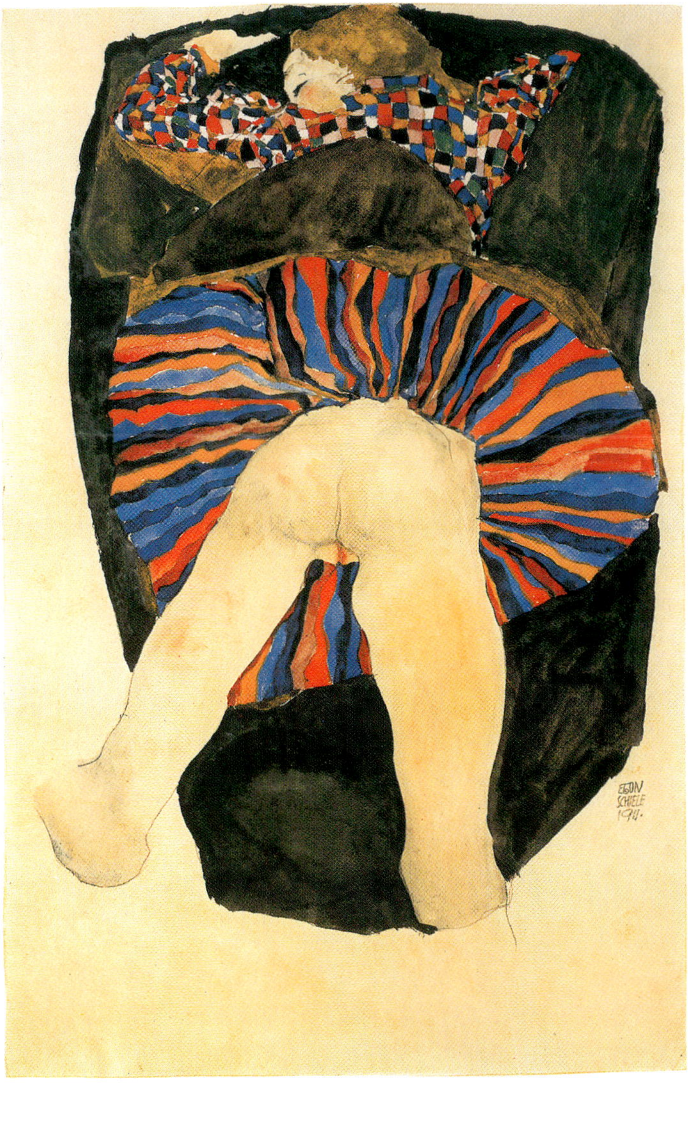

63 *Egon Schiele, Liegender Halbakt, 1911. USA, Privatsammlung*

Niederösterreichische Eskompte-Gesellschaft Am Hof an Stelle des alten Kriegsministeriums und schließlich die Credit-Anstalt für Handel und Gewerbe auf der Freyung. Eleganz und Verläßlichkeit bestimmen den Eindruck, von größter Gediegenheit ist auch die Innenausstattung.

Aber auch im Kirchenbau fand der Neoklassizismus während des zweiten Jahrzehnts Verwendung, etwa bei der 1908–1910 von der Stadt Wien errichteten Karl-Borromäus-Kirche auf dem Zentralfriedhof. Ihr Architekt, Max Hegele, stellte neuerlich einen typologischen Bezug zur Karlskirche und darüber hinaus zu Wagners Steinhofkirche her. 1910 wurde Karl Lueger in der Krypta der Kirche am «Zentral» beigesetzt, die, 1911 eingeweiht, offiziell als «Dr.-Karl-Lueger-Gedächtniskirche» bezeichnet wurde. Das längst schon geschlossene Bündnis zwischen Altar und Bürgermeistersessel war damit besiegelt.

Die anderen Banken zu übertrumpfen setzte sich dann die K. u. k. Österreichisch-Ungarische Bank, die jetzige Österreichische Nationalbank, 1913 zum Ziel. Für den Neubau wurde der Hasenauerschüler Leopold Bauer engagiert, der ab 1894 auch bei Wagner studiert hatte, 1900 Mitglied der Sezession geworden war, sich 1903 von dieser aber wieder abgewandt hatte. Bauer projektierte einen gigantischen Komplex auf dem Areal der geschleiften Alser Kaserne am Anfang der Alser Straße (IX. Bez.). Direkt an dieser Straße sollte das Hauptgebäude, ein veritabler Wolkenkratzer – er wäre der erste Wiens gewesen, da das Wolkenkratzer-Projekt für das Kriegsministerium nicht zum Tragen gekommen war – , und dahinter das Druckereigebäude stehen. Beim Hauptgebäude hätte eine konvex ausschwingende Fassade mit Kolossalordnung die fünf untersten Geschosse zusammengefaßt. Aus diesem «Sockel» wäre teleskopartig ein zwölfgeschossiges Hochhaus aufgewachsen, auf dem wiederum ein tempelartiger Aufsatz mit steil hochgezogenem Dach (mit drei Dachgeschossen) und einer glorietteartigen Bekrönung aufsitzen sollte. Das Innere hätte ein weitläufiges, räumlich verschachteltes

Treppenhaus bestimmt, das Baumanns Treppenanlage in der Neuen Burg noch übertrumpft hätte. Realisiert wurde von diesem Projekt nur das verhältnismäßig schlichte Druckereigebäude. Der für das Hauptgebäude vorgesehene Bauplatz blieb unbebaut. 1913 wurde Baumann auf Druck des Thronfolgers Franz Ferdinand zum Nachfolger Otto Wagners an der Akademie bestellt. In der Nachbesetzungsdebatte, in der Wagner als Nachfolger Josef Plečnik vorgeschlagen hatte, der jedoch als Slowene von den Deutschnationalen abgelehnt wurde, hat sich der junge Rudolph Michael Schindler, seit 1910 Student bei Wagner, für Adolf Loos als Nachfolger Wagners eingesetzt. Der Vorstoß blieb erfolglos. So gründete Loos eine private Bauschule, die in der Folge von Schindler, Richard Neutra, Felix Augenfeld und anderen besucht wurde. Schindler ging 1914 in die USA. Die «Loos-Schule» wurde bei Ausbruch des Ersten Weltkrieges aufgelöst, Bauer aufgrund der Attacken der Wagnerschüler 1919 suspendiert. Daß die unverbaut gebliebene Fläche vor dem Bauerschen Druckereigebäude 1925 «Otto-Wagner-Platz» benannt wurde, entbehrt deshalb nicht der unfreiwilligen Komik.

Die vollendete Ringstraße, die im Begriff war, «mit dem Habsburg-Mythos eins zu werden» (K. Roschitz), und die aus den Baugruben wachsenden Prachtbanken formten die Kulisse für den weiteren Verlauf der Geschichte: Nach der Ermordung des Thronfolgerpaares in Sarajevo am 28. Juni 1914 erklärte Österreich-Ungarn Serbien den Krieg. 1916 bestieg der Großneffe Kaiser Franz Josephs I., Erzherzog Karl, als Karl I. den Thron. Im selben Jahr brachten Alexander Neumann und Ernst von Gotthilf-Miskolczy ein weiteres Mal den Neoklassizismus zum Einsatz, nämlich beim Verwaltungsgebäude des Österreichischen Branntwein-Monopols, das sich mit seinem kuppelbekrönten, wieder auf den Michaelertrakt verweisenden «Bug» auf den sonst schon völlig verbauten Schwarzenbergplatz schob. 1918 war dieser letzte Bau der Ringstraßenzeit fertig. Im Herbst desselben Jahres brach die Donaumonarchie zusammen.

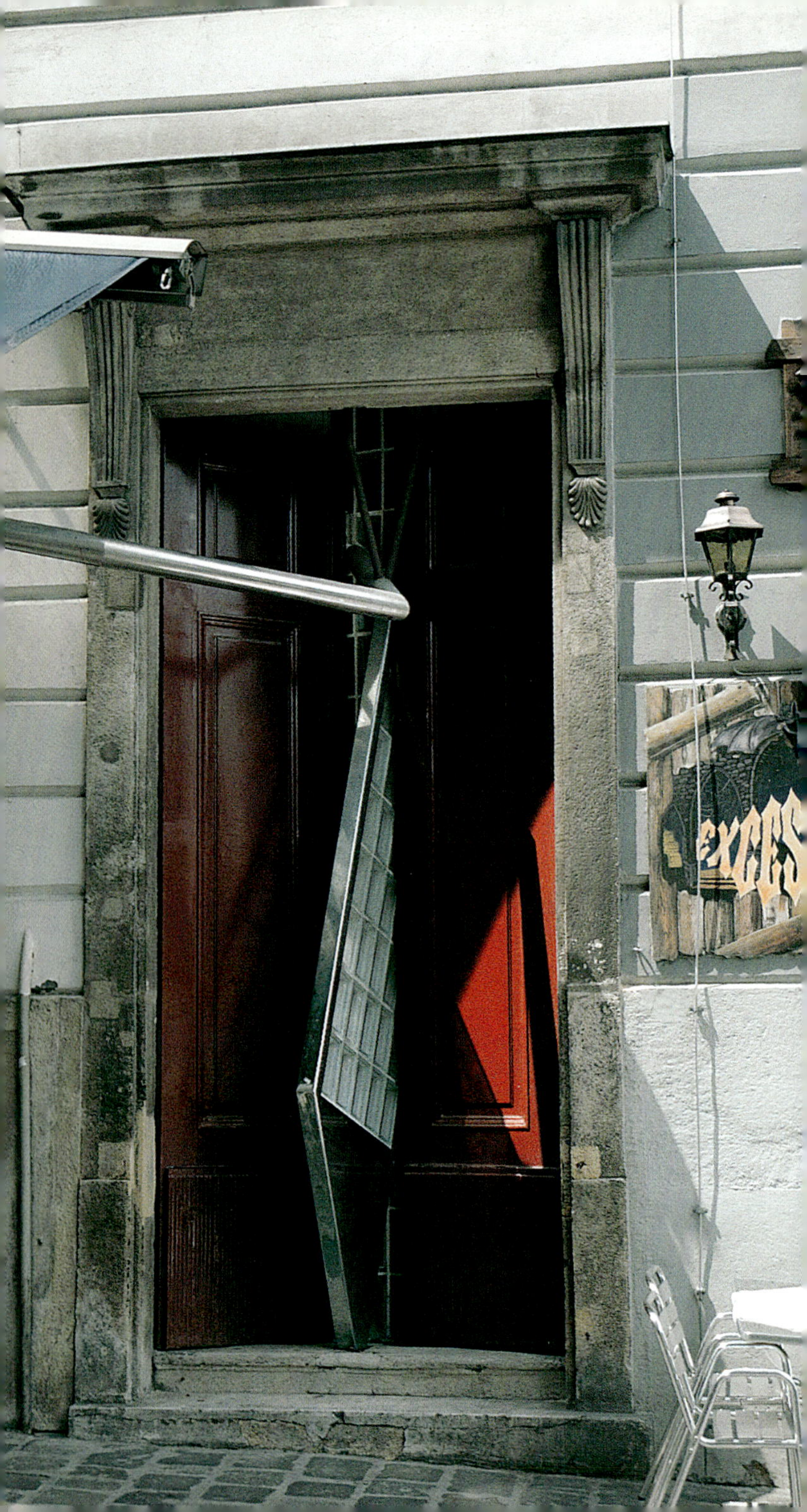
EXCES

Ein langer Beginn – 1918 bis heute

Das Rote Wien

Daß der ehemalige Kaisergarten, der jetzt «Burggarten» heißt, 1919 dem Publikum geöffnet und nachts beleuchtet wurde, ist geradezu ein Symbol für die Ereignisse dieser Tage: Nachdem die Sozialdemokraten aus den Parlamentswahlen vom Februar 1919 als stärkste Partei hervorgegangen waren, wurden die Habsburger ausgewiesen. Der Adel wurde in Österreich abgeschafft – einem Österreich, das nur noch ein Schatten seiner selbst war: Territorial geschrumpft, wirtschaftlich am Ende und mit einer für die junge Republik absolut überdimensionierten, dezentral im Nordosten des Landes liegenden Hauptstadt ausgestattet, die sich bis heute gefallen lassen muß, als «Wasserkopf» bezeichnet zu werden, erschien dieses Österreich vielen als so wenig überlebensfähig, daß sie im Anschluß an Deutschland die einzige Chance sahen. Im Wiener Gemeinderat dominierten nach dem Ende des Ersten Weltkrieges wie im Parlament die Sozialdemokraten, hier aber ungebrochen bis 1934, während im Parlament schon 1920 die Christlichsoziale Partei an die Regierung kam.

1919–1925 war Jakob Reumann Wiens Bürgermeister. Bereits im Jahr seines Amtsantrittes führte er die zweckgebundene Wohnbausteuer ein, durch die das «Rote Wien» den kommunalen Wohnbau sofort in Angriff nehmen konnte. Um die akute Wohnungsnot zu bekämpfen, entstanden in den Außenbezirken, entlang des damals noch unverbauten Draschegürtels, dem jetzigen Margareten- und Gaudenzdorfer Gürtel (V./XII. Bez.), und in den traditionellen Arbeiterbezirken

64 COOP Himmelb(l)au (Wolf D. Prix und Helmut Swiczinsky), Liederbar ‹Roter Engel›, Scheintür, 1980/81. Rabensteig

Favoriten (X. Bez.) und Ottakring (XVI. Bez.), aber auch in Speising (XIII.), Währing (XVIII.), Oberdöbling, Unterdöbling/Heiligenstadt (XIX. Bez.), Brigittenau (XX. Bez.), Floridsdorf (XXI. Bez.) etc. Wohnblocks, die meist mehrere hundert Wohneinheiten umfassen. Dieser um die Stadt gelegte «Kranz» von «Superblocks» erinnert an den geplanten Ring von Defensionskasernen, der nach der Märzrevolution von 1848 die Innenstadt vor dem «Proletariat» hätte schützen sollen.

Der erste, in Teilen noch vor dem Krieg geplante und während des Kriegs begonnene «Superblock» dürfte der «Metzleinsthaler Hof» am Margaretengürtel (V. Bez.) gewesen sein. In dem von Robert Kalesa entworfenen ersten Bauabschitt der Anlage sind die Treppenhäuser von der Straße aus zugänglich. Beim zweiten, von Hubert Gessner geplanten und 1922/23 realisierten Teil liegen sie schon auf der Hofseite. Diese Lösung wurde im kommunalen Wohnbau fortan beibehalten und trägt zu dem burgartigen Charakter der frühen Blocks bei. Typologisch waren diese anfangs retrospektiv. So knüpfte der 1924 errichtete «Reumannhof», gleichfalls am Margaretengürtel (Abb. 65), wieder ein Bau Hubert Gessners, mit seinem monumentalen, zur Straße abgeschirmten Ehrenhof, mit dem stufenförmigen Aufwachsen des Mitteltrakts sowie dem weithin sichtbaren Gloriettemotiv an den «Bankenstil» und schließlich an den barocken Schloßbau an. «Der Zitatcharakter oder die vordergründige Symbolik wird ... noch verstärkt durch den geringen, zumindest kaum verständlichen städtebaulichen Anlaß. Denn die Achse des Reumannhofes führt stadträumlich ins Leere» (F. Achleitner). Auch dafür liegen die Voraussetzungen im Späthistorismus, man denke an das Zinspalais Wernburg auf der Linken Wienzeile. Fortschrittlich ist beim «Reumannhof» aber die Schmucklosigkeit der Fassade, sieht man von einer partiellen Bewegtheit der Oberfläche ab.

Kubistisch-expressive Momente prägen die frühen Wiener Gemeindebauten vielfach, so etwa den «Ludo-Hartmann-Hof» von Cäsar Poppovits, einen kleinen, 1924/25 errichteten Gemeindebau in der Albertgasse (VIII. Bez.). Den deutschen

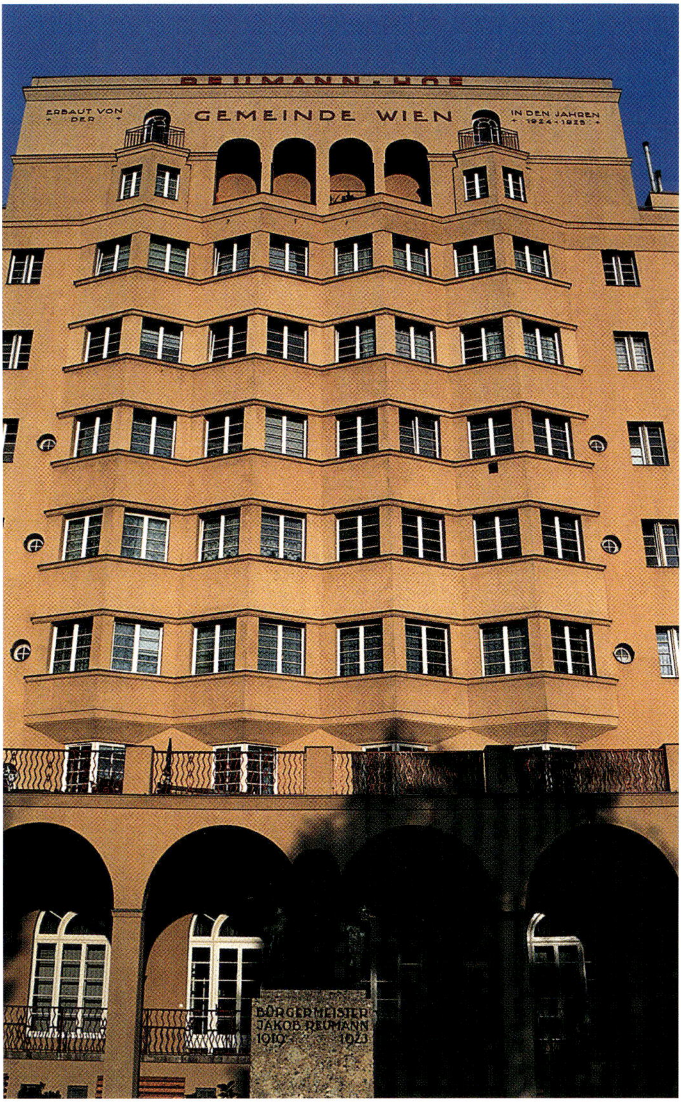

65 Hubert Gessner, Reumannhof, Mitteltrakt mit bekrönendem Gloriettenmotiv, 1924. Margaretengürtel (V. Bezirk)

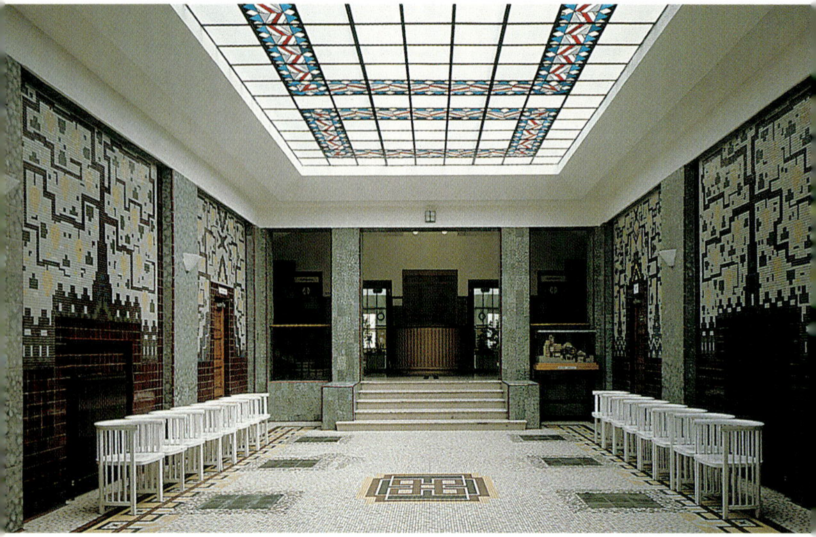

66 Otto Nadel, Karl Schmalhofer, Amalienbad, 1923–1926. Reumannplatz (X. Bez.)

Expressionismus in der Art von Erich Mendelsohns «Einsteinturm» in Potsdam hat Victor Reiter bei einem Gemeindebau von 1928/29 in der Speisingerstraße (XIII. Bez.) rezipiert, wenn er die Balkonbrüstungen stromlinienförmig aus der Nullfläche der Wand herauswachsen ließ. Der größte der «Superblocks» ist der 1927–1930 nach den Plänen des Wagnerschülers Karl Ehn errichtete «Karl-Marx-Hof» auf der Heiligenstädter Straße (XIX. Bez.), der mit einer Länge von 1 200 Metern zu den größten zusammenhängenden Gebäudekomplexen der Welt zählt. Die rund 1 600 Wohnungen sind hier in relativ niedrigen Trakten untergebracht, jede Wohnung hat eine Loggia. Farbige Keramiken von Franz Riedl an der Fassade thematisieren «Kinderfürsorge», «Befreiung», «Körperkultur» und «Aufklärung». Die aussagemächtigen Plastiken wurden ein fester Bestandteil des kommunalen Wohnbaus; als Bildhauer waren hier vor allem Anton Hanak und Gustinus Ambrosi tätig.

Ein weiteres Wohnbaumodell waren die «Genossenschaftssiedlungen», bei denen aus dem Bundes-, Wohn- und Siedlungsfonds nur 85 bis 90 Prozent der Kosten gedeckt wurden, der Rest war von den Siedlern in Form von Eigenleistung zu erbringen. Auf diese Art errichteten beispielsweise die «Pioniere vom Rosenhügel» 1921–1926 eine Selbstversorgersiedlung im XIII. Bezirk, wo 543 Häusern kleine Gärten zugeordnet sind. Ihre Architekten, Hugo Meyer und Emil Krause, orientierten sich an den englischen Gartenstädten, aber auch an der Basler Freidorfsiedlung von Hannes Meyer.

Ergänzend zum Wohnbauprogramm ließ die Gemeinde Wien große Hallen- und Freiluftbäder errichten. Die bedeutendste erhaltene Anlage ist das 1923–1926 errichtete «Amalienbad» am Reumannplatz (X. Bez.) von Otto Nadel und Karl Schmalhofer. Auch hier ist die Schloßtypologie bemüht. Relativ modern ist die Ausstattung, die zwischen Jugendstil und Art Deco oszilliert (Abb. 66). Bewußt in «feudaler Tradition» wurde das Bad nach der sozialdemokratischen Gemeinderätin Amalie Pölzer benannt. Geradeso programmatisch sind die Namen der Wohnblocks: Hatte die Bezeichnung «Metzleinsthalerhof» noch auf einen historischen Flurnamen Bezug genommen, sollte der «Reumannhof» die Erinnerung an Wiens ersten sozialdemokratischen Bürgermeister († 1925) wachhalten und der «Ludo Hartmannhof» dem Historiker und Volksbildner Ludo (Ludwig Moritz) Hartmann († 1924) ein Denkmal setzen.

Die verheerenden sozialen Zustände nach Kriegsende versuchte das Rote Wien neben Wohnbauten auch durch die Errichtung von Kindergärten, Horten, Gemeinschaftswaschküchen usw. zu verbessern. Nicht durchgesetzt hat sich die von der sozialistischen Frauenbewegung getragene Idee des «Einküchenhauses». Probeweise war ein solches in den zwanziger Jahren im XV. Bezirk eröffnet worden. Öffentliche Bäder wurden auch im Rahmen von Arbeitsbeschaffungsprogrammen gebaut, so das 1928 nach den Plänen Erich Franz Leischers errichtete, von den Wienern zärtlich «Kongerl» genannte

Kongreßbad im XVI. Bezirk, das in seiner weiß und signalrot gestrichenen, schon von weitem sichtbaren Holzverschalung vom Art Deco beeinflußt ist.

Nach der Genehmigung der Feuerbestattung ließ die Stadt Wien 1921/22 gegenüber dem Zentralfriedhof (XI. Bez.) auf dem Areal des ehemaligen Neugebäudes (Abb. 19) ein Krematorium errichten. Der Auftrag für dessen Planung ging an Clemens Holzmeister, der die manieristische Schloßanlage in seine Planung einbezog und auf deren dezidierte Spannungslosigkeit mit einer Mischung aus expressionistischem Pathos und gotisierenden Einzelformen reagierte. Auf diese Weise ist es «dem katholischen Tiroler ... gelungen, diesem atheismusverdächtigen Kult die Aura religiösen Rituals zu verschaffen. Kulturgeschichtlich eine Meisterleistung: der sozialistische Antiklerikalismus inszeniert sich als ‹Überreligion› durch die holzschnittartige Überlagerung architektonischer Erinnerungen» (F. Achleitner).

Die kaiserlichen Denkmäler entlang der Ringstraße hat die Republik um ein weiteres vermehrt: In dem anläßlich des zehnjährigen Bestandes der Republik 1928 neben dem Parlament errichteten «Republikdenkmal» sind die Väter der Republik, Jakob Reumann, Viktor Adler und Ferdinand Hanusch – letzterer hatte sich als Staatssekretär für soziale Fürsorge 1918–1920 große Verdienste erworben –, in Bronzebüsten von Franz Seifert, Anton Hanak und Mario Petrucci präsent.

Die Werkbundsiedlung und die Internationale Moderne

Gleich nach dem Kriegsende eröffnete Johannes Itten eine private Kunstschule in der Nußdorfer Straße (IX. Bez.), die 1919 unter anderem vom jungen Carl Auböck besucht wurde. Ittens Ideen hatten in Wien aber keine direkte Wirkung, da der Schweizer noch im selben Jahr von Walter Gropius ans Bauhaus berufen wurde. 16 Schüler, darunter Auböck und der Cizekschüler Franz Probst, sind ihrem Lehrer nach Weimar gefolgt. Sie nahmen an Ittens «Vorkurs» teil, wurden durch

Naum Slutzky in die Metallverarbeitung und durch Oskar Schlemmer in die Holz- und Steinbildhauerei eingeführt, aber auch mit der esoterischen «Mazdaznan-Lehre», deren zentrale Momente Vegetarismus, Atemübungen und positives Denken sind, vertraut. Unter dem Einfluß Paul Klees hat Auböck 1920 sein erstes abstraktes Bild, ‹Flugmaschine›, geschaffen. Im selben Jahr schickte Franz Cizek von Wien aus seine Jugendkunst auf Wanderausstellungen in die ganze Welt: Die Arbeiten seiner Schützlinge wurden in Großbritannien und in fast fünfzig Städten der USA, ab 1927 in Kanada und später in Südafrika, Indien und Australien gezeigt und haben den Kunstunterricht für Kinder weltweit beeinflußt. Um einen Anschluß an die internationale Entwicklung war unmittelbar nach dem Krieg der ‹Wiener Kinetismus› bemüht, der Anregungen der ungarischen Gruppe ‹Mà› aufnahm; seine wichtigste Vertreterin war die Cizcekschülerin Erika Giovanna Klien.

Die Architektur der internationalen Moderne wurde in Wien rasch rezipiert. Trotzdem blieb sie hier vorerst Episode, denn wichtige Vertreter haben Wien verlassen, bevor sich der neue Stil in größerem Umfang durchsetzen konnte: Richard Neutra ging 1921 zu Erich Mendelsohn nach Berlin und 1923 in die Vereinigten Staaten, Arthur Grünberger und Friedrich Kiesler arbeiteten ab Ende 1923 respektive ab 1926 in den USA, zahlreiche Architekten waren in den späten dreißiger Jahren gezwungen zu emigrieren. Prinzipiell hätten die neuen formalen Konzepte hervorragend in den Rahmen des kommunalen Wohnbaus gepaßt. Der Wiener Joseph Frank, der in der Vorkriegszeit im Atelier von Bruno Möhring in Berlin gearbeitet und die Gartenstadtbewegung und die Werkbundidee kennengelernt hatte, kritisierte die «Volkswohnpaläste» der Gemeinde Wien scharf und versuchte, den Schulterschluß von sozialem Wohnbau und moderner Architektur anzuregen. Seine Kritik wie seine Vorschläge aber blieben ungehört.

Prinzipiell arbeitete die wirtschaftliche Notsituation auch den älteren Avantgardisten in die Hände: Adolf Loos etwa hat – ein norwegisches System aufgreifend – 1921 ein Patent für ein Haus mit nur einer Mauer eingereicht, wonach bei Siedlungshäusern nur eine einzige gemeinsame Trennmauer ausgeführt und gründungslose Hohlwände anstelle von Massivmauern verwendet werden sollten. Beides wurde kurz darauf in der Bauordnung genehmigt, doch Loos' wichtigste Auftraggeber waren weiterhin Privatpersonen. Oskar Laske reagierte auf die aussichtslose Auftragslage, indem er sich nun ganz der Malerei zuwandte.

Joseph Franks größter Erfolg in Wien war das 1925 gemeinsam mit Oskar Wlach gegründete «Einrichtungshaus Haus & Garten» in der Bösendorferstraße. Ja, die von Frank entworfenen buntbedruckten Leinenstoffe, die heute in Schweden erzeugt werden, haben noch immer ihr Publikum. Gleichzeitig kam er in Kontakt mit dem neupositivistischen Gedankengut des «Wiener Kreises» und hielt 1929 einen Vortrag mit dem Titel «Moderne Weltauffassung und moderne Architektur», den der Verein «Ernst Mach – Freunde der wissenschaftlichen Weltauffassung» organisiert hatte. Die dort postulierte Relation zwischen Philosophie und Architektur war schon 1926–1928 beim «Haus Wittgenstein» (III. Bez.) in einer für Wien einmaligen Form hergestellt worden: Geplant hatte dieses für Margarethe Stonebourough-Wittgenstein inmitten eines Privatparkes errichtete Haus der Loosschüler Paul Engelmann gemeinsam mit dem Bruder der Auftraggeberin, dem Philosophen Ludwig Wittgenstein. Letzterem ist die ästhetische Radikalität zu verdanken, dank derer sich der Bau selbst heute noch, wo ihn riesige Kubaturen von allen Seiten bedrängen, gegenüber seiner Umgebung zu behaupten vermag. Radikal sind hier die klaren, kubischen Grundformen, und im Inneren ist die Farbskala auf den Schwarzweißkontrast reduziert. Die Lichtquellen sind Punkte – Glühbirnen an der Decke –, die Beschläge und Heizkörper bloße Maschinen.

Einen wichtigen Anstoß für die Wiener Architektur stellt die 1930–1932 errichtete Werkbundsiedlung im XIII. Bezirk dar. Anlaß war die 1930 in der Stadt abgehaltene Werkbundtagung, wobei die Musterhäuser eine Diskussionsgrundlage für die Tagungsteilnehmer bilden sollten. Allerdings verzögerte sich die Errichtung der Siedlung um zwei Jahre. Joseph Frank, der Leiter des Projekts, hatte als einziger Österreicher schon an der Werkbundsiedlung in Stuttgart mitgearbeitet. Von dort stammt auch das Konzept, wonach ein Minimum an Raumaufwand mit einem Maximum an Räumlichkeit, das heißt: an Wohnqualität, Hand in Hand zu gehen habe. Unter den zur Planung eingeladenen Architekten befanden sich einige Ausländer wie Hugo Häring, André Lurçat und Gerrit Thomas Rietveld sowie einige «Heimgeholte» wie Richard Neutra und Arthur Grünberger. Andere Entwerfer waren Hugo Gorge, Jacques Groag, Oswald Haerdtl, Clemens Holzmeister, Ernst Lichtblau, Josef Hoffmann, Adolf Loos sowie der mit diesem nicht verwandte Walter Loos, weiterhin Ernst Plischke, Oskar Wlach und schließlich die Architektin Grete Schütte-Lihotzky. Frank, der auch selbst ein Musterhaus beisteuerte, hat also eine Reihe unterschiedlich orientierter Architekten zur Mitarbeit gewinnen können. Bemerkenswert ist vor allem, daß er die Antagonisten Hoffmann und Loos noch einmal dazu bewegen konnte, ihre Ideen in ein gemeinsames Projekt einfließen zu lassen. Hoffmann hat sich bei diesem Projekt der Internationalen Moderne weitgehend angenähert. Daß sie seine Sache nie wirklich war, ist aber nicht zu übersehen.

Zu den interessantesten Wiener Bauten der Internationalen Moderne der dreißiger Jahre gehören Ernst Anton Plischkes ehemaliges Arbeitsamt Wien-Liesing (XXIII. Bez.) von 1930–1932, das von Walter Loos geplante Haus Aladar Nagypal im XVI. Bezirk von 1933 und Hugo Gorges Haus für seine Familie im XIII. Bezirk. Ein frühes Beispiel für die Anwendung von Fensterbändern in der Wien Architektur ist das 1931 in Stahlbeton ausgeführte «Dorotheum Währing» (XVIII. Bez.) nach den Plänen von Fritz Waage. Und in den Jahren 1931/32 bekam die Stadt, und zwar in der Herrengasse, auch ihr erstes Hochhaus, das diese Bezeichnung freilich nur beschränkt verdient, denn der von Siegfried Theiss und Hans Jaksch geplante, sechzehngeschossige Stahlskelettbau erhebt sich an der Ecke einer Blockrandverbauung und ist dort in einen großen, zwei Höfe umschließenden Baukörper eingebunden, dessen Hauptgesimskante sich noch dazu an die übliche Traufhöhe hält. Nur der etwas zurückgesetzte «Eckturm» ragt darüber auf, stuft sich aber ab dem zwölften Geschoß zurück, so daß er von der Straße nicht sichtbar und auch in der «Skyline» der Innenstadt kaum wirksam ist. Die obersten zwei, verglasten Etagen dienten ursprünglich als Café.

Die neue Architektur forderte auch eine neue Form der Einrichtung. Grete Schütte-Lihotzky ist die Erfinderin der Einbauküche, der sogenannten Frankfurter Küche (1926). Die Architektin beschäftigte sich intensiv mit der Frage, wie auf kleinstem Raum eine praktische Einrichtung bestmöglich unterzubringen sei. In dieselbe Richtung zielten die Überlegungen von Franz Singer und Friedl Dicker, die leichte, klappbare Möbel für den privaten Haushalt, aber auch für Kindergärten etc. entwarfen. Alle drei hatten am Bauhaus studiert und waren in ihrem Schaffen sozialpolitisch orientiert. Im Bereich der Gebrauchsgegenstände hatte Carl Auböck in seiner Bauhauszeit schon 1920 stark formreduzierte Objekte entworfen, zurück in Wien, nahm er in den zwanziger Jahren aber den Einfluß des internationalen Art Deco und Karl Hagenauers auf.

Spiritualität und (Neue) Sachlichkeit

Reaktionen auf die Prinzipien des Funktionalismus und des Bauhauses zeigen sich in Wien in unterschiedlicher Weise. Der Maler Franz Probst antwortete auf die am Bauhaus gemachten Erfahrungen mit einem surrealistischen Stil, womit er vor Johannes Itten freilich keine Gnade fand. Probst ging nach Wien zurück. Die «Wiener Werkstätte» versuchte zu Beginn der zwanziger Jahre – an die Entwicklung der Institution in der Vorkriegszeit anknüpfend – dem vom Bauhaus aufgestellten Primat des «Gebrauchswertes» etwas Eigenes entgegenzusetzen: Der wichtigste Anstoß ging hier von Dagobert Peche aus – nach Hoffmanns Meinung «das größte Ornamentgenie, das Österreich seit dem Barock besessen hat». Während des Ersten Weltkrieges hatte der Salzburger die Filiale der Wiener Werkstätte in Zürich geleitet, zurück in Wien, wollte er die Utilität überwinden, indem er die Form als «eine geistig-schöpferische, beglückende Dimension» herausstellte, «deren Schöpfung erst *nach* der ‹Gebrauchswert›-Diskussion einsetzte und die in ihrer quasi-spirituellen Ausrichtung weit darüber hinausginge» (M. Boeckl). Damit provozierte Peche freilich die Kritik der «linken» Funktionalisten ebenso wie die der Konservativen, die angesichts von Arbeiten wie der Ehrengabe zu Josef Hoffmanns fünfzigstem Geburtstag 1920 (Österreichisches Museum für angewandte Kunst, Abb. 67), bei der die von Peche gestalteten Früchte als Verpackung für drei weitere Geschenke dienen, oder einem nach einem Peche-Entwurf

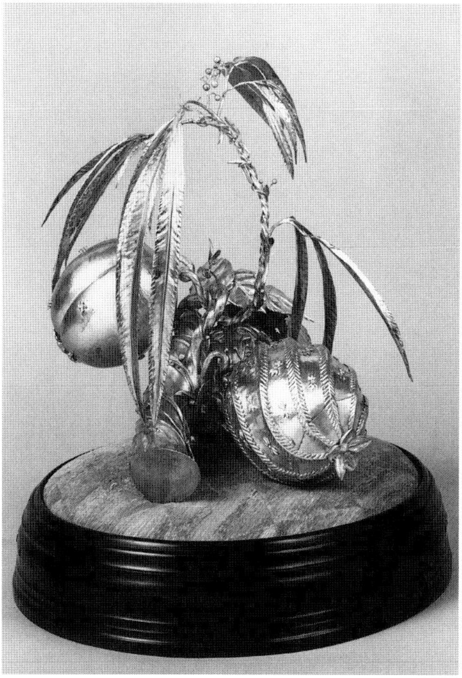

67 Dagobert Peche, Ehrengabe für Josef Hoffmann, 1920. Wien, Österreichisches Museum für angewandte Kunst

geschnitzten Elfenbeindiadem von 1916 (Historisches Museum der Stadt Wien) nicht unverständlich ist.

Eine kleine Käufergruppe für derartige Objekte hat freilich nach wie vor existiert. Der «Hofmaler» der sich der neuen gesellschaftlichen Realität verschließenden Gesellschaftsschicht war John Quincy Adams, ein «Künstlerhäusler», der in den zwanziger und dreißiger Jahren auf die Porträttypen des Ancien régime zurückgriff und an das Thema mit der Leichtfüßigkeit eines Giovanni Boldini heranging. Das Großbürgertum stellte auch für Josef Hoffmann weiterhin die wichtigste Auftraggebergruppe dar. Dessen Rückgriffe auf alte Typen und seine Manie, die Grundform durchzustrukturieren und mit Ornament zu überspinnen, erscheinen nun wie die Substitute für einen gesellschaftlich und oft auch wirtschaftlich verlorengegangenen Halt. Hoffmanns 1919 entworfenes und 1924/25 realisiertes Wohnhaus der Sonja Knips in Döbling wirkt prima vista zeitgemäß aufgrund des schlichten Eingangs und der Putzoberfläche, die an gepreßtes Leder denken läßt. Bronzetüre und «Lederpressung» erzeugen aber letztlich den Eindruck einer überdimensionierten Schmuckkassette, die das Leben des Großbürgertums vom Hier und Jetzt abschließt.

Die wirtschaftliche und soziale Krisensituation der zwanziger Jahre zu reflektieren wären die figürlichen Künste, allen voran die Malerei, aufgerufen gewesen. Doch die schonungslose Konfrontation mit der Wirklichkeit, der sich die Vertreter der Neuen Sachlichkeit in der Schweiz, in Deutschland und den USA gestellt haben, hat den Wienern – von wenigen Ausnahmen abgesehen – nicht gelegen. Zu diesen zählen Sergius Pauser, der sich 1925/26 vom Expressionismus zur Neuen Sachlichkeit hinwandte, und Albert Paris von Gütersloh, eigentlich Albert Conrad Kiehtreiber, der vor dem Krieg als Schauspieler, Bühnenbildner, Regisseur und Autor tätig gewesen war. Er führte den Betrachter in den späten zwanziger und den dreißiger Jahre durch seinen feinen Duktus zwar knapp an die Dargestellten heran, entzog sie ihm aber wieder durch eine ästhetische Überhöhung mittels einer changierenden, geradezu orphistischen Farbigkeit. Carry Hauser – der wie auch Max Oppenheimer schon vor dem Krieg den analytischen Kubismus rezipiert hatte – näherte sich nun der Neuen Sachlichkeit durch eine an Georg Schrimpf erinnernde Geschlossenheit der Form und die Reduktion der Binnenzeichnung zwar an, steigerte aber den schon bei dem Münchener angelegten elegischen Zug, was seinen Bildern eine geradezu romantische Innerlichkeit verleiht. Ein Arkadien suchte der aus dem Waldviertel stammende Ernst Huber in seinen Bildern der zwanziger Jahre zu schaffen. In einem von Paul Cézanne nicht unbeeinflußten Stil, aber im Sujet an Jean-Antoine Watteau anschließend, zeigt er heitere Menschen im Einklang mit der Natur. Die Hinwendung zur Vergangenheit bezeugt auch die Gründung des Österreichischen Barockmuseums in der Österreichischen Galerie im Belvedere im Jahr 1923.

Von einem politischen, das heißt sozialkritischen Bewußtsein zeugen hingegen die Arbeiten von Otto Rudolf Schatz und Franz Probst. Das Mittelbild von Schatz' Triptychon von 1929, ‹Die Schaustellung› (Abb. 68), macht den Betrachter des Bildes zum Publikum einer Schaubude im Wiener Prater, wo einige Schwarze als Kuriositäten vorgeführt werden. Eine 1926/27 von Franz Probst hergestellte Serie von Schwarzweißaquarellen zeigt in einem von Anton Räderscheid beeinflußten reduktionistischen Stil und einer an George Grosz gemahnenden Bissigkeit mehrere Straßenszenen, darunter zwei Fassungen von ‹Nach Schattendorf› (Sammlung Daim, Wien), in denen er die tumultösen Demonstrationen und den Justizpalastbrand am 15. Juli 1927 in Wien nach dem Schattendorfprozeß thematisiert.

Wer wollte, konnte sich in der Zwischenkriegszeit mit internationalen Strömungen in der 1923 eröffneten «Neuen Galerie» des Kunsthändlers Otto Kallir-Nirenstein auseinandersetzen. Dessen erste Ausstellung war Egon Schiele gewidmet, dann zeigte er Arbeiten von Vincent van Gogh, Max Beckmann, Carl Hofer, Edvard Munch sowie einer Reihe russischer Künstler, darunter Wassily Kandinsky, Alexander

Archipenko, Marc Chagall, El Lissitzky. Allein im Jahr 1924 präsentierte der Galerist elf Ausstellungen, eine davon war der amerikanischen Kunst gewidmet. Von den Österreichern hat er in seiner Galerie unter anderem Kokoschka, Schatz, Probst und den Salzburger Anton Faistauer gezeigt. Sein Interesse für den Expressionismus machte ihn zum Entdecker Richard Gerstls. Kallir-Nirenstein unterhielt aber auch engen Kontakt mit den Künstlern des Hagenbundes, dem damals Georg Ehrlich, Wilhelm Thöny, Oskar Laske, Georg Merkel, Georg Mayer-Marton u. a. angehörten.

Ständestaat und Drittes Reich

1933 schaltete der christlich-soziale Bundeskanzler Engelbert Dollfuß das Parlament aus; die aufgrund von Terrorakten verbotene NSDAP agierte illegal weiter. Ein Aufstand des republikanischen Schutzbundes im Februar 1934, bei dem auch der Karl-Marx-Hof schwer umkämpft war, wurde blutig niedergeschlagen. Die sozialdemokratische Partei wurde aufgelöst und die sozialdemokratische Stadtverwaltung Wiens beseitigt. Der Ständestaat propagierte fortan die österreichische Staatsgesinnung und die Traditionspflege.

In Wien setzte man verkehrstechnische und architektonische Zeichen im großen Format. 1934–1937 wurde anstelle der alten Kronprinz-Rudolf-Brücke, die seit Kriegsende «Reichsbrücke» hieß, eine neue, von Clemens Holzmeister, Siegfried Theiss und Hans Jaksch gestaltete Brücke über die Donau geschlagen, zwischen 1934 und 1938 im Rahmen eines Arbeitslosenprogramms die Höhenstraße (XIX. Bez./NÖ), die schon im Zuge der Planung des Wald- und Wiesengürtels 1905 projektiert worden war, angelegt. Und da der Ständestaat die politische Dimension des neuen Mediums «Radio» richtig erkannte, entstand von 1935–1939 für die «Radio-Verkehrs-A.G. – RAVAG», den jetzigen ORF, das Funkhaus in der Argentinierstraße (IV. Bez.) als ein monumentaler blockhafter Bau. Auch hier war Clemens Holzmeister am Entwurf beteiligt.

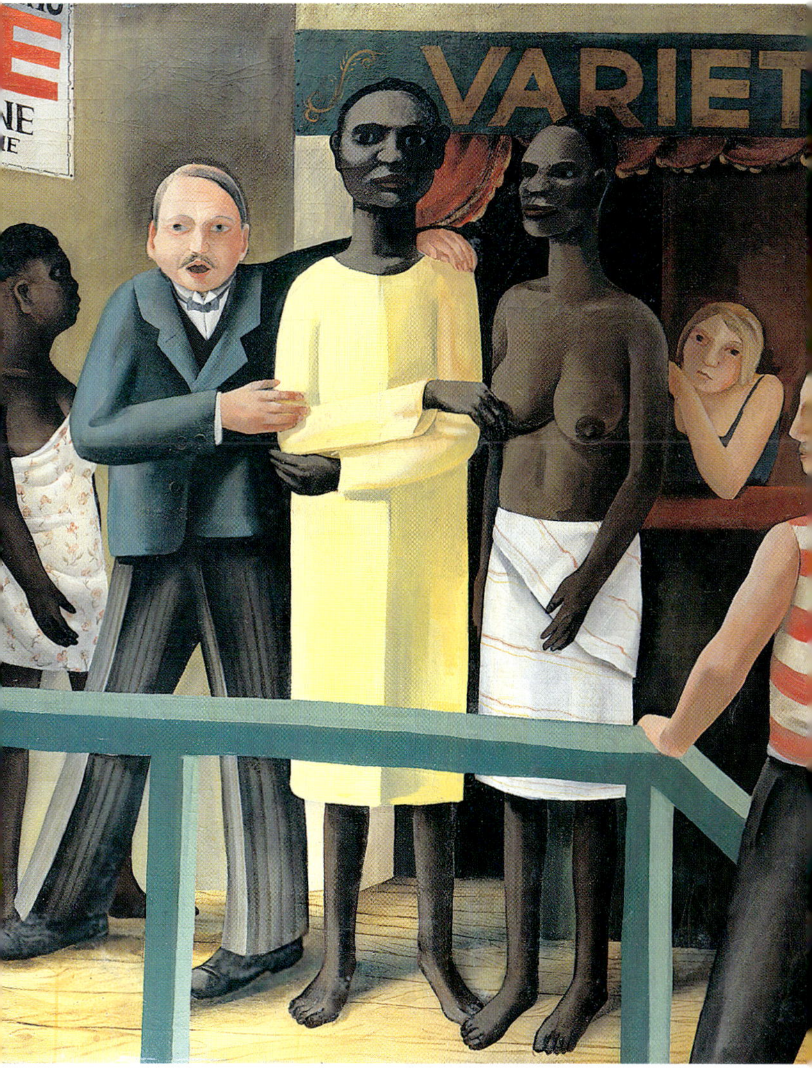

68 Otto Rudolf Schatz, Die Schaustellung, Mittelteil eines Triptychons, 1929. Wien, Hans-Schmid-Privatstiftung

Das wachsende Interesse an den Germanistikvorlesungen machte 1936 zudem die Errichtung eines neuen Großhörsaales in der Universität Wien nötig. Das für über 800 Personen zugelassene, in einen der Höfe des Gebäudes am Ring eingebaute «Auditorium Maximum» hatte modernste Beleuchtungs- und Belüftungssysteme und war auch für Filmvorführungen und Kongresse geeignet. Bezeichnenderweise wurde es mit einer Festrede von Richard Meister über Herzog Albrecht III., also jenen Habsburgerherzog eröffnet, der der Universität seinerzeit die ersten Gebäude geschenkt hatte. Im selben Jahr befaßte sich Josef Hoffmann mit einem Projekt für eine «Ruhmeshalle und Gruft für österreichische Musiker und Komponisten» und plante hierzu, den Theseustempel samt seinem kryptaartigen Untergeschoß umzuwandeln. Trotz allen Ringens des Ständestaates, die Unabhängigkeit Österreichs zu erhalten, wirkte sich schon in diesen Tagen die politische Situation in Deutschland auf Österreich aus: 1937 wurden Arbeiten Oskar Kokoschkas in der Ausstellung ‹Entartete Kunst› in München gezeigt. Kokoschka und Carl Moll hat Hitler in seiner Rede zur Eröffnung des Hauses der Deutschen Kunst 1937 – gemeinsam mit Paul Klee, Ernst Ludwig Kirchner, Otto Dix und anderen – eigens genannt, weil er sie zu jenen zählte, die «dieses Gift des künstlerischen Nihilismus nach Deutschland gebracht hätten». Zu den Akzeptierten zählten dagegen unter anderem Rudolf Herrmann Eisenmenger – seine ‹Läufer am Ziel› hatten 1936 in Berlin die silberne Medaille für Malerei errungen (Gesellschaft für Kunst und Sport, Tokio) – und Engelhart.

In der Nacht vor dem Anschluß Österreichs an das Deutsche Reich am 13. März 1938 setzte in Wien eine Verhaftungswelle unerhörten Ausmaßes ein. Zahllose jüdische Intellektuelle, Architekten, Künstler, Kunsthändler emigrierten. Unter ihnen waren Joseph Frank, Ernst A. Plischke, Hugo Gorge, Walter Loos und Harry Seidler, Max Oppenheimer und Georg Merkel sowie Otto Kallir-Nirenstein, um nur einige zu nennen. Andere gingen aus politischen Gründen oder weil sie zu ihren jüdischen Partnerinnen hielten ins Ausland, etwa Carry Hauser, Otto Rudolf Schatz und Fritz Wotruba. Albert Paris Gütersloh, der seit 1929 an der Kunstgewerbeschule gelehrt hatte, verlor 1938 seine Professur und erhielt, als Vertreter der «Entarteten Kunst» eingestuft, Berufsverbot.

Die verschiedenen Wiener Kunstgremien und Vereinigungen, in denen eine «personelle Reinigung» durchgeführt wurde, gingen in der «Gesellschaft bildender Künstler Wiens, Künstlerhaus» auf, zu deren Leiter Rudolf H. Eisenmenger bestellt wurde. Im Künstlerhaus wurden nun Expositionen wie ‹Berge und Menschen der Ostmark› und die ‹Entartete Kunst› des Berliner Instituts für deutsche Kultur- und Wirtschaftspropaganda gezeigt. Die Ausstellung ‹Ein Maler erlebt die Reichsautobahn› mit 162 Aquarellen von Ernst Huber, die im November 1940 im Künstlerhaus stattfand, hatte großen Zulauf. In den Augen Leopold Blauensteiners, des Landesleiters der Reichskammer der bildenden Künste, der schon 1937 an der Vorbereitung der Münchener Ausstellung mitgewirkt hatte und als Bundesobmann dem im selben Jahr gegründeten ‹Bund deutscher Maler in Österreich› vorstand, waren die Künstler «willig dem Ruf des Führers gefolgt», «mit Begeisterung obliegen sie», fand Blauensteiner anfang 1940, «wieder ihrer Aufgabe, das Erleben ihres Volkes in Schönheit zu gestalten».

De facto bestimmten künstlerisches Mittelmaß und gediegener Akademisms die Produktion, geschaffen wurde eine «Bilderwelt, die den Intellekt der Betrachter nicht beanspruchte, die von akuten Problemen ablenkte und die sich somit implizit und explizit auf die Seite der völkischen Ideologie» stellte (G. Fellerer). Aber es gab auch Künstler, die anders dachten und handelten: Auböck, beispielsweise, begann 1940 den 1939 vom amerikanischen Designer Russel Wright kreierten «biomorphen Stil» zu übernehmen, der sich in Europa generell erst in den fünfziger Jahren etablieren konnte.

Leopold Blauensteiner war es auch, auf dessen Initiative die Rothschildsammlungen im Rahmen der «Sicherstellung» des

Besitzes von Juden und anderen als «staatsfeindlich» eingestuften Personen und Institutionen beschlagnahmt wurden. Im Herbst 1938 wurde in der Neuen Burg ein Zentraldepot für das beschlagnahmte Gut eingerichtet, das dem Kunsthistorischen Museum unterstand. Damals war sogar die Rede davon, das nach der Machtergreifung der Nationalsozialisten funktionslos gewordene Parlament dem Kunsthistorischen Museum zur Nutzung zu überlassen. Die wertvollsten Stücke der beschlagnahmten Bestände wurden im Hinblick auf das geplante Führermuseum in Linz schon in den ersten Kriegstagen verpackt und außerhalb Wiens, unter anderem in der Kartause Gaming, in Sicherheit gebracht; die Rothschildsammlungen hat man in dem als «staatsfeindlich» eingestuften und deshalb aufgehobenen Benediktinerstift Kremsmünster deponiert.

Zu den beschlagnahmten Gütern gehörten auch die Schätze des Deutschen Ordens und die des Ordens vom Goldenen Vlies. Die Reichskleinodien hat Hitler 1938 aus der Wiener Schatzkammer nach Nürnberg bringen lassen, wo sie interimistisch im Chor und im Hauptschiff der Katharinenkirche (Meistersingerkirche) ausgestellt wurden. Damit sollte die endgültige «Heimkehr» Österreichs ins großdeutsche Reich besiegelt werden. Auf den Wandbildern, die Eisenmenger für den Festsaal des Wiener Rathauses malte, wurden die Kleinodien – als Symbol Großdeutschlands – von einer kraftvollen Gestalt getragen, als Zeichen dafür, daß die Ostmark nicht wie der verlorene Sohn heimkehrt sei, sondern Gaben mitgebracht habe (G. Fellerer). 1939 fand im Kunstgewerbemuseum in Wien die Ausstellung ‹Altdeutsche Kunst im Donauland› statt, in der das 1945 verbrannte, sogenannte Wimpassinger Kreuz eine Hauptattraktion bildete.

In Adolf Hitlers Augen war Wien «eine Perle», die er «in jene Fassung bringen» wollte, «die dieser Perle würdig ist» (1938). In diesem Sinne baute Josef Hoffmann, der während des Krieges in Wien blieb, 1940 die ehemalige Deutsche Gesandtschaft im Botschaftsviertel im III. Bezirk in das ‹Haus der

Wehrmacht› um. Doch bald war anderes gefordert. So wurden 1943/44 zum Schutz der Wiener Innenstadt an vier Standorten, die von Hitler und dem Gauleiter Baldur von Schirach festgelegt worden waren, im Augarten (II. Bez.), im Arenbergpark (III. Bez.), im Esterhazy-Park (VI. Bez.) und in der Stiftskaserne (VII. Bez.), FLAK-Türme nach Berliner Vorbild errichtet. Die Ausführung lag bei einer Berliner Privatbaufirma unter der Leitung der Deutschen Wehrmacht. 1944, als Wien schon das Ziel von Luftangriffen war, erhielt Hoffmann den Auftrag, ein Mausoleum für den albanischen Nationalhelden Fürst Gjergi Kastriota, genannt «Skanderbeg», in Kruja zu entwerfen, in dem eine Vitrine mit dem Helm und dem Schwert des Fürsten aufgestellt werden sollte. Mit dieser diplomatischen Geste sollten die Sympathien Albaniens für die deutsche Seite geweckt werden. Das Projekt wurde nicht mehr realisiert.

Kunst nach 1945

Noch 1945, im Jahr des Einmarsches der alliierten Streitkräfte in Wien, ließen die Sowjets das Sowjetdenkmal auf dem «Stalinplatz», wie der Schwarzenbergplatz nun hieß, aufstellen: Auf einer hohen Stele erhebt sich die Statue des Sowjetsoldaten, aus 15 Tonnen Bronze gegossen. Damit sollte den Österreichern und den Westalliierten für immer vor Augen geführt werden, daß es die Rote Armee gewesen war, die Wien befreit hatte. Hinterfangen wird die Stele durch eine halbkreisförmige Kolonnade, das barocke Schwarzenbergpalais dient dabei nur noch als Hintergrundkulisse.

Josef Hoffmann, der seine Arbeit gleich nach Kriegsende wiederaufgenommen hatte, war einer der ersten, der seine Liebe zu Wien und seine Vorstellungen über die weitere Entwicklung der Stadt, die jetzt in Schutt und Asche lag, artikulierte: Ende 1945 äußerte er, die Innere Stadt sollte – nicht zuletzt im Hinblick auf den Fremdenverkehr – reaktiviert werden: «Wie wäre es», schrieb Hoffmann, «wenn man diesen innren Stadtteil restlos evakuieren und entrümpeln würde? Die wenigen neuen Bauten, die gerade hier leider besonders häßlich und störend ausgefallen sind, müßten vor allem entweder umgebaut oder entfernt werden ... In den Parterreräumen müßten in für das alte Wien eigenartiger Weise nur kleine Qualitätsläden untergebracht werden ... Dazwischen Vergnügungsstätten ... In den oft entzückenden Höfen könnte auch das dezente, nicht lärmende Heurigenmilieu früherer Zeiten wieder Platz finden ... Alles, was in den Rahmen unseres alten Wien hineinpaßt, muß hier zu finden sein. So z.B. Antiquariate, Kunsthandlungen ... Das Befahren dieser Stadtteile sollte in gewissen Stunden verboten sein ... Für unsere Stadt, die auf den kultivierten Fremdenverkehr angewiesen sein wird, kann keine bessere Reklame gemacht werden ... selbstredend muß jeder seichte Kitsch verschwinden, alles müßte qualitativ das Höchstmaß erreichen.» Hoffmanns Vorstellungen wurden erst ab den 1970er Jahren teilweise realisiert. So gesehen, klingen sie heute geradezu prophetisch, seinerzeit mußten sie aber für viele reaktionär erscheinen. Tatsächlich ging in der Wiederaufbauzeit weitere alte Substanz verloren, während Neues von unterschiedlicher Qualität hinzukam, und der Kitsch blieb.

Bis 1955 blieb die Stadt in vier den Alliierten, also den USA, England, Frankreich und der Sowjetunion, unterstehende Sektoren aufgeteilt; die Innere Stadt war internationale Zone. 1946 kehrten die Reichskleinodien nach Wien zurück. Die Verhandlungen der österreichischen Politiker mit den Alliierten im Hinblick auf die Rückgewinnung der Eigenstaalichkeit wurden in dieser Zeit durch eine Reihe von Initiativen unterstützt, um damit die kulturelle Eigenständigkeit des Landes aufzuzeigen. So erschien 1948 in Wien das von Ernst Marboe herausgegebene ‹Österreichbuch› mit Veduten von Hans Robert Pippal und weiteren Illustrationen von Eugenie Pippal-Kottnig, Epi Schüsselberger und anderen; 1947 bis 1952 ging eine umfassende Ausstellung österreichischer Kulturgüter mit dem Titel ‹Kunstschätze aus Österreich› in zahlreiche Städte

Europas und der USA auf Reisen; 1953 wurde das Museum mittelalterlicher Kunst im Unteren Belvedere gegründet, in dem jene Kunst des Mittelalters gezeigt wird, die innerhalb der in der Ersten Republik gültigen Landesgrenzen entstanden ist. Die Suche nach der eigenen Identität hat auch in der kunsthistorischen Literatur dieser Zeit ihre Spuren hinterlassen. Karl Oettinger beispielsweise suchte schon 1948 ‹Das Wienerische in der bildenden Kunst› aufzuspüren, und Hans Sedlmayr nahm 1956 die dreihundertste Wiederkehr des Geburtstages von Fischer von Erlach d. Ä. zum Anlaß, eine monumentale Monographie über den Architekten vorzulegen.

Von den Wiener Bahnhöfen ist nach dem Krieg keiner mehr aufgebaut worden, obgleich die erhaltene Substanz dies zugelassen hätte. Die zwischen den fünfziger und achtziger Jahren errichteten Ersatzbauten sind anspruchslose Gebrauchsarchitektur. Der Wiederaufbau des Stephansdoms, der Staatsoper, des Burgtheaters, der Museen am Burgring, der Universität usw. stand nach dem Krieg im Vordergrund und wurde umgehend in Angriff genommen. Doch auch hier wurde vieles verändert. Bei der Staatsoper hatte man nur die Außenhaut und die Front zum Ring mit der berühmten «Schwind-Loggia» retten können; die ursprüngliche Innenstruktur, die auf den Kaiserhof ausgerichtet gewesen war, wurde nun den neuen Notwendigkeiten angepaßt: Pausenräume und die seitlichen Treppenhäuser kamen hinzu, denen noch das konservative, von der Architektur der vierziger Jahre geprägte Formkonzept des leitenden Architekten Erich Boltenstern zugrunde liegt. Der Eiserne Vorhang, dessen große Fläche Rudolf Hermann Eisenmenger souverän bewältigt hat, bot angesichts der Rolle, die sein Schöpfer während des Dritten Reichs gespielt hatte, in jüngster Vergangenheit Anlaß zu heftigen Diskussionen.

Durch die politische Gesamtsituation in Mitteleuropa – Österreich hatte am 15. Mai 1955 die volle staatliche Souveränität zurückerhalten – lag Wien wieder an der Grenze zum Osten – nun zum Ostblock. Die Kontakte mit Ungarn und der Tschechoslowakei waren bis zum Fall des Eisernen Vorhangs

1989 spärlich. Vielmehr war der Blick, auch in der Architektur und der bildenden Kunst, nach Westen gerichtet, insbesondere in Richtung Amerika. Folgerichtig haben in den fünfziger Jahren nicht wenige Österreicher bedauert, daß nicht mehr der «Palazzi prozzi» der Ringstraße im Krieg bombardiert worden seien. Nicht zuletzt daraus erklärt sich der «Ringturm», ein kleiner Wolkenkratzer nach den Plänen von Erich Boltenstern (1953– 1955) für die Wiener Städtische Versicherung, mit dem an der Gelenkstelle Schottenring/Franz-Josephs-Kai ein zeitgemäßer städtebaulicher Akzent gesetzt werden sollte.

Die Gemeindebauten der fünfziger Jahre sind schmucklose Mauerbauten. Einen «poetischen» Akzent lieferte hier die «Kunst am Bau»: Mosaiken, Sgraffiti und anderes, für die jeweils etwa ein Prozent der Bausumme eingesetzt wurde. Bei den historistischen Mietshäusern wurde vielfach versucht, «Modernität» durch das «Abrasieren» des Fassadenstucks zu erzeugen. Wo diese Art von «Modernisierung» in größerem Ausmaß stattfand, etwa entlang des Gürtels, beschleunigte die tragische Liaison zwischen Geldknappheit und Fortschrittsglaube den sozialen Abstieg des gesamten Areals; eine derzeit laufende, von der EU unterstützte Revitalisierungskampagne soll neues Leben in die teils leerstehenden Stadtbahnbögen bringen und zur Verbesserung der Gesamtsituation beitragen.

Die späten vierziger und die fünfziger Jahre waren aber auch eine Zeit künstlerischen Aufbruchs: Viktor Matejka etwa, der im Konzentrationslager gewesen und unmittelbar nach dem Krieg auf Vorschlag der Kommunisten zum Stadtrat für Kultur bestellt worden war, förderte künstlerische Arbeit unabhängig von jeder Parteizugehörigkeit und machte seine Wohnung in der Theobaldgasse (VI. Bez.) zum Treffpunkt von Künstlern und Intellektuellen jeder Couleur. Die ‹Neue Galerie› in der Grünangergasse, deren Leitung 1938 eine ehemalige Mitarbeiterin Kallir-Nirensteins, Vita Künstler, übernommen hatte, wurde von ihr wiedereröffnet. In der Folge ist sie intensiv von Monsignore Otto Mauer, dem flammenden Domprediger von St. Stephan, der den Großteil der Räume mietete, als Forum für die Präsentation und Förderung der modernen Kunst in Wien genutzt worden. Besonders gefördert hat Otto Mauer die Maler Wolfgang Hollegha, Josef Mikl, Markus Prachensky sowie Arnulf Rainer, die sich zur ‹Malergruppe St. Stephan› zusammenschlossen, und schon 1966 und 1967 holte er Josef Beuys nach Wien. Konfrontationen blieben dabei nicht aus. So mußte Maurer nach einer Ausstellung von Werken Friedensreich Hundertwassers, die von der Kirchenleitung als anstößig empfunden wurde, den Galerienamen 1963 von ‹Galerie St. Stephan› in Galerie ‹Nächst St. Stephan› umändern. Ein wichtiger Künstlertreffpunkt war die Galerie Würthle in der Weihburggasse, deren Inhaberin mit ihrem geschäftlichen Geschick einen wesentlichen Beitrag zum Überleben einer ganzen Reihe von Wiener Künstlern in der Nachkriegszeit geleistet hat. Carl Auböck, der seine Gebrauchsgegenstände im biomorphen Stil unmittelbar nach dem Krieg vor allem an die amerikanischen Besatzungssoldaten verkauft hatte, gründete zudem gemeinsam mit Oswald Haerdtl, Fritz Wotruba und anderen die ‹Österreichischen Werkstätten› in der Kärntner Straße, die bis nach der Mitte der fünfziger Jahre internationale Reputation besaßen.

«Phantasmagoriker»

Albert Paris von Gütersloh, auf Betreiben Herbert Boeckls seit 1945 Professor für Malerei an der Akademie der bildenden Künste, ist hier zum Gründer und Mentor einer «Schule» geworden, deren erste Ausstellung im Jahr 1959 unter dem Titel ‹Phantasmagoriker› – ‹Maler von Geistererscheinungen nicht zwingender Art› (Übersetzung: W. Hutter) – in die Geschichte der Wiener Kunst eingegangen ist. Durchgesetzt für diese Künstlergruppe hat sich allerdings – in Anlehnung an die Wiener Schule der Philosophie um Ludwig Wittgenstein – die von dem Kunstkritiker Johann Muschik geprägte Bezeichnung ‹Wiener Schule des Phantastischen Realismus›. Den Werken ihrer Hauptvertreter – Rudolf Hausner, Wolfgang

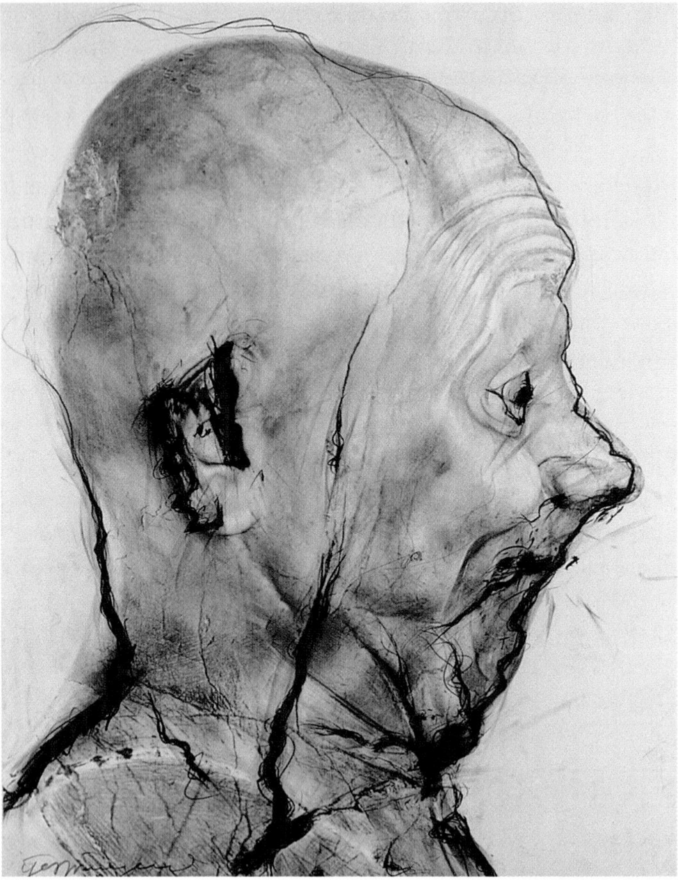

69 Arnulf Rainer, Gesprungenes (Ein absichtlicher Schalksnarr), o. J. München, Städtische Galerie im Lenbachhaus

Hutter, Anton Lehmden, Ernst Fuchs und Arik (Erich) Brauer – eignet ein Surrealismus, der in der Tradition eines Hieronymus Bosch, Max Ernst, Salvador Dalí und Yves Tanguy steht. Aus dem Unterbewußten stammt dabei das – ohne Sigmund Freud, aber auch C. G. Jung nicht erklärbare – Sujet: das Traumhafte, die Stimmung der Landschaften, nicht aber der malerische Duktus. Der «altmeisterliche» Stil und die weiten Landschaften sind von der niederländischen Malerei des 15. Jahrhunderts und der Donauschule beeinflußt, die gelängten Figuren, ihre fast porzellanglatte Oberfläche sind Merkmale des Manierismus. Wie dort dominiert bei den «Phantasmagorikern» die Idee der Schönheit.

Jenseits des Gemeinsamen überwiegt aber das Individuelle der Gütersloh-Schüler: Rudolf Hausner, der älteste der Gruppe, war zeitlebens mit der «ikonenhaften Überhöhung seiner selbst beschäftigt» (W. Hofmann). Sein eigener Kopf bildete als ‹Adam› den Ausgangspunkt für seine «Meditation über Kindheit und Gegenwart» (B. Birbaumer). Wolfgang Hutter, der scheinbar Leichtfüßige, läßt puppenhafte Figuren in Pastellfarben in einer kulissenhaft-paradiesischen Welt agieren, hinterfragt aber die Realität gerade durch die Vorführung des Idealischen. Die Welt in ihrer Grausamkeit bricht hingegen immer wieder in die Arbeiten Anton Lehmdens ein. In seinen Weltlandschaften in der Art David Teniers erscheinen in einem stark zeichnerischen Duktus Panzer und zerstörte Städte, darüber hinstreichende Todesvögel lassen an Aas denken. Ernst Fuchs, der Altmeisterlichste unter den Altmeisterlichen, schöpft thematisch aus der gesamten abendländischen Malerei bei seiner Suche nach einer Versöhnung von Altem und Neuem Testament. Arik Brauers Landschaften erinnern an Bosch und Bruegel, seine Bildräume an Werke des Internationalen Stils um 1400, seine Figuren an die böhmische Malerei der 1380er Jahre und deren Wiener Reflexe. Bei Brauer aber ist alles transparent, ungreifbar wie im Kosmos der Tiefseequallen.

Der Wiener Aktionismus

Zur gleichen Zeit beschäftigte Arnulf Rainer ganz anderes: Auslöschung, Abwendung, Tabuberührung, Sterbeneugier, Todesmystik, die Schaffung von Quasi-Sakralem. Schon in den späten vierziger Jahren setzte der Künstler sich mit Tod und Sterben auseinander, indem er sich selbst zum Beobachtungsgegenstand machte, etwa in seiner Zeichnung ‹Sterbender

Rainer› von 1948, die stilistisch Arik Brauers Arbeiten nahesteht. Mitte der fünfziger Jahre begann er Fotos zu übermalen, auch solche, die ihn selbst in der Pose des Sterbenden wiedergeben. Rainers Diagnose, wonach der Tod mittlerweile zum Unterhaltungsmoment geworden sei und das «Memento mori» daher kein Motiv der Kunst mehr abgeben könne, führte ihn zu einer neuen Unmittelbarkeit. Das Foto ist Dokument dieser Erfahrung, das im Zuge einer weiteren, spontanen Aktion von ihm selbst interpretiert wird. Von der Übermalung ist Rainer zur totalen Abstraktion vorgestoßen. Auf diesem Weg wurde er zu einem der ersten österreichischen Vertreter des Informel. Vielfach setzt er sich mit alter Kunst auseinander, sofern deren expressives, tabuverletzendes Moment so stark ist, daß es seine Spontanreaktion auslöst. Fotos des Isenheimer Altars, barocker Darstellungen von Heiligen in Ekstase oder der Charakterköpfe Messerschmidts haben ihn zu Übermalungen herausgefordert (Abb. 69).

Auf Unmittelbarkeit setzt auch Hermann Nitsch, der in seinen Aktionskunstwerken Tierkadaver und Tierblut verwendet und deshalb schon in den fünfziger Jahren in Konflikt mit dem Gesetz geriet, heute vor allem den Tierschützern mißfällt, aber auch die Kirche provoziert, da er liturgisches Gerät, Paramente und christliche Symbole in seine Aktionen einbezieht. Nach eigener Aussage wollte er nie provozieren, sondern vielmehr für sich, die Protagonisten und die Zuschauer eine Erlebnisintensität erreichen, die jener des altgriechischen Theaters entspricht. Zum Wiener Aktionismus, der ja Teil einer internationalen Bewegung ist, rechnen auch Günther Brus, Walter Pichler, Otto Mühl, Friedensreich Hundertwasser sowie die heute international renommierte Medienkünstlerin Valie Export, die zu den Wegbereiterinnen des sogenannten feministischen Aktionismus zählt. Über die erste Ausstellung der Aktionisten, die 1961 in der Sezession stattfand, schrieb Alfred Schmeller 1961 in der Tageszeitung ‹Kurier› anerkennend: «Auf ihre alten Tage ist die Sezession jetzt in die Flegeljahre gekommen!»

Ein zweiter Versuch: Internationale Moderne und Informel

Zwar knüpften unmittelbar nach dem Krieg jene Architekten, die schon an der ersten Rezeption der Internationalen Moderne in den zwanziger und dreißiger Jahren Anteil gehabt hatten, neuerlich an deren Formen an, so etwa Oswald Haerdtl, der 1945–1948 das Cortische Kaffeehaus im Volksgarten zu einem Restaurant und Tanzcafé erweiterte; zum Durchbruch gelangte die Internationale Moderne aber erst, als in den fünfziger Jahren eine jüngere Architektengeneration die neuesten amerikanischen Entwicklungen aufgriff. Die wichtigsten Vertreter dieses zweiten und nunmehr erfolgreichen Versuchs sind Roland Rainer, Johannes Spalt, Georg Lippert, Gustav Peichl, Oskar Uhl und Carl Auböck jr.

Bei Rainers «Böhler-Haus», das 1956–1958 mit seiner Metall-Glas-Fassade selbstbewußt in das gründerzeitliche Ambiente des Schillerplatzes trat (Abb. 70), dienten die klare Form und die technische Perfektion des Baus zugleich der Darstellung eines damals florierenden Unternehmens. Zu einem Schlüsselbau der Wiener Nachkriegsarchitektur wurde Rainers 1952–1958 errichtete «Wiener Stadthalle» auf dem Vogelweidplatz (XV. Bez.), die für diverse Sportveranstaltungen und – im weitesten Sinne – kulturelle Großveranstaltungen dient. Rainer war aus dem ausgeschriebenen Wettbewerb gemeinsam mit dem Finnen Alvar Aalto als Sieger hervorgegangen; aufgrund der praktischen Vorzüge des Rainer-Projektes hat aber der Wiener den Zuschlag erhalten. Als Stadtplaner setzte Rainer Zeichen des Um- und Aufbruchs auch im sozialen Wohnbau, der in den sechziger Jahren im Zuge des Wirtschaftsaufschwungs florierte, sich aber rasch von den Pionierleistungen entfernte und in den siebziger Jahren bereits wieder zum Gegenstand der Kritik wurde.

Neues entstand auch im Bereich der Museen: Der von Karl Schwanzer geplante österreichische Pavillon auf der Weltausstellung in Brüssel 1959 wurde anschließend nach Wien in den Schweizergarten (III. Bez.) transferiert, wo er in adaptierter

Form das erste Gebäude des 1962 gegründeten ‹Museums des 20. Jahrhunderts› bildete. Daß dieses Museum sehr bald «Zwanzgerhaus» genannt wurde, zeigt, wie schnell es einen festen Platz im Wiener Kulturleben erobert hat. 1959/60 baute Schwanzer die 1922 errichtete Gartengruft der Kapuzinerkirche in der Tegetthoffstraße um, wobei er sich vom Bestand der historisch so bedeutsamen Anlage durch den Einzug einer schweren, als Faltwerk gestalteten schalreinen Stahlbetondecke und die Einbeziehung schwerer, eiserner Türen von Rudolf Hoflehner absetzte. Zu den schönsten Sakralräumen der Zeit nach dem Krieg gehört die Studentenkapelle der Katholischen Hochschulgemeinde in der Ebendorferstraße, die 1956/57 nach den Plänen Ottokar Uhls in den Hof des bestehenden historistischen Gebäudes eingestellt wurde.

Auch Malerei und Skulptur nahmen in den fünfziger und sechziger Jahren die Auseinandersetzung mit den internationalen Strömungen, dem Informel, dem abstrakten Automatismus auf: Vertreter dieser Richtungen sind die Maler Hans Staudacher, Wolfgang Hollegha, Josef Mikl und Markus Prachensky sowie Max Weiler. Unter den Bildhauern sind es vor allem Fritz Wotruba und der jung verstorbene Andreas Urteil, die den Weg in Richtung Abstraktion gingen. Wotruba hat, aus der Hanakschule kommend, zwar die Figur als Ausgangspunkt nie verlassen, aber nach einer Form gesucht, die jenseits der Naturnachahmung liegt. Bei seinen großen, schweren, kubistischen Gestalten scheint der Stein, nicht die Hand des Bildhauers, die Form zu bestimmen. Andreas Urteil formte aus dem antropomorphen Ausgangsmaterial biomorphe Stelen. Allen gegenläufigen Entwicklungen zum Trotz hat auch Alfred Hrdlicka mit großem Ausdruckswillen an der Wiedergabe des menschlichen Körpers festgehalten. Ebenso bildet für die Malerin Maria Lassnig, die schon in den fünfziger Jahren zu ihrem spezifischen ausdrucksstarken Stil gefunden hatte, der Mensch den stets präsenten Bezugspunkt.

Die sechziger Jahre waren die Hoch-Zeit der Verkehrsplaner, wenngleich für den innerstädtischen Transport mit der

Unterstraßenbahn (USTRABA) eine Lösung propagiert wurde, die alle Nachteile der Straßenbahn aufweist, ohne die Vorteile der U-Bahn zu besitzen. Städtebaulich besonders störend sind die riesigen «Löcher», durch welche die Straßenbahnen in ihre Tunnel unter der Straße eintauchen und aus denen sie wieder an die Straßenoberfläche zurückkehren. Besonders häßliche «Löcher» klaffen im Bereich der Wiedner Hauptstraße, wo man nicht davor zurückgeschreckt ist, die barocke Kirche St. Florian (die sogenannte Rauchfangkehrerkirche) der neuen Verkehrslösung zu opfern. Ab den siebziger Jahren wurden die USTRABA und die Stadtbahn Otto Wagners in das mittlerweile in Angriff genommene U-Bahn-Netz integriert. Die künstlerische Gestaltung der neuen U-Bahn-Stationen liegt maßgeblich in den Händen von Wilhelm Holzbauer.

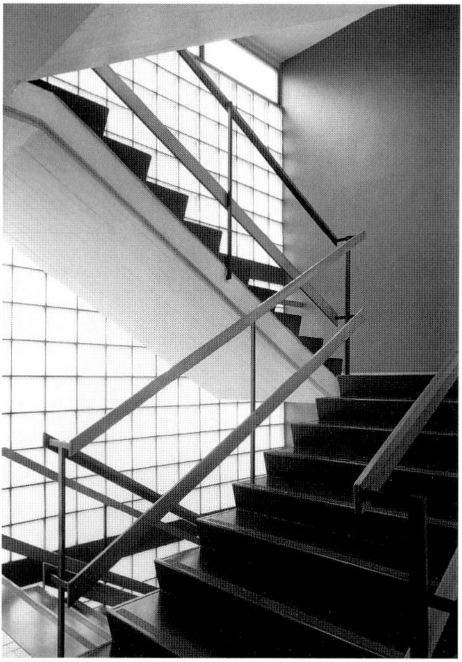

70 Roland Rainer, sog. Böhlerhaus, Treppenhaus, 1956–1958. Schillerplatz

Dekonstruktivismus, Postmodernismus, Postpostmodernismus

Während andere noch um den Durchbruch der Moderne kämpften, hatte sich Hans Hollein bereits einer neuen Ästhetik geöffnet: Bei dem Kerzengeschäft Retti auf dem Kohlmarkt, das an Geräte der Raumfahrt erinnert, stellte Hollein schon 1964/65 die «Rituale und Konventionen des Kaufens und Verkaufens auf den Kopf» (F. Achleitner), indem er das Geschäft, statt es zur Straße aufzureißen, als schlüssellochartigen «Schluff» (engen Gang) konzipierte, durch den man erst mittelbar in den Verkaufsraum gelangt. Diese Lösung ist nicht ohne das Loossche Portal für Knize am Graben denkbar.

Hollein war auch einer der ersten, als es galt, unter dem Einfluß der amerikanischen Postmoderne die Moderne grundsätzlich in Frage zu stellen. Beispielhaft demonstrierten dies die Filialen «Opernring», «Schottenring» und «City» des «Österreichischen Verkehrsbüros» in den späten siebziger Jahren, die er in bühnenbildartige, suggestive Orte verwandelte: Pavillons, Palmen und *trompe-l'œil*-hafte, an die Bergl-Zimmer von Schloß Schönbrunn erinnernde Wandgemälde geben dem Kunden hier das Gefühl, während der Buchung bereits ans ferne Reiseziel versetzt zu sein. In der – einzigen erhaltenen – Filiale «City» am Stephansplatz, einer «Oase» mit Wasser und Palmen, Sand und historischem Gemäuer, mit Hinweisen auf Israel und die arabische Welt, befindet sich jetzt das «Jewish Welcome Center». Holleins «Haashaus» am Stock-im-Eisen-Platz von 1987–1990 fehlt dagegen die Ironie seiner Arbeiten aus frühen Tage (Abb. 1). Das Geschäftshaus mit einem Restaurant in den obersten Geschossen steht an jener Stelle, an der sich bereits zwei Warenhäuser für die Teppichfirma ‹Philipp Haas & Söhne› befunden hatten, denen das postmoderne Holleinhaus seinen *nom du guerre* verdankt.

Der Postmoderne verpflichtet ist auch Laurids und Manfred Ortners 1987 akzeptierter Entwurf für den Ausbau der Fischerschen Hofstallungen zum «Museumsquartier». Daß erst kürzlich, elf Jahre später, mit dem Bau begonnen wurde, hängt mit den heftigen Protesten gegen den Abriß von Bauteilen des 18. und 19. Jahrhunderts sowie mit der geplanten Errichtung eines «Leseturms» zusammen. Mittlerweile ist das Ortner-Projekt geschrumpft: Die alte Architektur wird stehenbleiben, der Leseturm ist «gefallen». Nach Fertigstellung des «Museumsquartiers» werden hier zahlreiche Wiener Sammlungen in einer neuen Ordnung zu sehen sein, Wien wird eine brauchbare Kunsthalle für Großausstellungen besitzen und zudem endlich die durch den Bund angekaufte Sammlung Leopold, weltweit die größte Sammlung der österreichischen Malerei des 20. Jahrhunderts, die insbesondere für ihre Schiele-Bilder berühmt ist, in einem adäquaten Rahmen zeigen können.

Zu den interessantesten Reaktionen der achtziger Jahre auf die Moderne gehören in Wien die dekonstruktivistischen Lösungen von Günther Domenig, einem Vertreter der ‹Grazer Schule›, und jene der Wiener Architektengruppe ‹COOP Himmelb(l)au›, wie sich das Architektenduo Wolf D. Prix und Helmut Swiczinsky nennt. Durch den günstigen urbanistischen Kontext angeregt, ließ Domenig 1979/80 für die Filiale der Schuhfirma ‹Humanic› im VIII. Bezirk ein graphisch akzentuiertes Gespinst aus dem Inneren des Geschäftes in den Außenraum wuchern, wo es sich zu einer Art von skelettiertem, riesigem Fledermausflügel entfaltet. Die Maxime der Architektengemeinschaft COOP Himmelb(l)au, die mit der Gestaltung der Liederbar «Roter Engel» (1980/81) am Rabensteig (Abb. 64) schlagartig bekannt wurde, lautet: «Die Architektur hat keine Lösung. Die Strategie der Architektur operiert auf der Matrix von divergenten Unmöglichkeiten. Die Architektur hat eine zu wählen und zu verantworten» (W. D. Prix). Eine radikalere Absage an die Primärformen der Geometrie und die funktionalen Zweckmäßigkeitsdogmen ist schwerlich denkbar.

In der Malerei traten die Vertreter der ‹Neuen Malerei› in Wien durch eine gestische, subjektive Malerei hervor, die sich in den letzten Jahren stärker dem Figurativen annähert, wie die jüngsten Arbeiten von Siegfried Anzinger, Alois Moosbacher und Hubert Schmalix zeigen. Ludwig Attersee verbindet die gestische Malerei mit Elementen der Pop-art. Die gesellschaftspolitischen Veränderungen nicht nur zu reflektieren, sondern mittels Kunst voranzutreiben ist das Anliegen der gebürtigen Bulgarin Minna Antova, die, beispielsweise in ihrem Projekt in der «Frauenhetz» (III. Bez.), eine auf dem Informel gründende Malerei von großer Farbigkeit und «Leiblichkeit» mit einem semiotischen und zugleich feministisch bestimmten Ansatz verbindet.

Es war auch ein Maler, dem der durchschlagendste Erfolg auf dem Gebiet der Architektur der letzten zwanzig Jahre beschieden war: Friedensreich Hundertwasser. Ausgehend von seinem ab den fünfziger Jahren entwickelten formalen Konzept und seinem Engagement in der Ökologiebewegung, wurde für ihn ein ganzheitlicher Ansatz immer zwingender. In diesem Sinne konnte er die Zentralsparkasse 1980 dafür gewinnen, in ihrer Filiale Alserbachstraße (IX. Bez.) den bis dahin hermetisch versperrten Saferaum im ersten Stock «aufzubrechen». Seither steht ein Fenster offen, aus dem nun – freilich mühsam – ein Bäumchen wächst. Die Gemeinde Wien gab Hundertwasser dann die Gelegenheit, in einem exemplarischen Gemeindebau in der Löwengasse (III. Bez.) 1982–1985 seine Ideen in großem Maßstab umzusetzen. Hundertwasser entwarf ein biomorphes Gebilde mit unebenen Fußböden und Wänden, unterschiedlichsten Tür- und Fensterformen, begrünten Terrassen und Balkonen und ließ den Handwerkern, insbesondere den Fliesenlegern, während des Baus eine gewisse Gestaltungsfreiheit. Die anthroposophischen Ideen Rudolf Steiners sind hier ebenso wirksam wie die Bauten des spanischen Jugendstilarchitekten Antonis Gaudís. Unregelmäßigkeit bedeutet für Hundertwasser Leben. In nochmals größerem Maßstab konnte der Künstler schließlich ab 1988 die Bauten der Müllverbrennungsanlage Spittelau (IX. Bez.) nach seinen Vorstellungen gestalten. Neue und schon bestehende Gebäude und Anlagen wurden hier nach und nach dekoriert und begrünt (Abb. 71). Dabei hat Hundertwasser dem «angenagelten» Ornament, das Loos so verhaßt war, wieder zum Durchbruch verholfen.

Hundertwassers Werke gehören heute zu den größten Touristenattraktionen der Stadt; es gibt «Hundertwasser-Tours», die auch den Besuch des vom Meister gestalteten «Kunsthauses« in der Unteren Weißgerberstraße (III. Bez.) einschließen. Zugleich nimmt die Hundertwasser-Rezeption in der «anonymen» Architektur und Innenausstattung ein schier unbegreifliches Ausmaß an, was sich bei einer Fahrt durchs Land ebenso überprüfen läßt wie beim Besuch von Bau-, Wohn- und Energiesparmessen. Die formale Deregulierung und die Verwendung leuchtender Primärfarben, für Hundertwasser Gegenmittel gegen den geist- und leblosen Rationalismus, aktivieren bei vielen Hundertwasser-Jüngern offenbar seit ihrer Kindheit begrabene Gefühle. Offensichtlich dürsten dieses Land und im besonderen Wien, eine Stadt, die mit weiten Plätzen ebensowenig anzufangen weiß wie mit leeren Flächen, geradezu nach dem Nicht-Bloß-Nützlichen, nach dem Gestalteten, dem Ornament.

Schon lange vor dem Fall des Eisernen Vorhangs existierten Pläne, 1995 eine Weltausstellung in Wien und Budapest gleichzeitig stattfinden zu lassen und so die kulturellen Verbindungen über die damals noch bestehenden politischen Grenzen hinweg zu betonen. Im Hinblick darauf sind zahlreiche stadtplanerische Projekte entwickelt worden, die in Wien primär auf eine Nutzung der Donauufer ausgerichtet waren. Wien hat die Donau – anders als Budapest, von Paris, Rom und anderen Städten ganz zu schweigen – ja nie wirklich in sein Stadtbild integriert. Daß man in Wien die Bezirke am linken Donauufer ironisch unter dem Begriff «Transdanubien» subsumiert, zeigt, wo der Limes der Römerzeit verlief und daß er in den Köpfen der «cisdanubischen» Wiener immer noch aufrecht steht.

Obgleich die Weltausstellung durch eine Volksbefragung zu Fall kam, wurden die stadtplanerischen Projekte weitergetrieben. So ist die 1971–1989 angelegte Donauuferautobahn am linken Ufer der Neuen Donau mit einer «Platte» überdeckt worden, auf der jetzt ein neues «Downtown» mit Wolkenkratzern emporwächst, die von verschiedenen österreichischen und ausländischen Architekten geplant werden. Unter anderem hat man den in Australien lebenden Wiener Harry Seidler eingeladen, hier einen Wohnpark zu entwerfen. Aber auch auf dem rechten Donauufer gibt es ein reiches Baugeschehen; der von Boris Podrecca, Gustav Peichl und Rudolf Weber geplante «Milleniumsturm» an der Brigittenauer Lände, ein 202 Meter hohes Bürogebäude, ist unter den Neubauten Wiens das spektakulärste, zumal dieses dritthöchste Gebäude Europas die Skyline der Stadt völlig verändert.

Sowohl die Bautätigkeit als auch die kommerzielle und kulturelle Infrastruktur der Neubaubereiche – auf den Aspang-Gründen (III. Bez.), wo einst die römische Zivilstadt existiert hat, soll beispielsweise nach dem Masterplan von Lord Normann Foster bis 2015 eine Zukunftscity entstehen – bewirken eine deutliche Verschiebung der Gewichte innerhalb der Stadt, beschleunigen doch diese Bauaktivitäten den schon seit etwa 25 Jahren erkennbaren Dezentralisierungsprozeß und führen zu einer Abwanderung insbesondere in den Bezirken innerhalb des Gürtels. So stehen im VII. Bezirk, in dem sich seit dem 19. Jahrhundert zahlreiche Betriebe angesiedelt hatten, heute viele Geschäfslokale leer; Studenten, Künstler und andere Nonkonformisten nützen das Vakuum, so daß sich hier eine alternative Szene entwickelt. Neues Leben in die Innere Stadt, aber nicht nur in diese, bringen zusätzlich eröffnete Lokale und deren «Schanigärten» – kleine, nur während der warmen Jahreszeit am Gehsteig vor Restaurants und Cafés durch Blumenkisten und Holzgitter gebildete Gastgärten.

Durch den Beitritt Österreichs zur Europäischen Union 1995 ist Wien nun hart an die EU-Außengrenze gerückt, die ja dem Verlauf des Eisernen Vorhangs folgt, und besetzt damit erneut eine östliche Grenzposition. Angesichts dieser neuen Konstellationen hält die Trauer um den verlorengegangenen

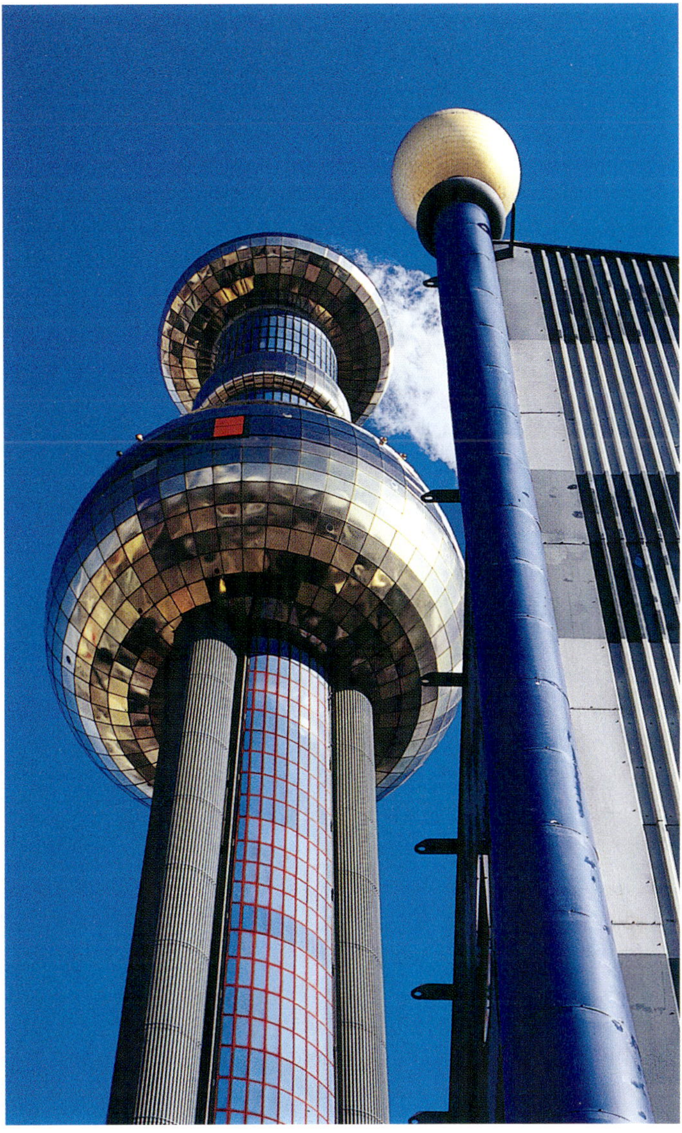

71 Friedensreich Hundertwasser, Fernwärme Wien, ab 1988. Spittelau (IX. Bez.)

Glanz der Monarchie (eine «Sisi»-Ausstellung jagt die nächste) an; manche wollen in der Osterweiterung der EU deren zeitgemäße Wiederauferstehung und damit auch eine neue Chance für Wien sehen, andere können das Adjektiv «klein» nicht oft genug im Zusammenhang mit Österreich verwenden, so daß der «Wasserkopf» Wien abermals besonders groß erscheint. Die Grenzen in den Köpfen abbauen zu helfen hat die Stadtverwaltung deutlich auf ihre Fahnen geschrieben. Abgebaut werden sollen dabei nicht nur Vorbehalte gegenüber dem Ausland und den Ausländern, sondern auch die Berührungsängste mit den Minderheiten im eigenen Land, mit Tabubereichen und selbst mit der bislang illegalen Szene. Symptomatisch für letzteres ist, daß die städtischen Verkehrsbetriebe die ‹Wiener Graffiti Union› damit beauftragt haben, Stützmauern der Verkehrsbauwerke in der Paltaufgasse bei der Endstelle der U3 «Ottakring» (XVI. Bez.) künstlerisch zu gestalten. Den Graffiti fehlt in dieser kommunalen Umarmung – die Sprayer durften sich nur innerhalb säuberlich gerahmter Bildfelder austoben – allerdings der übliche Biß.

Ausgelöst durch das «Gedenkjahr» 1988 werden die Verbrechen der NS-Zeit in den letzten Jahren zunehmend thematisiert und die Geschichte der Juden in Wien als Teil der Geschichte dieser Stadt erkannt. Dementsprechend wurde 1993 im Palais Eskeles in der Dorotheergasse das Jüdische Museum eingerichtet. Die kleine Synagoge im ehemaligen Allgemeinen Krankenhaus, dem jetzigen Universitätscampus, die einzige, die, abgesehen vom Stadttempel in der Seitenstettengasse, die «Reichskristallnacht» überstanden hat, soll im Rahmen der Adaptierung des Gesamtkomplexes für die Universität Wien als Ort des Gedenkens und des Diskurses gestaltet werden. Und schon 1994 hat Simon Wiesenthal, der Leiter des jüdischen Dokumentationszentrums, dem damaligen Wiener Bürgermeister, Dr. Helmut Zilk, vorgeschlagen, ein Mahnmal für die jüdischen Opfer des Holocaust zu errichten. Dessen Enthüllung war ursprünglich für den 9. November 1996 vorgesehen. Als Aufstellungsort war der Judenplatz ausgewählt worden,

den international ausgeschriebenen Wettbewerb hat die englische Künstlerin Rachel Whiteread gewonnen. Bei der Fundamentierung des Mahnmals traten die Grundmauern der bei der Wiener Geserah, dem Pogrom des Jahres 1421, zerstörten Synagoge zutage, archäologische Untersuchung und Konservierung des Areals folgten. Ein Teil der Ausgrabung soll in Zukunft der Öffentlichkeit zugänglich sein. Das eigentliche Mahnmal, ein Betonkubus, dessen Oberfläche aus der Negativform unzähliger Buchrücken gebildet ist, hat etwas Hermetisches. Wer nach Fertigstellung des Gesamtprojekts auf der Platzoberfläche bleibt, wird mit diesem «Stein des Anstoßes» konfrontiert sein. Nur wer sich hinabbegibt in die Ausgrabungen, wird die Gegenwart als Teil der Geschichte begreifen.

Ausgewählte Literatur

1. Im Text zitierte Literatur

Achleitner, F., Österreichische Architektur im 20. Jahrhundert, Bd. III/1, III/2: Wien, Salzburg/Wien 1990, 1995.
Barta-Fliedl, I./P. Parenzan, Katalog der Hofsilber- und Tafelkammer Wien, Wien 1996.
Birbaumer, B., Wiener Schule des Phantastischen Realismus, Wien 1988.
Boeckl, M., Das größte Ornamentgenie seit dem Barock, in: Kunsthistoriker Aktuell 1998/1, 4.
Eggert, K., Das Haus Bernhard Ludwig in Wien, in: Steine Sprechen, Nr. 70/71 (1982), 6ff.
Ders., Urgersbach bei Gutenstein, in: Steine sprechen, Nr. 72/73/74 (1983), 2ff.
Falke, J. von, Die Kunst im Hause, Wien 1871.
Feist, P., Historismus – ein grundlegendes Prinzip der Kunst im 18. und 19. Jahrhundert, in: Kunstwissenschaftliche Beiträge 5 (1980), 1ff. (Beilage zu «Bildende Kunst» 3/80).
Fellerer, G., Die Tücke der Harmlosigkeit, Wiener Neustadt 1995.
Giedion, S., Die Herrschaft der Mechanisierung, Frankfurt a.M. 1982 (Oxford 1948).
Giese, H., Manch Grimm hält hundert Jahre schon, in: Parnass, Sonderheft 12 (1996), 33ff.
Haiko, P., Das Wiener Parlament, in: ebenda, 38ff.
Heinz, G., Malerei und Skulptur des 17. und 18. Jahrhunderts in Österreich (Vorlesungsmitschrift), Wien 1979.
Hevesi, L., Acht Jahre Sezession (März 1897–Juni 1905), Wien 1906; Reprint Klagenfurt 1984.
Ders., Altkunst – Neukunst, Wien 1909, Reprint Klagenfurt 1986.
Hoffmann, J., Gedanken zum Wiederaufbau Wiens, in: Wiener Zeitung 23.12.1945.
Ders., in: Ver Sacrum, I, Juli 1898, H. 7.
Hofmann, W., Das entzweite Jahrhundert. Kunst zwischen 1750 und 1830, München 1995.
Krause, W., Vorläufige Bemerkungen zum Reitschulgebäude in den Hofstallungen (Messepalast), in: Der Kunsthistoriker II (1985), 21ff.
Loos, A., Ins Leere Gesprochen 1897–1900, Zürich 1921 (Nachdr. Wien 1981)
Ders., Trotzdem 1900–1930, Innsbruck 1931 (Nachdr. Wien 1982).
Ders., Die Potemkin'sche Stadt. Verschollene Schriften 1897–1933, Wien 1983.
Kristan, M., Oskar Marmorek. Architekt und Zionist 1863–1909, Wien/Köln/Weimar 1996.
Pemmer, H., Der Wiener Zentralfriedhof, Wien 1924.
Prix, W. D., in: R. K. Biswas (Hg.), Innovative Austrian Architecture, New York/Wien 1996.
Rochowanski, L. W., Die Wiener Jugendkunst. Franz Cizek und seine Pflegestätte, Wien [2]1946.
Roschitz, K., Ringstraßen-Wien, in: Parnass, Sonderheft 12 (1996), 5ff.
Schmidt, G., Die Rezeption der italienischen Trecentokunst in Mittel- und Osteuropa, in: J. Höfler (Hg.),

Gotika v Sloveniji – Gotik in Slowenien, Ljubljana 1995, 25 ff.
Ders., in: Kat. Die Zeit der frühen Habsburger, Wiener Neustadt 1979, 469.
Schubert, K., Die österreichischen Hofjuden und ihre Zeit, Eisenstadt 1991.
Telesko, W., Der Makart-Festzug 1879, in: Parnass, Sonderheft 12 (1996) 108 ff.
Ders., Die Wiener historischen Festzüge von 1879 und 1908, in: Wiener Geschichtsblätter H. 3 (1996), 133 ff.
Ders., Von Füger bis Romako, in: Parnass, Sonderheft 12 (1996), 52 ff.
Wagner, O., Moderne Architektur, Wien 1896.
Wandruzska, A., Das Haus Habsburg, Freiburg/Basel/Wien 1956.
Winkelbauer, A., Unter dem Motto der Phantasie, in: Parnass, Sonderheft 12 (1996), 114 ff.

2. Ausgewählte Literatur

Überblickswerke, Handbücher und Lexika

Czeike, F., Historisches Lexikon Wien, Bd. 1–5, Wien 1992–1997.
Ders. (Hg.), Wien. Kunst, Kultur und Geschichte der Donaumetropole, Köln 1999.
Geschichte der Bildenden Kunst in Österreich, Bd. 1 (hg. von H. Fillitz), Bd. 4 (hg. von H. Lorenz; Bd. 5 (hg. von A. Rosenauer), München 1998ff.
Kat. Das ungebaute Wien. Projekte für die Metropole 1800–2000, Wien 1999.
Toman, R. (Hg.), Wien. Kunst und Architektur, Köln 1999.
Wagner-Rieger, R./G. Egger, Architektur in Wien, Wien 1973.

Vom Römerlager zur Habsburgerresidenz

Fillitz, H./M. Pippal, Schatzkunst. Die Goldschmiede- und Elfenbeinarbeiten aus österreichischen Schatzkammern des Hochmittelalters, Salzburg/Wien 1987.
Frodl-Kraft, E., Die mittelalterlichen Glasgemälde in Niederösterreich, Wien/Graz/Köln 1972.
Harl, O., Vindobona, das römische Wien, Wien/Hamburg 1979.
Kat. Die Zeit der frühen Habsburger, Wiener Neustadt 1979.
Lanc, E., Corpus der mittelalterlichen Wandmalereien Österreichs, Bd. 1, Wien 1983.
Perger, R./W. Brauneis, Die mittelalterlichen Kirchen und Klöster Wiens, Wien/Hamburg 1977.

Renaissance und Manierismus

Kühnel, H., Die Hofburg, Wien/Hamburg 1971.

Das barocke Wien

Grimschitz, B., Johann Lucas von Hildebrandt, Wien/München 1959.
Haider, E., Verlorenes Wien. Adelspaläste vergangener Tage, Wien/Köln/Graz 1984.
Lorenz, H., Domenico Martinelli und die österreichische Barockarchitektur, Wien 1991.
Matsche, F., Die Kunst im Dienste der Staatsidee Kaiser Karls VI., Berlin/New York 1981.
Popelka, L., Castrum Doloris oder «Trauriger Schauplatz». Untersuchungen zu Entstehung und Wesen ephemerer Architektur, Wien 1994.

Die Josephinische Dekade und der Vormärz

Bürgler, A./L. Hanzl u.a., Die Franzensburg, Laxenburg 1998.
Kat. Klassizismus in Wien. Architektur und Plastik, Wien 1978.

Kat. Bürgersinn und Aufbegehren. Biedermeier und Vormärz in Wien, 1815–1848, Wien 1988.
Ottillinger, E. B./L. Hanzl, Kaiserliche Interieurs. Die Wohnkultur des Wiener Hofes im 19. Jahrhundert und die Wiener Kunstgewerbereform, Wien/Köln/Weimar 1997.
Pemmer, H., Der Friedhof zu St. Marx in Wien, Wien 1951.
Pötzl-Malikova, M., Franz Xaver Messerschmidt, Wien/München 1982.

Die Ära Kaiser Franz Josephs I.

Asenbaum, P. u.a., Otto Wagner. Möbel und Innenräume, Salzburg/Wien 1984.
Asenbaum, St./J. Hummel (Hg.), Gebogenes Holz. Konstruktive Entwürfe, Wien 1840–1910. Wien 1979.
Barnik-Braun, K., Der Wiener Aktionismus, Wien 1999.
Eggert, K., Der Wohnbau der Wiener Ringstraße im Historismus 1855–1896, Wiesbaden 1976.
Frodl, G., Hans Makart. Monographie und Werkverzeichnis, Salzburg 1974.
Genée, P., Wiener Synagogen 1825–1938, Wien 1987.
Graf, O. A., Otto Wagner. Das Werk des Architekten, Wien/Köln/Graz 1985.
«Historismus», Parnass, Sonderheft 12 (1996), mit Beiträgen von R. Roschitz, H. Giese, P. Haiko, W. Telesko, Ch. Kreuzmayr, Ch. Witt-Döring, A. Winkelbauer u.a.
Hoffmann, H.-Chr., Die Theaterbauten von Fellner und Helmer, München 1966.
Ders./W. Krause/W. Kitlitschka, Das Wiener Opernhaus, Wiesbaden 1972.
Hofmann, W., Gustav Klimt und die Wiener Jahrhundertwende, Salzburg 1970.
Kat. Der Hagenbund, Wien 1975.
Kat. Der Traum vom Glück. Die Kunst des Historismus in Europa, Wien 1997.
Kat. Le Arti a Vienna. Dalla Secessione alla caduta dell'Impero Asburgico, Venedig/Mailand 1984.
Kitlitschka, W., Die Malerei der Wiener Ringstraße, Wiesbaden 1981.
Kolowrath, R., Ludwig Baumann. Architektur zwischen Barock und Jugendstil, Wien 1985.
Krause, W., Die Plastik der Wiener Ringstraße von der Spätromantik bis zur Wende um 1900, Wiesbaden 1980.
Kriller, B./G. Kugler, Das Kunsthistorische Museum. Die Architektur und Ausstattung, Wien 1991.
Leopold, R., Egon Schiele. Gemälde, Aquarelle, Zeichnungen, Salzburg 1972.
Lhotzky, A., Die Baugeschichte der Museen und der neuen Burg, Wien 1941–45.
Neuwirth, W., Die Keramik der Wiener Werkstätte, Wien 1981.
Plakholm-Forsthuber, S., Künstlerinnen. Österreich 1897–1938. Malerei. Plastik. Architektur, Wien 1994.
Planner-Steiner, U./K. Eggert, Friedrich von Schmidt, Gottfried Semper, Carl von Hasenauer, Wiesbaden 1984.
Polleroß, F. (Hg.), Fischer von Erlach und die Wiener Barocktradition, Wien/Köln/Weimar 1995.
Pötzl-Malikova, M., Die Plastik der Ringstraße 1890–1918, Wiesbaden 1976.
Pozzetto, M., Die Schule Otto Wagners, 1894–1912, Wien/München 1989.
Roschitz, K., Kaiserwalzer, Wien 1996.
Rukschcio, B./R. Schachel, Adolf Loos. Leben und Werk, Salzburg/Wien 1982.

Schweiger, W. J., Der junge Kokoschka. Leben und Werk 1904–1914, Wien/München 1983.
Ders., Wiener Werkstätte. Kunst und Handwerk 1903–1932, Augsburg 1995.
Sekler, E. F., Josef Hoffmann. Das architektonische Werk, Salzburg 1982.
Strobl, A., Gustav Klimt. Zeichnungen und Gemälde, Salzburg 1962.
Wagner-Rieger, R., Wiens Architektur im 19. Jahrhundert, Wien 1970.
Dies./M. Reissberger, Theophil von Hansen, Wiesbaden 1980.
Wibiral, N./R. Mikula, Heinrich von Ferstel, Wiesbaden 1974.

Ein langer Beginn

Bertsch, Chr./M. Neuwirth, Die ungewisse Hoffnung. Österreichische Malerei und Graphik zwischen 1918 und 1938, Wien 1993.
Biswas, R. K. (Hg.), Innovative Austrian Architecture, New York/Wien 1996.
Daim, W., Franz Probst, Eisenstadt 1979.
Ders., Otto Rudolf Schatz, Eisenstadt 1978.
Haupt, H., Jahre der Gefährdung. Das kunsthistorische Museum 1938–1945, Wien 1995.
Kat. ‹Reflexionen›. Otto Mauer. Entdecker und Förderer der österreichischen Avantgarde nach 1945, Wien 1999.
Kat. Anfänge des Informel in Österreich, 1949–1953. Maria Lassnig, Oswald Oberhuber, Arnulf Rainer. Vorläufer und Zeitgenossen, Wien 1971.
Kat. Die Überwindung der Utilität. Dagobert Peche und die Wiener Werkstätte, Wien 1989.
Kat. E(nst)A(nton)Plischke, Wien 1983.
Kat. Franz Singer. Friedl Dicker. 2 x Bauhaus in Wien, Wien 1989.
Kat. Kunst aus Österreich 1896–1996, Bonn 1996.
Kat. Otto Kallir-Nirenstein, Wien 1986.
Kat. Visionäre und Vertriebene. Österreichische Spuren in der modernen amerik. Architektur, Berlin 1995.
Krischanitz, A./O. Kapfinger, Die Wiener Werkbundsiedlung, Wien 1985.
Weihsmann, H., Das rote Wien. Sozialdemokratische Architektur und Kommunalpolitik 1919–1934, Wien 1985.
Muschik, J., Die Wiener Schule des Phantastischen Ralismus, Wien/München 1974.
Nierhaus, I., Kunst-am-Bau im Wiener kommunalen Wohnbau der fünfziger Jahre, Wien 1993.
Schmidt, G., Neue Malerei in Österreich, Wien 1956.
Tabor, J. (Hg.), Kat. Kunst und Diktatur, Baden 1994.

Die Herrscher mit Residenz in Wien

Babenberger

Herzog Heinrich II. Jasomirgott (reg. 1156–1177)
Herzog Leopold V. (reg. 1177–1194)
Herzog Friedrich I. (reg. 1195–1198)
Herzog Leopold VI. d. Glorreiche (reg. 1198–1230)
Herzog Friedrich II. d. Streitbare (reg. 1230–1246)

Přemysliden

Herzog Ottokar II. (reg. 1252–1278)

Habsburger

Heiliges Römisches Reich und Herzogtum Österreich
König Albrecht I. (reg. 1298–1308)
König Friedrich I. d. Schöne (reg. 1322–1330)
Herzog Otto d. Fröhliche (reg. 1330 bis 1339)
Herzog Albrecht II. (reg. 1330–1358)
Herzog («Erzherzog«) Rudolf IV. d. Stifter (reg. 1358–1365)
Herzog Albrecht III. (reg. 1365–1395)
Herzog Leopold III. (reg. 1365–1379)
Kaiser Friedrich III. (reg. 1452–1493)
Kaiser Maximilian I. (reg. 1508 bis 1519; ohne feste Residenz, nur kurze Wienaufenthalte)
Kaiser Ferdinand I. (reg. 1556–1564)
Kaiser Maximilian II. (reg. 1564 bis 1576)
Kaiser Rudolf II. (reg. 1576–1612)
Kaiser Matthias (reg. 1612–1619)
Kaiser Ferdinand II. (reg. 1619–1637)
Kaiser Ferdinand III. (reg. 1637 bis 1657)
König Ferdinand IV. (reg. 1653 bis 1654)
Kaiser Leopold I. (reg. 1658–1705)
Kaiser Joseph I. (reg. 1705–1711)
Kaiser Karl VI. (reg. 1711–1740)
Kaiser Franz I. (reg. 1745–1765) ∞ Kaiserin Maria Theresia, Erzherzogin von Österreich (reg. 1740–1780)
Kaiser Joseph II. (reg. 1765–1790)
Kaiser Leopold II. (reg. 1790–1792)
Kaiser Franz II. (reg. 1792–1806)

Kaisertum Österreich
Kaiser Franz I. (reg. 1804–1835)
Kaiser Ferdinand I. (reg. 1835–1848)
Kaiser Franz Joseph I. (reg. 1848 bis 1916)
Kaiser Karl I. (reg. 1916–1918)

Ortsregister (Wien)

Die mit * markierten Gebäude werden nicht mehr entsprechend ihrer ursprünglichen Funktion genutzt, die mit ** bezeichneten Gebäude sind zerstört.

Abbildungsnachweis

Bern, Hist. Museum 8; *Köln*, A. Bednorz Umschlag (4. Abb.), 6, 7, 20, 25–27; *München*, Städt. Galerie i. Lenbachhaus 69 (© A. Rainer); *Wien*, AV-Medienstelle Grohmann 15 – Bundesdenkmalamt 5, 9, 11, 17, 19, 24, 70 – C. Chinna 1, 10 – J. Fiegl 47, 48 – Graph. Lehr- und Versuchsanstalt 42 (R. Zinner, H. Kassler) – Graph. Sammlung Albertina 46 – Hist. Museum 31 – J. Kräftner 28, 33, 40, 43, 61 – Inst. f. Kunstgeschichte d. Universität 12, 16, 22, 32a–32d, 34 – Kunsthist. Museum 2, 18, 23, 29 – Museen d. Stadt Wien 50 – Museum i. Schottenstift 13 – Naturhist. Museum 3 – Österr. Galerie 37, 38, 49, 60 – Bildarchiv Österr. Nationalbibliothek vord. Klappe, 44, 45 – Österr. Postsparkasse 59 (L. Ellert) – Österr. Museum f. angewandte Kunst 67 – G. Zugmann 14, 30, 41, 66. Die übrigen Aufnahmen stammen aus dem Archiv der Autorin.
Stadtplan: Margret Prietzsch, Mammendorf